بِسْمِ اللَّهِ الرَّحْمَنِ الرَّحِيمِ
وَإِنِّي لَغَفَّارٌ لِمَن تَابَ وَآمَنَ وَعَمِلَ صَالِحًا ثُمَّ اهْتَدَى
صَدَقَ اللَّهُ الْعَظِيمُ

ثم اهتديت

الدكتور محمد التجاني السماوي

مؤسسة الفجر
لندن

الاهداء

كتـابي متواضـع لا تكلّف فيه ، هـو قصة رحلة ، قصّـة اكتشـاف جـديد ، ليس اكتشافاً في عالم الاختراعات التقنيّة أو الطبيعيّة ، ولكن في دنيا المعتقدات في خضم المدارس المذهبية والفلسفات الدينيّة .

ولمّـا كان الاكتشـاف يعتمد أوّلاً عـلى العقل السليم ، والفهم القـويم الذي ميّز الانسان عن بقية المخلوقين .

فـإنّني أهدي كتابي إلى كـل عقـل سليم ، يمحّص الحق فيعـرفـه من بـين ركـام البـاطل ، ويـزن الأقوال بميـزان العدل فيرجّح كفّـة المعقول ، ويقـارن الكـلام والأحـاديث فيتبيّن المنطقي من المعسول ، والقـويّ من المهزول ، قـال تعـالى : ﴿ فبشر عباد الذين يستمعـون القول فيتبعـون أحسنه أولئك الذين هـداهم الله وأولئك هم أولوُ الألباب ﴾[1]

إلى كـل هؤلاء أهدي كتابي هذا ، راجياً منه سبحانه وتعـالى ؛ أن يفتح بصـيرتنا قبـل بصرنا ، وأن يهـدينا وينـوّر قلوبنا ويـرينا الحقّ حقّـاً لا غبار عليه فنتّبعه ، ويرينا الباطل باطلاً لا لبس فيه فنجتنبه ، ويدخلنا في عباده الصـالحين إنّه سميع مجيب .

محمد التيجاني السّماوي

______

(١) سورة الزمر 39 : 17 ـ 18 .

لمحة وجيزة عن حياتي

لا زلت أذكر كيف أخذني والدي معه إلى مسجد الحيّ الذي تقام فيه صلاة التراويح في شهر رمضان ، وكان عمري يومئذٍ عشر سنوات ، وقـدّمني إلى المصلين الذين لم يخفوا إعجابهم بي .

كنت أعلم منذ أيّام أنّ المؤدّب[1] رتّب الأُمور لكي أشفع[2] بالجماعة ليلتين أو ثلاثاً ، وجرت العادة أن أصلّي خلف الجماعة مع مجموعة من أطفال الحي وأنتظر وصول الامام إلى النصف التّالي من القرآن الكريم أي إلى سورة مريم ، وبما أنّ والـدي حرص عـلى تعليمنا القرآن في الكتّـاب[3] وفي البيت حصص ليلية يقوم بها إمام الجامع وهـو من أقاربنا مكفوف البصر يحفظ القرآن الكريم ، وبما أنّي حفظت النّصف في تلك السنّ المبكرة أراد المؤدّب أن يـظهر فضله واجتهاده من خلالي فعلّمني مواقع الركوع من التلاوة وراجعني عدّة مرّات ليتأكّد من فهمي ... بعد نجاحي في الامتحان وإنهاء الصلاة والتلاوة بالجماعة عـلى أحسن مـا كـان يتـوقـع والـدي والمؤدّب ، انـدفـع نحـوي الجميـع مقبّلين ومعجبين وشاكرين المعلّم الذي علّمني ، ومهنّئين والدي . والكلّ يحمد الله على نعمة الاسلام ، وبركات الشيخ .

---

(1) المؤدب : هو معلم القرآن .

(2) أشفع : أصلّي التراويح ، سمّيت صلاة التراويح للاسـتراحة بـين كل ركعتـين ، وسمّيت أيضاً
صلاة الاشفاع لأنّها تشفع يوم القيامة لمن يقيمها ، كما يروي ذلك أهل السنة .

(3) الكتّاب : هي المدرسة القرآنية التي يتعلم فيها الأطفال حفظ القرآن الكريم .

وعشت أياماً سوف لن تمحى عن مخيّلتي ، لما لقيته بعد ذلك الحدث من إعجاب وشهرة تعدّت حارتنا إلى كل المدينة ، وطبعت تلك اللّيالي الرمضانية في حياتي طابعاً دينياً بقيت آثاره حتى اليوم ، ذلك أنّي كلّما اختلطت عليّ السبل أحسست بقوّة خارقة تشدّني وترجعني إلى الجادّة ، وكلّما شعرت بضعف الشخصية وتفاهة الحياة رفعتني تلك الذكريات إلى أعلى الدرجات الروحية ، وأوقدت في ضميري شعلة الايمان لتحمّل المسؤولية .

وكأن تلك المسؤولية التي حمّلنيها والدي ، أو بالأحرى مؤدّبي لامامة الجماعة في تلك السنّ المبكّرة ، جعلتني أشعر دائماً بأنني مقصّر عن أن أكون في المستوى الذي أطمح إليه أو على الأقل المستوى الذي طلب مني .

لذلك قضيت طفولتي وشبابي في استقامة نسبيّة لا تخلو من لهو وعبث يسودهما في معظم الأحيان البراءة وحبّ الاطّلاع والتقليد ، تحوطني العناية الالهية لأكون متميّزاً من بين أخوتي بالرّصانة والهدوء وعدم الانزلاق في المعاصي والموبقات .

ولا يفوتني أن أذكر : أنّ والدتي رحمها الله كان لها الأثر الكبير في حياتي ، فقد فتحت عيني وهي تعلّمني قصار السور من القرآن الكريم ، كما كانت تعلّمني الصلاة والطهارة وقد اعتنت بي عناية فائقة لأنّي ابنها الأوّل ، وهي ترى إلى جانبها في نفس البيت ضرّتها التي سبقتها منذ سنوات عديدة ، ولها من الأولاد من يقارب سنّها ، فكانت تتسلّ بتربيتي وتعليمي ، وكأنّها تتبارى في سباق مع ضرّتها وأبناء زوجها .

كما أنّ اسم التيجاني الذي سمّتني به والدتي ؛ له ميزة خاصّة لدى عائلة السّماوي كلّها التي اعتنقت الطريقة التيجانيّة وتبنّتها ، منذ أن زار أحد أبناء الشيخ سيدي أحمد التيجاني مدينة قفصة قادماً من الجزائر ، ونزل في دار السماوي ، فاعتنق كثير من أهالي المدينة خصوصاً العائلات العلمية والثريّة هذه الطريقة الصوفية وروّجوا لها ، ومن أجل اسمي ؛ أصبحت محبوباً في دار السماوي التي يسكنها أكثر من عشرين عائلة ، وكذلك خارجها ممن لهم صلة بالطريقة التيجانية ، لذلك كان كثير من شيوخ المصلّين الذين حضروا تلك

اللّيالي الرمضانية التي ذكرتها ، يقبّلون رأسي ويديّ مهنّتين والدي قائلين له :

هذا فيض من بركات سيدنا الشيخ أحمد التيجاني ، والجـدير بـالذكر ؛ أنّ الـطريقة التيجانية انتشرت بكـثرة في المغرب والجـزائر وتـونس وليبيـا والسـودان ومصر وأنّ معتنقي هذه الطريقـة متعصّبون نـوعاً مـا ، فهم لا يزورون مقـامات الأولياء الآخرين ، ويعتقدون بأنّ كل الأولياء قـد أخذوا عن بعضهم بـالتسلسل مـا عدا الشيـخ أحمد التيجـاني ؛ فقد أخـذ علمه مبـاشرة عن رسول الله (ص) رغم تأخّره عن زمن النبوّة بثلاثة عشر قرناً . ويروون بـأنّ الشيخ أحمـد التيجاني كان يحدّث : بـأنّ رسول الله (ص) جـاءه يقظة لا منـاماً ، كـما يقولـون : بأنّ الصلاة الكاملة التي ألّفها شيخهم أفضل من أربعين ختمة من القرآن الكريم .

وحتى لا نخـرج عن الاختصار ، نقـف عنـد هـذا الحـدّ من التعـريف بالتيجانية ، ولنا عودة إليها إن شاء الله في موضع آخر من هذا الكتاب .

ونشأت وترعرعت على هذا الاعتقاد كغيري من شبّان البلد ، فكلّنا مسلمون بحمد الله من أهل السنّة والجماعة ، وكلّنا على مذهب الامام مالك بن أنس إمام دار الهجرة ، غير أنّنا منقسمون في الطرق الصوفية التي كثرت في شمال إقريقيا ؛ ففي مدينة قفصة وحدها هناك التيجانية ، والقادرية ، والرحمانية ، والسّلاميـة ، والعيسـاوية ولكـل من هذه الـطرق أنصار وأتباع يحفظون قصائدها وأذكارها وأورادها التي تقام في الحفلات والسهرات بمناسبة عقد القران ، أو الختـان ، أو النجـاح ، أو النذور . ورغم بعض السلبيـات ، فقـد لعبت هـذه الـطرق دوراً كبيراً في الحفاظ على الشعائر الدّينية واحترام الأولياء والصالحين .

الحج إلى بيت الله الحرام

كان عمري ثمانية عشر عاماً عندما وافقت الجمعية القومية للكشافية التونسية على انتدابي للمشاركة في المؤتمر الأول للكشافة العربية والاسلامية الذي أُقيم في مكّة المكرّمة ، ضمن مجموعة تتكون من ستة أشخاص من كامل الجمهورية التونسية ، ووجدت نفسي أصغر أعضاء البعثة سناً ، وأقلّهم ثقافة ؛ إذ كان اثنان منها من مدراء المدارس ، والثالث أستاذاً بالعاصمة ، والرابع يعمل في الصحافة ، والخامس لم أعرف وظيفته غير أنّي علمت أنّه أحد أقرباء وزير التربية القومية في ذلك العهد .

كانت رحلتنا بطريق غير مباشر ، فقد نزلنا في أثينا عاصمة اليونان ، حيث أمضينا فيها ثلاثة أيام ، ومنها إلى عمّان عاصمة الأردن ، التي مكثنا فيها أربعة أيام وصلنا بعدها إلى السعودية ، حيث شاركنا في المؤتمر وأدّينا مناسك الحج والعمرة .

كـان شعـوري وأنـا أدخـل بيت الله الحـرام لأوّل مـرّة لا يُتـصـوّر ، وكان قلبي كأنّه يحطم الأضلاع ـ التي تحوطه ـ بدقّـاته العنيفـة ، يريـد الخروج ليرى بعينه هذا البيت العتيق الذي طـالما يحلم به ، وفـاضت الدّمـوع حتى ظننت أنّها لن تتوقف ، وخيّل إليّ أنّ الملائكة ـ تحملني فـوق الحجيج لأصـل إلى سطح الكعبة المشرّفة ، وألبّي نداء الله من هناك : لَبّيك اللّهم لَبّيك هذا عبدك جاء إليك ، وقد استنتجت وأنا أسمع تلبية الحجيج ؛ أنّ هؤلاء قضوا أعمارهم

وهم يتجهّزون ويعدّون العدّة ويجمعون الأموال للمجيء ، أمّا أنا فكان مجيئي مفاجئاً على غير استعداد منّي ، وأذكر أنّ والدي عندما رأى تذاكر الطائرة وتيقّن من سفري إلى الحجّ بكى وهو يقبّلني مودّعاً قائلاً : هنيئاً لك يا بني لقد أراد الله أن تحجّ قبلي وأنت في هذه السنّ ، فأنت ولد سيدي أحمد التيجاني ادع الله لي في بيته أن يتوب عليّ ويرزقني حجّ بيته الحرام .

لذلك ظننت إنّ الله هو الذي ناداني ، وأحاطني بعنايته وأوصلني إلى ذلك المقام الذي تموت الأنفس دون الوصول إليه حسرة ورجاء ، فمن أحقّ بالتلبية منّي فكنت أبالغ في الطواف والصلاة والسعي ، وحتّى في شرب ماء زمزم ، والصعود إلى الجبال ؛ حيث تتسابق الوفود للوصول إلى غار حرّاء فوق جبل النور ، فلم يسبقني إليه غير شابّ سوداني فكنت (ثاني اثنين) وتمرّغت فيه وكأني أتمرّغ في حجر الرسول الأكرم (ص) وأشمّ أنفاسه ، يا لها من صور وذكريات تركت في نفسي أثراً عميقاً لن يمحى أبداً !!

عناية ربّانية أخرى ، جعلت كل من يراني من الوفود يحبّني ويطلب عنواني للمراسلة ، وقد أحبّني رفاقي الذين احتقروني في أوّل لقاء جمعنا في تونس العاصمة لترتيب السفر ، وأحسست ذلك منهم وصبرت ، لعلمي مسبقاً بأنّ أهل الشمال يحتقرون أهل الجنوب ويعتبرونهم متخلّفين ، وسرعان ما تغيّرت نظرتهم خلال السّفر والمؤتمر والحجّ ، وقد بيّضت وجوههم أمام الوفود ، بما كنتُ أحفظه من أشعار وقصائد ، وبما أحرزته من جوائز في المسابقات التي أقيمت بالمناسبة ، وقد عدت إلى بلادي ومعي أكثر من عشرين عنواناً لأصدقاء من مختلف الجنسيات .

كانت إقامتنا في السعودية خمسة وعشرين يوماً ، كنّا نلتقي فيها بعلماء ونستمع إليهم في محاضراتهم ، وقد تأثّرت ببعض المعتقدات الوهابّية التي أعجبت بها وتمنّيت أن يكون المسلمون عليها ، وظننت في تلك الفترة ، أنّ الله اصطفاهم من بين العباد لحراسة بيته الحرام ، فهم أطهر وأعلم خلق الله على وجه الأرض ، وقد أغناهم الله بالبترول ، ليتمكّنوا من خدمة الحجيج ضيوف الرحمن والسهر على سلامتهم .

وعند رجوعي من الحجّ إلى بلادي ، كنت مرتدياً اللّباس السعودي بالعقال ، وفوجئت بالاستقبال الذي أعدّه لي والدي ، فكانت جموع من النـاس محتشدة في المحطّة ، يتقدمهم شيخ الطريقة العيساوية ، وشيخ التيجانية ، وشيـخ القادريـة بالطبول والبنادير[1] .

وطافوا بي شوارع المدينة مهلّلين ومكبّرين ، وكلّما مررنا بمسجد أوقفوني على عتبته بعض الوقت ، والناس من حولي يتسابقون لتقبيلي ، وخصوصاً الشيوخ المسنّين فقد كانوا يلثمونني وهم يكون شوقاً لرؤية بيت الله ، والـوقوف عـلى قبر رسـوله وهم لم يعتـادوا رؤية حـاج في مثل عمـري ، كما لم يـروا هـذا في قفصـة قبلي .

وعشت أسعد أيام حياتي في ذلك الوقت ، وقد جاء إلى بيتنا أشراف المدينة وكبراؤها يسلّمون مهنّئين وداعين ، وكثيراً ما يُطلب منّي قراءة الفاتحة مع الـدّعاء بحضرة والـدي ، فكنت أخجل حيناً وأتشجّع أحيانا ، وكانت والدتي في كل مرّة ، تدخل بعد خـروج الزّائرين ؛ لاطلاق البخـور والتعاويـذ لحمايتي من شرّ الحاسدين ، ودفع كيد الشياطين .

وأقام والدي ثـلاث ليال متـواليات للحضرة التيجانية ، يـذبح في كـل يوم كبشاً للوليمة . وكان الناس يسـألونني عن كـل كبيرة وصغـيرة ، وكانت أجـوبتي كلّها تنطوي على الكثير من الاعجاب والاطراء للسعوديين ، وما يقومون به لنشر الاسلام ونصرة المسلمين .

ولقّبني سكّـان المدينـة (بالحـاج) فإذا أطلق هـذا الاسم فهو لا ينصرف إلاّ إليّ . وأصبحت بعد ذلك معـروفاً أكـثر ، وخصوصاً في الأوساط الـدينية كـ (جماعة الاخـوان المسلمين) فكنت أطـوف في المسـاجـد ، وأنهى الناس عن تقبيـل الأضرحة والتمسّح بالأخشاب ، وأحاول جهدي إقناعهم بأن ذلك شرك بالله ، وازداد نشاطي توسّعاً ؛ فكنت ألقي الدروس الدينية في المساجد يوم الجمعة قبل

---

(1) البنادير : مفرده بندير ؛ وهو طبـل مثل الـدفّ يستعمله الصوفيـة للمدائـح والأذكار والشـطح ، ويقال أنّ سيدي عبد السلام الأسمـر أول من استعمله ، وقد نزل بنديره من السماء ؟ !

15

خـطبة الامـام ، واتنقل من جـامع أبي يعقوب إلى الجامـع الكبـير ، لأنّ صلاة الجمعة تقام فيهما في أوقات مختلفة .

فبينما تصلّي الأولى وقت الظهر ، تقام الثانية وقت العصر ، وكثيراً ما كان يحضر تلك الحلقات التي أقيمها يوم الأحد ، أغلب تلاميذ المعهد الثانوي الذي أدرّس فيـه مادّة التكنـولوجيا والمبادىء التقنيـة ، وكانـوا يعجبون لهذا ويـزدادون حبّـاً وتقديراً ؛ لأنّي أعطيتهم من وقتي الكثير ، لأزيـح عن أفكارهم تلك الغيـوم التي لبّدها بعض أساتـذة الفلسفة الملحدين والماديّين والشيوعيين وما أكثرهم ! ، فكانوا يتنظرون بفارغ الصبر موعـد تلك الحلقات الـدّينية ، ومنهم من يـأتي إلى البيت ، فقد اشتريت بعض الكتب الدّينية والتهمتها بالمطالعة ، حتى أكـون في مستوى الاجابة عن الأسئلة المختلفة ، وفي تلك السنّة التي حججت فيها ملكت أيضاً نصف ديني ، فقد رغبت والـدتي رحمها الله في تزويجي قبـل موتها ، وهي التي ربّت كـل أولاد زوجها وحضرت زواجهم ، فكـانت أمنيتهـا أن تـراني عريساً ، وقد أعطاها الله ما تتمنّى وأطعت أمرها في الـزواج من فتاة لم أرهـا من قبل ، وحضرت ميلاد ابني الأول والثاني ، وفارقت الحياة وهي عنّي راضية ، كما سبقها والدي رحمه الله قبل عامين وقد حجّ بيت الله الحـرام وتاب تـوبة نصـوحاً قبل وفاته بعامين .

ونجحت الثورة اللّيبية في تلك الـظروف التي يعاني فيها المسلمون والعـرب من هزيمة النكبة في حربهم ضدّ إسرائيل ، وطلع علينا ذلك الشاب قائد الثورة ، وهو تكلّم بـاسم الاسـلام ، ويصلّي بـالناس في المسجد ، وينادي بتحـرير القدس . وقد استهواني ، كما استهـوى أغلب الشباب المسلم في البـلاد العربيـة والاسلامية، ودفعنا حبّ الاستطلاع إلى تنظيم رحلة ثقافية إلى ليبيا ، وجمعنـا أربعين رجلًا من رجال التعليم ، حيث قمنا بـزيارة إلى القـطر الشقيق في بدايـة الثورة ، ورجعنا من هناك معجبين بما رأينا ، مستبشرين بالمستقبل الـذي رجونا أن يكون في صالح الأمّة العربية والاسلامية في كل المعمورة .

طوال السنوات المنصرمـة ، كانت الـرسائـل مع بعض الأصـدقاء متـواصلة والأشـراق متزايـدة، وقد تـوطّدت عـلاقتي مع نخبـة منهم ألحّوا علـيّ أن أزورهم، فأعددت العدّة ، ورتّبت الأمور للقيام برحلة طويلة تستغرق عطلة الصّيف التي

تدوم ثلاثة أشهر ، وكان التخطيط يمرّ بليبيا عن طريق البرّ ، ثم إلى مصر ومنها إلى لبنان عبر البحر ، ثم إلى سوريا والأردن فالسعودية ، وهي المقصودة لأداء العمرة وتجديد العهد مع الوهابية ، التي روّجت لها كثيراً في أوساط الشباب الطالبي ، وفي المساجد التي يكثر فيها الأخوان المسلمون .

وتعدّت شهرتي حدود مدينتي إلى مدن أخرى مجاورة ، فقد يمرّ المسافر فيصلّي الجمعة ، ويحضر تلك الدروس ويتحدّث بها في مجتمعه ، ووصل الحديث إلى الشيخ إسماعيل الهادي صاحب الطريقة الصوفية المعروفة بمدينة توزر عاصمة الجريد ، ومسقط رأس أبي القاسم الشابّي الشاعر المعروف .

وهذا الشيخ له أتباع ومريدون في كامل الجمهورية التونسية وخارجها وخصوصاً في الأوساط العمّالية بفرنسا وألمانيا .

وجاءتني منه دعوة لزيارته ، عن طريق وكلائه في قفصة ، الذين كتبوا إليّ رسالة طويلة يشكرونني فيها على ما أقوم به لخدمة الاسلام والمسلمين ، ويدّعون أنّ ذلك لا يقرّبني من الله قيد أنملة ، ما لم يكن عملي عن طريق شيخ عارف ،

وعلى الحديث المشهور عندهم : (من لم يكن له شيخ فشيخه الشيطان) ويقولون أيضاً : (لا بدّ لك من شيخ يريك شخوصها ، وإلّا فنصف العلم عندك ناقص) وبشروني بأنّ (صاحب الزمان) ويقصدون به الشيخ اسماعيل ، قد اصطفاني من بين الناس لأكون من خاصّة الخاصّة .

وطار قلبي فرحاً لهذا الخبر ، وبكيت تأثراً لهذه العناية الربّانية التي ما زالت ترفعني من مقام سامٍ إلى ما هو اسمى ، ومن حسن إلى ما هو أحسن ، لأنّي اتّبعت في ما مضى من حياتي سيدي الهادي الحفيان ؛ وهو شيخ متصوف يحكى عنه عدّة كرامات وخوارق ، وصرت من أعزّ أحبائه ، كما صاحبت سيدي صالح بالسّائح وسيدي الجيلاني ، وغيرهم من أهل الطرق المعاصرين . وانتظرت ذلك اللقاء بفارغ الصّبر ، ولمّا دخلت بيت الشيخ ، كنت أتفرّس الوجوه بلهفة وكان المجلس مليئاً بالمريدين ، وفيهم مشايخ يرتدون لباساً ناصع البياض ، وبعد مراسم التحية ، خرج علينا الشيخ إسماعيل وقام الجميع يقبّلون

يده باحترام فائق ، وغمزني الوكيل ؛ بأنّ الشيخ هو ذا ، فلم أبد حماساً ، لأنني كنت متنظراً غير الـذي رأيت ، وقـد كنتُ رسمت لـه صـورة خيـاليـة حسب الكرامات والمعجزات التي رسّخها في ذهني وكيل الشيخ وأتباعه ، ورأيت شيخاً عاديّاً ليس فيه وقار ولا هيبة ، وخلال المجلس قـدّمني الوكيل إليه ، فـرحّب بي وأجلسني عـلى يمينه وقـدّم إليّ الطعـام ، وبعد الأكـل والشرب بـدأت الحضرة ، وقدّمني الوكيل من جديد ، لأخذ العهد والورد من الشيخ ، وهنّأني الجميع بعد ذلك معـانقين ومبـاركين ، وفهمت من خـلال حـديثهم بـأنّهم يسمعـون عني الكثير ، وقد دفعني هـذا الاعجاب ، إلى أن أعـترض على بعض أجـوبة الشيخ التي كـان يلقيها عـلى السّائلين ، وأعلّل رأيي بـالقرآن والسنّة ، واستـاء بعض الحاضرين من هذا التطفّل ، واعتبروه سوء أدب في حضرة الشيخ ، وقد اعتادوا أن لا يتكلّموا بحضرته إلّا باذنه ، وأحسّ الشيخ بحرج الجالسين ، فـأزاح تلك السّحابة بلبـاقة وأعلن قـائلاً : (من كـانت بدايتـه معرفـة تكون نهايتـه مشرقة) واعتبر الحاضرون هذا وسامـاً من حضرته وسوف يكون أكبر ضمان لنهايتي المشرقة وهنّأوني بذلك ، ولكنّ شيخ الطريقة ذكيّ ومدرّب ، فلم يترك لي المجال مفتوحاً لمواصلة هذا التطفّل المزعج ، وروى لنا قصة أحد العارفين بالله عندما جلس في حلقته بعض العلماء ، فقال لـه : قم فاغتسـل ، وذهب العـالم واغتسـل وجـاء ليجلس في الحلقة ، فقال لـه ثانية : قم فاغتسـل ، وذهب العالم وعـاود الغسل كأحسن ما يكون ظنّاً منه بأن الغسل الأول لم يكن على الوجه الصحيح ، وجـاء ليجلس ، فانتهره الشيخ العارف وأمره بالاغتسال من جديد ، فبكى العالم وقـال له : يا سيدي لقد اغتسلت من علمي ، ومن عملي ، ولم يبق عندي إلّا ما يفتح الله به على يديك .

عند ذلك قال له العارف : الآن أجلس .

وعـرفت بأنّ أنـا المقصود من هـذه القصة ، كـما عرف ذلك الحاضرون ، الذين لاموني بعد خروج الشيخ للإستراحة ، وأقنعوني بالسّكوت ولزوم الاحترام بحضرة الشيخ (صاحب الـزمان) لئلا تحبط أعمالي ؛ مستدلّين بـالآية الكريمة ﴿ يـا أيّها الـذين آمنوا لا تـرفعوا أصـواتكم فوق صوت النبي ولا تجهروا لـه

بـالقول كجهـر بعضكم لبعض أن تحبط أعمالكم وأنتم لا تشعرون ﴾(١) صدق
الله العظيم .

وعرفت قدري وامتثلت لـلأوامر والنصـائح ، وقرّبني الشيخ منه أكثـر ،
وأقمت عنده ثلاثة أيام ، كنت أسـأل خلالها أسئلة عديدة بعضها لـلاختبار ،
وكان الشيخ يعـرف ذلك منّي ؛ فيجيبني قـائلاً : بـأنّ للقرآن ظاهراً وباطناً إلى
سبعة أبطن ، كـما فتح لي خزانته ، وأطلعني عـلى كرّاسه الخاص والـذي فيه
سلسلة الصـالحين والعـارفين مسنـدة ومتّصلة منه إلى أبي الحسن الشاذلي مروراً
بعدة أولياء مذكورين إلى أن يصـل السنـد إلى الامـام علي بن أبي طـالب كرّم الله
وجهه ورضي الله عنه .

ولا يفـوتني أن أذكر هنـا : بأنّ الحلقـات التي يقيمـونها كـانت روحيّة ، إذ
يفتتحهـا الشيخ بقـراءة ما تيسّر من كتـاب الله المجيد تلاوة وتجويـداً ، ثم بعد
فراغه ، يبدأ بمطلع القصيدة ويتبعه المريدون الذين يحفظون المدائح والأذكار ،
وأكثرها ذمّ للدنيا وترغيب في الآخرة ، وفيها زهد وورع . بعد ذلك يعيد المريد
الأول الجـالـس على يمـين الشيخ قـراءة ما تيسّر من القرآن ، وعندما يقول :
(صدق الله العظيم) يبدأ الشيخ مطلعاً من قصيدة جديدة ، ويشارك الجميع في
إنشادها ، وهكذا يتناوب الحاضرون ولو بآية واحـدة بشاركـون بها إلى أن يـأخذ
الحال الحاضرين ، فيتمايلون يميناً وشمالاً على رنّات تلك المدائح ، إلى أن ينهض
الشيـخ وينهض معه المريدون ، فتكـون حلقة هـو قطبها ويبدأون بـذكر اسم
الصدر قائلين : آه . آه . آه . آه . والشيخ يدور وسطهم متوجهاً في كل مـرة
إلى واحـد منهم ، حتى يحمي الوطيس ، وتصبيح الحركـات والشطحات شبيهة
بـدف الطبـول ، ويقفز البعض في حركـات جنـونية وترتفع الأصـوات في نغمة
منسّقة ، ولكنها مزعجة إلى أن يعـود الهدوء بعد عناء وتعب ، بقصيدة ختامية
للشيخ ، فيجلس الجميع بعـد ما قبّلوا رأس الشيخ وأكتافه على التـوالي ، وقد
شاركتهم بعض هذه الشطحات ، محاكياً لهم في غير قناعة منّي ، ووجدت نفسي
متنـاقضا مـع العقيدة التي تبنّيتها ، وهي عدم الاشراك أي عدم التوسّل بغـير

الله ، فسقطت على الأرض جاهشاً بالبكاء ، متحيّراً مشتّتاً بين تيّارين متناقضين ، تيّار الصّوفية ؛ وهي أجواء روحية يعيشها الانسان ، فتملأ أعماقه بشعور الرّهبة والزهد والتقرّب إلى الله عن طريق أوليائه الصالحين وعباده العارفين ، وتيّار الوهّابية الذي علّمني : إن ذلك كلّه شرك بالله ، والشرك لا يغفره الله .

وإذا كان محمد رسول الله (ص) ، لا ينفع ولا يتوسّل به إليه سبحانه ، فما قيمة هؤلاء الأولياء والصالحين بعده ؟ !

وبالرغم من المنصب الجديد الذي نصّبني فيه الشيخ ، إذ أصبحت وكيله في قفصة ، لم أكن مقتنعاً كليّاً في داخلي ، وإن كنت أميل أحياناً إلى الطرق الصوفية ، وأشعر دائماً أنّي أكنّ لها احتراماً ومهابة من أجل أولياء الله والصالحين من عباده ، ولكنّي أكابر وأجادل محتجّاً بقوله تعالى : ﴿ ولا تدع مع الله إلهاً آخر لا إله إلا هو ﴾[1] وإذا قال لي قائل : إنّ الله تعالى يقول : ﴿ يا أيها الذين آمنوا اتقوا الله وابتغوا إليه الوسيلة ﴾[2] أردّ عليه بسرعة كما علّمني علماء السعودية : الوسيلة هي العمل الصالح . والمهم أنني عشت تلك الفترة مضطرباً مشوش الفكر ، وقد يتوافد عليّ في بيتي بعض المريدين ، فنحيي سهرات منتظمة ونقيم العمارة[3] .

وبدأ الجيران يتذمّرون من الأصوات المزعجة التي تنبعث من حناجرنا بذكر (آه) ، ولكنّهم لا يجاهرون لي بذلك ، غير أنّهم يشتكون لزوجتي عن طريق نسائهم ، ولّما علمت بذلك ، طلبت من المجموعة أن يقيموا الحلقات في أحد منازلهم ، واعتذرت بأنّي سوف أسافر إلى الخارج لمّدة ثلاثة أشهر . . . وودّعت الأهل والأقارب ، وقصدت ربي متوكّلاً عليه . لا أشرك به شيئاً .

* * *

---

(1) سورة القصص : الآية 88 .

(2) سورة المائدة : الآية 35 .

(3) العمارة : هي الحلقة التي يذكر فيها اسم الصدر في شطحات منتظمة .

20

الرحلة الموفقة

في مصر

لم تطل إقامتي في طرابلس عاصمة ليبيا ، إلّا بقدر ما حصلت على تأشيرة من السفارة المصرية للدخول إلى أرض الكنانة .

وقد التقيت بعض أصدقائي هناك فأعانوني شكر الله سعيهم ، وفي طريقي إلى القاهرة ، وهو طريق طويل يدوم ثلاثة أيّام بلياليها ، كنت في سيارة أجرة جمعتني بأربعة مصريين عاملين في ليبيا وعائدين إلى وطنهم ، وخلال السَّفر ؛ كنت أحدّثهم وأقرأ لهم القرآن فأحبّوني ودعاني كل منهم للنزول عنده ، وتخيّرت من بينهم من ارتاحت نفسي إليه لورعه وتقواه اسمه أحمد ، وأولاني من الضيافة والقبول ما هو أهل له جزاه الله ، وأمضيت عشرين يوماً بالقاهرة ، زرت خلالها الموسيقار فريد الأطرش في عمارته على النيل ، فقد كنت معجباً به لما قرأته عن أخلاقه وتواضعه في مجلّات مصرية تباع عندنا في تونس ، ولم يكن حظّي منه سوى عشرين دقيقة لأنّه كان خارجاً للمطار ليسافر إلى لبنان ، وزرت الشيخ عبد الباسط محمد عبد الصمد المقرىء الشهير وكنت معجباً به أشدّ الاعجاب ، بقيت معه ثلاثة أيّام ، كان النقاش خلالها مع أقاربه وأصدقائه في مواضيع متعدّدة ، وكانوا يعجبون لحماسي وصراحتي وكثرة اطّلاعي ، فإذا تحدّثوا عن الفن غنّيت وإذا تحدّثوا عن الزهد والتصوّف ذكرت لهم أنّي من الطريقة التيجانية والمدنية أيضاً ، وإذا تحدّثوا عن الغرب حكيت لهم عن باريس ، ولندن ، وبلجيكا ، وهولاندا ، وإيطاليا ، واسبانيا ، التي زرتها خلال العطل الصيفية ، وإذا تحدّثوا عن الحجّ ، فاجأتهم بأنّي حججت وإنّي ذاهب إلى العمرة وحكيت

لهم عن أماكن لا يعرفها حتى الذي حجّ سبع مرّات ؛ كغار حرّاء وغار نـور ، ومذبح إسماعيل ، وإذا تحدّثوا عن العلوم والاختراعات ، شفيت غليلهم بالأرقام والمصطلحات ، وإذا تحدّثوا عن السـياسة أفحمتهم بما عندي من آراء قـائلاً : (رحم الله الناصر صلاح الـدّين الأيوبي ، الـذي حرّم عـلى نفسه التبسّم فضـلاً عن الضحك ، وعنـدمـا لامـه النـاس المقرّبـون إليه وقـالـوا لـه : كـان رسـول الله (ص) لا يُرى إلّا بـاسم الثّغـر ! أجـابهم : كيف تـريـدون منّي أن أتبسّم والمسجـد الأقصى يحتلّه أعداء الله ؟ ! لا والله لن أتبسّم حتّى أحرّره ، أو أهلك دون ذلك) .

وكان شيوخ من الأزهر يحضرون تلك الجلسات ، ويعجبـون لما أحفظ من أحاديث وآيات ، وما أملكه من حجج دامغة ، فكانوا يسألوني عن الجامعة التي تخرجت منها ، فأفخر بـأنّ من خرّيجي جامعة الـزيتونة ، وهي تأسست قبـل الأزهر الشريف ، وأضيف بأنّ الفاطميين الذين أسّسوا الأزهر انطلقوا من مدينة المهدية بتونس .

كذلك تعرفت في جامعة الأزهر الشريف عـلى العديد من العلماء الأفاضـل الذين أهدوني بعض الكتب ، وكنت يوماً ما في مكتب أحد المسؤولين عن شؤون الأزهر ، إذ أقبل أحـد أعضاء مجلس قيـادة الثورة المصرية ودعاه لحضور تجمّع المسلمين والأقباط في أكبر الشركات المصرية للسكك الحديدية بالقاهرة، على أثـر أعمال تخريبيّة وقعت بعد حـرب حـزيران ، فأبى أن يـذهب إلّا وأنـا معـه ، وجلست في منصّة الشرف بين العالم الأزهري ، والأب شنودة ، وطلبوا منّي إلقاء كلمة في الحاضرين ، ففعلت بكل سهولة ، لما تعـودته من إلقاء المحاضرات في المساجد واللجان الثقافية في بلادي .

والمهم من كل ما حكيته في هذا الفصل ، هو أنّ شعوري بدأ يكبر وركبني بعض الغرور ، وظننت فعلاً بأنّي أصبحت عالماً ، كيف لا وقد شهد لي بذلك علماء الأزهر الشريف ومنهم من قال لي : يجب أن يكون مكانك هنا في الأزهر ، ومّا زادني فخراً واعتزازاً بالنفس، أنّ رسول الله (ص) أذن لي في الدخول لرؤية مخلّفاته ، حسب مـا ادّعاه المسؤول عن مسجد سيدنا الحسين بالقاهرة ، وقد

لقاء في الباخرة

وسافرت إلى الاسكندرية في اليـوم المقرّر ، حسـب حجـز المكان في البـاخرة المصرية التي تسافر إلى بيروت ، ووجـدت نفسي مرهقـاً متعباً جسـدياً وفكـرياً ، وأنا ملقى على السرير المخصص لي ، فنمت قليلاً ، وكانت الباخرة قد أبحـرت منذ ساعتـين أو ثلاثـة ، واستيقظت عـلى صوت مجـاوري وهو يقـول : يبدو أنّ الأخ متعبٌ .

قلت : نعم أتعبني السفر من القـاهـرة إلى الاسكنـدريـة ، وقـد بكّـرت للوصول على الموعد فلم أنم البارحة إلاّ قليلاً .

وفهمت من لهجته أنّه غـير مصري ، ودفعني فضولي كعـادتي إلى أن أتعرّف عليه ، فعرّفتـه بنفسي وعرفت أنّه عراقي ، وهـو أستاذ في جـامعة بغـداد اسمه منعم ، وقد جاء إلى القاهرة لتقديم أطروحة الدكتوراه في الأزهر .

ويـدأنـا الحـديث عن مصر وعن العـالم العربي والاسـلامي ، وعن هـزيمـة العرب وانتصار اليهود. وكان الحديث ذو شجون ، قلت في معرض كلامي : إنّ سبب الهـزيمة هـو انقسام العرب والمسلمين إلى دويـلات وإلى طوائف ومـذاهب متعددة ، ورغم كثرة عددهم ، فلا وزن لهم ولا اعتبار في نظر أعدائهم .

وتكلمنا كثيراً عن مصر والمصريين ، وكنّا متّفقين على أسـباب الهـزيمـة ، وأضفت ؛ بأنني ضد هذه الانقسامات التي ركّزها الاستعمار فينا ليسهل عليه احتلالنا وإذلالنا ، ونحن ما زلنا نفرّق بين المالكية والأحناف ، ورويت لـه قصّة

مؤسفة وقعت لي ، عندما دخلت إلى مسجد أبي حنيفة في القاهرة وصلّيت معهم صلاة العصر جماعة ، فما راعني بعد الصلاة ، إلّا والرجل الذي كان قائماً بجانبي يقول لي في غضب : (لماذا لا تكتّف يديك في الصلاة ؟) فأجبته بأدب واحترام ؛ أنّ المالكية يقولون بالسدل وأنا مالكي فقال لي : (اذهب إلى مسجد مالك وصلّ هناك) فخرجت مستاءً ناقماً على هذا التصرّف الذي زادني حيرة على حيرتي .

وإذا بالأستاذ العراقي يبتسم ويقول لي : إنّه هو الآخر شيعي .

فاضطربت لهذا النبأ وقلت غير مبال : لو كنت أعلم أنّك شيعي ، لما تكلمت معك . قال : ولماذا ؟ قلت : لأنّكم غير مسلمين ، فأنتم تعبدون علي بن أبي طالب ، والمعتدلون منكم يعبدون الله ، ولكنهم لا يؤمنون برسالة النبي محمد (ص) ، ويشتمون جبرائيل ويقولون : بأنّه خان الأمانة ، فبدلاً من أداء الرسالة إلى علي أدّاها إلى محمد . واسترسلت في مثل هذه الأحاديث ، بينما كان مرافقي يبتسم حيناً ويحوقل[1] أحياناً ، ولمّا أنهيت كلامي سألني من جديد : أنت أستاذ تدرّس الطلّاب ؟ قلت : نعم ، قال : إذا كان تفكير الاستاذ بهذا الشكل ، فلا لوم على عامّة الناس الذين لا ثقافة لهم ! قلت : ماذا تقصد ؟ أجاب : عفواً ولكن من أين لك هذه الادعاءات الكاذبة ؟ قلت : من كتب التاريخ وممّا هو مشهور عند الناس كافّة .

قال : لنترك الناس كافّة ، ولكن أيّ كتاب تاريخ قرأت ؟ بدأت أعدّد بعض الكتب مثل كتاب (فجر الاسلام) و (ضحى الاسلام) و (ظهر الاسلام) لأحمد أمين وغيرها ، قال : ومتى كان أحمد أمين حجّة على الشيعة ؟ وأضاف : إنّ مقتضى العدل والموضوعية أن تتبيّن الأمر من مصادرهم الأصيلة المعروفة .

قلت : وكيف لي أن أتبيّن في أمر معروف لدى الخاص والعام ؟ قال : إنّ أحمد أمين نفسه زار العراق ، وكنت من بين الأساتذة الذين التقوا به في النجف

وعندما عاتبناه على كتاباته عن الشيعة أعتذر قـائلاً : إنّي لا أعلم عنكم أي شيء ، وأنّي لم أتّصل بالشيعة من قبل وهذه أول مرة ألتقي فيها بالشيعة .

قلنـا له ربّ عـذر أقبح من ذنب فكيف لا تعـرف عنّا أي شيء، ومـع ذلك تكتب عنّا كلّ شيء قبيح ؟ ! ثم أضاف قائلاً :

يا أخي نحن إذا حكمنا بخطأ اليهود والنّصارى من خلال القـرآن الكـريم وهو عندنا الحجّة البالغة فموقفنا ضعيف لأنّهم لا يعـترفون بـه ، وتكون الحجـة أقوى وأبلغ عندما نبيّن خطأهم من خلال كتبهم التي يعتقدونها ، وذلك من باب (وشهد شاهد من أهلها) .

نـزل كلامـه هذا عـلى قلبي نزول المـاء الزلال عـلى قلب العطشـان ورأيتني أتحـوّل من ناقـد حاقـد إلى باحث فـاقـد ، لأنّني أحسست بمنطق سليم وحجّـة قويّة ، وما عليّ لو تواضعت قليلاً وأصغيت إليه ! قلت له :

أنت إذاً ممّن يعتقدون برسالة نبيّنا محمد ؟ أجـاب : (ص) ، وكل الشيعـة مثـلي يعتقدون ذلك وما عليـك يا أخي إلّا أن تتحقق من ذلك بنفسك حتى تكـون على بيّنة من الأمر ، ولا تظن بإخوانـك الشيعة الـظنونـا (لأنّ بعض الظنّ إثم) وأضـاف قائـلاً : وإذا كنت فعلاً تـريد معرفـة الحقيقـة وتطّلع عليها بعينيـك ويستيقن بها قلبك ، فأنا أدعوك لزيارة العراق والاتصال بعلماء الشيعة وعـوامّهم وستعرف عند ذلك أكاذيب المغرضين والحاقدين .

قلت : إنّها أمنيني أن أزور العـراق في يوم من الأيـام وأتعـرّف عـلى آثـارهـا الاسلامية المشهورة التي خلّفها العبّاسيون وعلى رأسهم هارون الرشيد ، ولكن ؛ أوّلاً : إمكانياتي المادية محدودة وقد رتّبتها لأداء العمرة ، ثانياً : إنّ جـواز السفر الـذي أحمله لا يسمح لي بـالدخول إلى العراق ، قـال : أوّلاً عندمـا قلت لك أدعوك لزيارة العراق فذلك يعني أنّي أتكفّل بتغطية نفقات سفرك من بيروت إلى بغداد ذهاباً وإياباً وإقامتك بالعـراق ستكون معي في بيتي فـأنت ضيفي ، وثانياً بشـأن الجواز الـذي لا يسمح لـك بـالدخول إلى العراق فلنترك ذلك إلى الله سبحانه وتعالى فإذا قدّر لك أن تزور فسوف يكون ذلك حتى بدون جواز سفـر ، وسوف نحاول الحصول على تأشيرة للدخول فور وصولنا إلى بيروت .

الصلاة لأداء فريضة المغرب واسترسل في القراءة والدّعاء حتّى غيّرت رأيي ، وتخيّلت بأنّي مأمومٌ بأحد الصحابة الكرام الذين أقرأ عنهم وعن ورعهم وتقواهم ، وبعد فراغه من الصلاة ، أطال الدعاء ولم أسمع قبلاً هذه الأدعية في بلادنا ولا في البلاد التي عرفتها ، وكنت أطمئنّ وأرتاح كلّما سمعته يصلّي على محمد وآله ويثني عليه بما هو أهله .

بعد الصلاة لاحظت في عينيه أثر البكاء كما سمعته يدعو الله أن يفتح بصيرتي ويهديني .

اتّجهنا إلى المطعم وقد بدأ يخلو من الآكلين ودخلنا فلم يجلس حتى أجلسني وجيء لنا بصحنين من الأكل ، فرأيته يغيّر صحنه بصحني لأنّ نصيبي من اللحم كان أقلّ من نصيبه وأخذ يلحّ عليّ وكأنّي ضيفه ويلاطفني ويروي لي روايات لم أسمعها من قبل تخصّ الأكل والشرب وآداب المائدة .

وأعجبت بأخلاقه ، وصلّى بنا صلاة العشاء وأطالها بالدّعاء حتى أبكاني وسألت الله سبحانه أن يغيّر ظنّي فيه لأنّ بعض الظنّ إثم .

ولكن من يدري ؟ !

وغمت أحلم بالعراق وألف ليلة وليلة ، واستيقظت على ندائه يوقظني لصلاة الفجر ، وصلّينا وجلسنا نتحدّث عن نعم الله على المسلمين .

ورجعنا للنوم ثانية ، ولمّا أفقت وجدته جالساً على سريره وفي يده مسبحة وهو يذكر الله فارتاحت له نفسي واطمأنّ له قلبي واستغفرت ربّي .

وكنّا نتغذى في المطعم عندما سمعنا المذيع يعلن عن اقتراب الباخرة من الشواطيء اللبنانية وسوف نكون في ميناء بيروت بحول الله بعد ساعتين .

سألني : هل فكّرت مليّاً وماذا قررت ؟

قلت : إذا سهّل الله سبحانه الحصول على تأشيرة الدخول فلا أرى مانعاً وشكرته على دعوته .

نزلنا في بيروت حيث أمضينا تلك الليلة ومن بيروت سافرنا إلى دمشق حيث اتّجهنا فور وصولنا إليها إلى سفارة العراق ، وحصلت على التأشيرة بسرعة مذهلة لم أتصورها ، وخرجنا من هناك وهو يهنّئني ويحمد الله على إعانته .

زيارة العراق لأول مرّة

سـافرنـا مَن دمشق إلى بغداد في إحدى سيـارات شركـة النجف العـالميـة الضخمـة المكيّفة وكانت الحرارة تبلغ أربعين درجة مئوية في بغداد ، عندمـا وصلنـا اتّجهنـا فـوراً إلى بيته في حيّ جميلة ، دخلت البيت المكيّف واسـترحت ثمّ جاءني بقميص فضفاض يسمّونه (دشداشة) .

أحضر الفـاكهة والأكـل ودخل أهله يسلّمـون عليّ في أدب واحترام وكـان والده يعانقني وكأنّه يعرفني من قبل ، أمّا والدته فوقفت بـالبـاب في عبـاءة سوداء تسـلّم وتـرحب ، واعتذر صـديقي عن والدتـه بـأنّ المصافحـة عنـدهم محـرمّـة وأعجبت أكثر وقلت في نفسي : هؤلاء الذين نتهمهم نحن بـالخروج عن الـدّين يحافظون عليه أكثر منّا .

وقـد لمسـت خلال أيـام السّفر التي قضيتهـا معه نبـل أخلاق وعـزّة نفس في كرامة وشهامة وتواضع وورع لم أعهده من قبل .

وشعرت بأنّي لست غريباً بل وكأنّي في بيتي .

صعـدنا في الليـل إلى سطح الـدار حيث فرشت لنا أماكن للنـوم ، وبقيت حتى ساعة متـأخّرة أهـذي أفي حلم أنا أم في يقـظة ! أحقّاً أنني في بغـداد بجوار سيدي عبد القادر الجيلاني .

ضحـك صـديقي متسـائلاً : مـاذا يقـول التـونسيـون عن عبـد القـادر

الجيلاني ؟ ، وبدأت أحكي له عن الكرامات التي تروى عندنا وعن المقامات التي تشيّد في ربوعنا باسمه وأنه قطب الدّائرة وكما أنّ محمد رسول الله (ص) هو سيد الأنبياء فعبد القادر هو سيد الأولياء وقدمه على رقبة كل الأولياء وهو القائل : (كل الناس يطوف بالبيت سبعاً ، وأنا البيت طائفاً بخيامي) .

وحاولت إقناعه بأن الشيخ عبد القادر يأتي إلى بعض مريديه ومحبّيه جهرة ويعالج أمراضهم ويفرّج كربتهم ونسيت أو تناسيت العقيدة الوهابية التي تأثّرت بها من أنّ ذلك شرك بالله ولمّا شعرت بعدم حماس صديقي حاولت إقناع نفسي بأنّ ما قلته لا يصح ، وسألته عن رأيه .

قال صديقي وهو يضحك : ثم الليلة واسترح من التعب الذي لقيته في السفر وغداً إن شاء الله سنزور الشيخ عبد القادر . وطرت فرحاً هذا الخبر ووددت لو طلع الفجر وقتئذٍ .

فاستغرقت في نوم عميق .

* * *

34

عبد القادر الجيلاني وموسى الكاظم

ذهبنا بعد الفطور إلى باب الشيخ ، ورأيت المقام الذي طالما تمنّيت زيارته ، وهرولت كأنّي مشتاق لـرؤيته ودخلت أتلهّف كـأنّي سـوف أرتمي في أحضانـه وصديقي يتبعني أينما رحت ، واختلطت بالزوّار الذين يزدحمون على المقام ازدحام الحجّاج عـلى بيت الله الحرام ، ومنهم من يلقى قبضـات من الحلوى والـزوّار يتسابقون لالتقاطها ، وأسرعت لأخذ اثنتين منها أكلت إحداها على الفور للبركة وخبّأت الأخرى في جيبي للذكرى ، صلّيت هناك ودعوت بما تيسّر لي وشربت الماء وكأنّي أشرب من ماء زمزم ، ورجوت صديقي أن ينتـظرني ، ريثما أكتب إلى أصدقائي في تونس بعض البطاقات البريدية التي اشتريتها من هناك وتمثّل كلّها صـورة مقـام الشيخ عبـد القادر بالقبّة الخضراء ، وأردت بـذلك أن أبرهن لاصـدقائي وأقـاربي في تونس عن علّو همّتي التي أوصلتني لـذلك المقـام الذي لم يصلوا إليه .

بعد ذلك تناولنا طعام الغداء في مطعم شعبي وسط العاصمـة ، ثم أخذني صـديقي في سيارة أجـرة إلى الكـاظميـة ، عـرفت هـذا الاسم من خـلال مـا ذكره صـديقي لسائق السيارة ، وصلنا إليها وما أن نـزلنا من السيارة نتمشى حتى اختلطنا بمجموعات كبيرة من الناس يمشون في نفس الاتجاه نساءً ورجالاً وأطفالاً ويحملون بعض الأمتعـة ، ذكّرني ذلـك بموسم الحـجّ ولم أكن بعـد أعـرف وجهـة المكـان المقصـود حتى تـراءت لي قبـاب ومآذن ذهبية يـأخذ أشعـاعها بالأبصار ، وفهمتُ أنّه مسجد من مساجد الشيعة لسابق علمي بأنّهم يزخرفون

وفي جبـاههم آثار السّجـود ، وزاد في هيئتهم تلك اللّحى التي أعفوهـا وتنـطلق منها روائح طيبة ولهم نظرات حادّة مهيبة .

وما أن يدخل الواحد منهم حتّى يجهش بالبكاء ، وتساءلت في داخـلي أيمكن أن تكـون هذه الـدموع كـاذبة ؟؟ أيمكن أن يكـون هؤلاء الـطاعنـون في السنّ مخطئين ؟ .

خرجت متحيراً مندهشاً ممّا شاهدته بينما كان صديقي يرجع أدراجه احترامـاً لئلّا يعطي المقام ظهره .

سألته : من هو صاحب هذا المقام ؟

قال : الامام موسى الكاظم .

قلت : ومن هو الامام موسى الكاظم ؟

قال : سبحان الله ! أنتم إخواننا أهل السنّة والجماعة تركتم اللبّ وتمسّكتم بالقشور .

قلت غاضباً منقبضاً : كيف تمسكنا بالقشور وتركنا اللّب ؟ .

فهـدّأني وقال : يـا أخي أنت منذ دخلت العـراق لا تفتأ تـذكر عبـد القادر الجيلاني فمن هو عبد القادر الجيلاني الذي استوجب كل اهتمامك ! ؟

أجبت على الفور وبكل فخر : هـو من ذرية الـرسول ، ولـو كان نبي بعـد محمد لكان عبد القادر الجيلاني رضي الله تعالى عنه .

قال : يا أخّ السّماوي هل تعرف التاريخ الاسلامي ؟ .

وأجبت في غير تردد بنعم ! وفي الحقيقـة ما عـرفت من التاريخ الاسلامي قليلاً ولا كثيراً لأنّ أساتذتنا ومعلّمينا كانوا يمنعوننا من ذلك مدّعين بأنّه تاريخ أسود مظلم لا فائدة من قراءته ، وأذكر على سبيـل المثال أنّ الأستـاذ المختص في تدريسنا مادة البلاغة كان يدّرسنا الخطبة الشقشقية[1] من كتاب (نهج البلاغة) للامام علي ، واحترت كما احتار عدد من التلاميذ عند قراءتها ، وتجرّأت وسألته إن كان هذا من كلام الامام عليّ حقّاً ، فأجاب : قطعاً ومن لمثل هذه البلاغة

______

(1) نهج البلاغة محمد عبدة ص 33 خطبة 3 .

سواه .

ولو لم يكن كلامه كرّم الله وجهه ، لم يكن علماء المسلمين أمثال الشيخ محمد عبده مفتي الديار المصرية ليهتمّ بشرحه .

عند ذلك قلت : إنّ الامام علي يتّهم أبا بكر وعمر بأنهما اغتصبا حقّه في الخلافة ، فثارت ثائرة الأستاذ وانتهرني بشدّة وهدّدني بالطرد ، إن عدّت لمثل هذا السؤال ، وأضاف قائلاً : نحن ندرّس بلاغة ولا ندرّس التاريخ ، وما يهمّنا شيئاً من أمر التاريخ الذي سوّدت صفحاته الفتن والحروب الدّامية بين المسلمين ، وكما طهّر الله سيوفنا من دمائهم فلنطهّر ألستنا من شتمهم .

ولم أقنع بهذا التعليل ، وبقيت ناقماً على ذلك الأستاذ الذي يدرّسنا بلاغة بدون معانٍ ، وحاولت مراراً عديدة دراسة التاريخ الاسلامي ، ولكن لم تتوفّر عندي المصادر والامكانات لتوفير الكتب ، وما وجدت أحداً من شيوخنا وعلمائنا يهتمّ بها وكأنّهم تصافقوا على طيّها وعدم النظر فيها ، فلا تجد أحداً يملك كتاباً تاريخياً كاملاً .

فلمّا سألني صديقي عن معرفة التاريخ ، أحببت معاندته فأجبته بنعم ولسان حالي يقول : أعرف أنه تاريخ مظلم مسود لا فائدة فيه ، إلّا الفتن والأحقاد والتناقضات .

قال : هل تعرف متى ولد عبد القادر الجيلاني ، في أي عصر ؟ قلت : حسب التقريب في القرن السادس أو القرن السابع . قال : فكم بينه وبين رسول الله (ص) ؟ قلت : ستة قرون . قال : فإذا كان القرن فيه جيلان على أقل تقدير ، فيكون نسبة عبد القادر الجيلاني للرسول بعد اثني عشر جدّاً . قلت : نعم ! قال : فهذا موسى بن جعفر بن محمد بن علي بن الحسين بن فاطمة الزهراء يصل نسبه إلى جدّه رسول الله بعد أربعة أجداد فقط .

أو بالأحرى فهو من مواليد القرن الثاني للهجرة فأيهما أقرب إلى رسول الله موسى أم عبد القادر ؟ .

وبدون تفكير قلت : هذا أقرب طبعاً ! ولكن لماذا نحن لا نعرفه ولا نسمع

بـذكره ؟ قـال : هذا هـو بيت القصيد ، ولـذلك قلت بـأنكم ـ واسمـح لي أن أعيدها ـ تركتم اللُّب وتمسكتم بالقشور ، فلا تؤاخذني وأرجوك المعذرة .

كنّا نتحدّث ونمشي ونتـوقّف من حين لآخـر حتّى وصلنا إلى منتـدي علمي يجلس فيه الطلبة والأساتـذة ويتبادلون الآراء والنظريـات ، هناك جلسنا وكان يبحث بعينيه في الجالسين وكأنّه على مـوعد مـع أحدهم ؛ جاء أحد الـوافدين وسلَّم علينا وفهمت أنّه زميله في الجامعة وسأله عن شخص علمت من الأجوبة أنّه دكتور وسيأتي عمّا قـريب ، في الأثناء قال لي صديقي : أنا جئت بك لهذا المكان قاصداً أن أعرّفك بالـدكتور المتخصّص في الأبحـاث التاريخية وهو أستـاذ التاريخ في جامعة بغداد وقد حصـل على الـدكتوراه في أطـروحته التي كتبها عن عبد القادر الجيلاني وسوف ينفعك بحول الله ، لأنّي لست مختصّاً في التاريخ .

شـربنا بعض العصير البارد حتّى وصل الـدكتور ونهض إليه صديقي مسلّماً عليه وقدّمني إليه وطلب منه أن يقدم إليَّ لمحة عن تاريخ ﻫ. بـد القادر الجيـلاني ، وأستأذننا في الانصراف لبعض شؤونه .

طلب لي الدكتور مشروباً بارداً وبـدأ يسألني عن اسمي وبـلادي ومهنتي كما طلب مني أن أحدّثه عن شهرة عبد القادر الجيلاني في تونس .

ورويت له الكثير في هذا المجال حتّى قلت : والناس عندنا يعتقدون ؛ بـأنّ الشيـخ عبـد القـادر كان يحمـل رسول الله عـلى رقبته ليلة المعراج عندمـا تـأخّـر جبـريل خـوفاً من الاحـتـراق وقال لـه رسـول الله (ص) : « قـدمي على رقبتـك وقدمك على رقاب كل الأولياء إلى يوم القيامة » .

وضحك الدكتور كثيراً عند سماعه كلامي وما دريت أكان ضحكه على هـذه الروايات أم كان على الأستاذ التونسي الذي بين يديه ! بعد مناقشة قصيرة حـول الأولياء والصالحين قال : إنّه بحث طوال سبع سنوات سافر خلالها إلى لاهور في الباكستان وإلى تركيا وإلى مصر وبريطانيا وكل الأماكن التي بها مخطوطات تنسب إلى عبـد القادر الجيـلاني واطّلع عليهـا وصـوّرهـا ، وليس فيهـا أي إثبـات بـأنّ عبد القادر الجيلاني هو من سـلالة الـرسول ، وغـاية مـا هنالـك بيت من الشعر ينسب إلى أحد أحفاده يقول فيه : (وجدّي رسول الله) وقد يحمل ذلك كما قال

بعض العلماء، على تأويل حديث النبي (ص) : «وأنا جدّ كل تقي» وزادني بأنّ التاريخ الصحيح يثبت أنّ عبد القادر أصله فارسي وليس عربياً أصلاً ، وقد ولد في بلدة بإيران تسمّى جيلان ، وإليها ينسب عبد القادر ، وقد نزح إلى بغداد حيث تعلّم هناك وجلس يدرّس في وقت كان فيه الانحلال الخلقي فاشياً .

وكان الرجل زاهداً فأحبّه الناس ، وبعد وفاته أسّسوا الطريقة القادرية نسبة إليه ، كما يفعل دائماً أتباع كل متصوف ، وأضاف قائلاً : حقّاً أنّ حالة العرب مؤسفة من هذه الناحية .

وثـارت في رأسي حمّية الـوهابيّـة فقلت للدكتور : إذاً أنت وهـابيّ الفكـر يـا حضرة الدكتور فهم يقولون كما تقول ليس هناك أولياء .

فقال : لا أنا لست على رأي الوهابية .

والمؤسف عند المسلمين هـو إمّا الافـراط وأمّـا التفريط ، فأمّـا أن يؤمنـوا ويصدّقوا بكـل الخرافات التي لا تستند إلى دليل ولا عقل ولا شرع ، وأمّـا أن يكذّبوا بكل شيء حتّى بمعجزات نبيّنا محمد وأحاديثه ؛ لأنها لا تتماشى وأهواءهم وعقائدهم التي يعتقدونها وقد شرّقت طائفة وغرّبت أخرى ، فـالصوفيـة يقولون بإمكانية حضور الشيـخ عبد القـادر الجيلاني مثلاً في بغداد وفي نفس الـوقت في تونس ، وقد يشفي مريضاً في تونس وينقذ غريقاً في نهر دجلة في نفس اللحظة فهذا إفراط ، والوهابية ـ كردّ فعل على الصوفية ـ كذّبوا بكـل شيء حتى قالوا بشرك من توسّل بالنبي ، وهذا تفريط لا يا أخي نحن كما قال الله تعالى في كتابه العزيز :

﴿ وكذلك جعلناكم أمّة وسطاً لتكونوا شهداء على الناس ﴾[1] .

أعجبني كلامه كثيراً وشكرته مبدئياً ، وأبديت قناعتي بما قال .

فتح محفظته وأخرج كتاباً عن عبد القادر الجيلاني وأهدانيه ، كما دعاني للضيافة فاعتذرت وبقينا نتحدّث عن تونس وعن شمال إفريقيا حتى جاء صديقي ورجعنا إلى البيت ليلاً بعد أن أمضينا كامل اليوم في الـزيارات والمنـاقشات ، وشعرت

____

(١) سورة البقرة : الآية ١٤٣ .

بالتعب والارهاق فاستسلمت للنوم .

استيقظت باكراً وصلّيت وجلست أقرأ الكتاب الذي يبحث في حياة عبد القادر ، فما أفاق صديقي حتّى كنت قد أتممت نصفه ، وكان يتردّد عليّ من حين إلى آخر داعياً إيّاي لتناول الفطور فلم أوافق حتّى أنهيت الكتاب وقد شذّني إليه وأدخل عليّ شكّاً لم يلبث طويلاً حتى زال قبل خروجي من العراق .

* * *

الشك والتساؤل

بقيت في بيت صديقي ثلاثة أيام استرحت خلالها وفكّرت مليّاً في ما سمعته من هؤلاء الـذين اكتشفتهم وكأنّهم كـانوا يعيشـون على سـطح القمـر ، فلماذا لم يحدّثنا أحدٌ عنهم إلّا بما هو مزرٍ ومشين ، لماذا أنا أكرههم وأحقـد عليهم دون أن أعرفهم ، لعلّ ذلك ناتـج من الاشاعـات التي نسمعها عنهم من أنّهم يعبدون عليّاً وأنّهم ينزلون ائمتهم منزلـة الآلهة وأنّهم يقـولون بـالحلول ، وأنّهم يسجدون للحجر من دون الله ، وأنّهم ـ كما حدّثنا أبي بعد رجوعه من الحجّ ـ يأتون إلى قبر الرسول ليلقـون فيه القـاذورات والنجاسـات وقد أمسكهم السعـوديون وحكمـوا عليهم بالاعدام ... وأنّهم ... وأنّهم ... حدّث ولا حرج .

كيف يسمع المسلمون بهذا ولا يحقدون على هؤلاء الشيعة ولا يبغضـونهم ، بل كيف لا يقاتلونهم !

ولكن كيف أصدّق هذه الاشاعات وقد رأيت بعينيّ ما رأيت وسمعت بأذنيّ ما سمعت وها قد مضى على وجودي بينهم أكثر من أسبوع ولم أر منهم ولم أسمع إلّا الكـلام المنطقي الـذي يدخل العقول بـدون استئذان ، بـل قـد استهوتني عبادتهم وصلاتهم ودعـاؤهم وأخلاقهم واحـترامهم لعلمائهم حتّى تمنّيت أن أكون مثلهم ، وبقيت أتسـاءل : هل حقّاً أنّهم يكرهـون رسول الله ؟ ! وكلّما ذكرتـه وكثيراً مـا أذكره لاختبارهم فيصيحـون بكل جوارحهم (اللّهمّ صلّ عـلى محمد وعـلى آل محمد) وظننت أنّهم ينافقون ، ولكن زال هـذا الظن بعدما تصفّحت

كتبهم التي قرأت شيئاً منها ، فوجدت احتراماً وتقديساً وتنزيهاً لشخص الرسـول لم أعهـده في كتبنـا ، فهم يقـولـون بعصمتـه (ص) في كـل شيء قبـل البعثـة وبعـدها ، بينـما نقول نحن أهـل السنّة والجـماعة بـأنّه معصـوم في تبليغ القـرآن فقط ، ومـا عدا ذلك فهو بشر يخطيء كغيره ، وكثيـراً مـا نستدلّ عـلى ذلك بخطئه ـ (ص) ـ وتصـويب بعض الصحابة رأيُ ، ولنـا في ذلك أمثلة متعـدّدة بينـما يرفض الشيعـة أن يكون رسـول الله يخطيء ويصيب غـيره ، فكيف أصدّق بعد هذا أنّهم يكرهون رسول الله ؟ كيف .

وتحدثت يوماً مع صديقي ورجوته وأقسمت عليه أن يجيبني بصراحة ، وكان معه الحوار التالي :

ـ أنتـم تُنـزلون عليّـاً رضي الله عنه وكـرّم الله وجهه منـزلة الأنبياء لأنّي مـا سمعت أحداً منكم يذكره إلّا ويقول (عليه السلام) .

ـ فعـلاً نحن عندمـا نـذكر أمـير المؤمنين أو أحـد الأئمة من بنيـه نقول (عليه السلام) ، فهذا لا يعني أنّهم أنبياء ، ولكنّهم ذريّة الرسول وعترته الذين أمرنا الله بـالصلاة عليهم في محكم تنـزيله وعـلى هـذا يجـوز أن نقـول : عليهم الصلاة والسلام أيضاً .

ـ لا يا أخي نحن لا نعترف بـالصّلاة والسـلام إلّا على رسـول الله والأنبياء الذين سبقوه ولا دخل لعلي وأولاده في ذلك رضي الله عنهم .

ـ أنا أطلب منك وأرجوك أن تقرأ كثيراً حتى تعرف الحقيقة .

ـ أيّ الكتب اقرأ يا أخي ؟ ألست أنت الذي قلت لي بأنّ كتب أحمد أمين ليست حجّه على الشيعـة ، كذلك فإن كتب الشيعة ليست حجّة علينا ، ولا نعتمد عليها . ألا ترى أنّ كتب النّصارى التي يعتمـدونها تذكـر أنّ عيسى (ع) قال : « إنّي ابن الله » في حين أن القرآن الكريم ـ وهو أصدق القـائلين ـ يقول على لسان عيسى بن مريم : ﴿ ما قلت لهم إلّا مـا أمرتني بـه أن اعبدوا الله ربي وربكم ﴾(1) .

---

(1) سورة المائدة : الآية 117 .

ـ حسناً قلت : لقد قلت ذلك ، والذي أريده منك هو هذا ، أعني استعمال العقل والمنطق ، والاستدلال بالقرآن الكريم والسنّة الصحيحة ، ما دمنا مسلمين ، ولو كان الحديث مع يهودي أو نصراني لكان الاستدلال بغير هذا .

إذاً ، في أي كتاب سأعرف الحقيقة ، وكل مؤلف وكلّ فرقة وكل مذهب يدّعي أنّه على الحق .

سأعطيك الآن دليلاً ملموساً ، لا يختلف فيه المسلمون بشتّى مذاهبهم وفرقهم ومع ذلك فأنت لا تعرفه !

وقل ربّ زدني علماً .

ـ هل قرأت تفسير الآية الكريمة : ﴿ إنّ الله وملائكته يصلّون على النبيّ يا أيّها الذين آمنوا صلّوا عليه وسلّموا تسليماً ﴾[1] .

فقد أجمع المفسّرون سنّة وشيعة على أنّ الصحابة الذين نزلت فيهم هذه الآية ، جاؤوا إلى رسول الله فقالوا : يا رسول الله عرفنا كيف نسلّم عليك ولم نعرف كيف نصلّي عليك ! فقال : « قولوا اللّهم صلّ على محمد وآل محمد كما صلّيت على إبراهيم وآل إبراهيم في العالمين إنّك حميد مجيد ولا تصلّوا عليّ الصلاة البتراء » قالوا : وما الصلاة البتراء يا رسول الله ؟ قال : « أن تقولوا اللّهم صلّ على محمد وتصمتوا ، وأنّ الله كامل ولا يقبل إلّا الكامل »[2] .

ولكلّ ذلك عرف الصحابة ومن بعدهم التابعون أمر رسول الله فكانوا يصلّون عليه الصلاة الكاملة ، حتّى قال الإمام الشافعي في حقّهم :

فرض من الله في القرآن أنزله	يا آل بيت رسول الله حبّكم
من لم يصلّ عليكم لا صلاة له	كفاكم من عظيم الشان أنكم

كان كلامه يطرق سمعي وينفذ إلى قلبي ويجد في نفسي صدىً إيجابياً ، وبالفعل فقد سبق لي أن قرأت مثل هذا في بعض الكتب ، ولكن لا أذكر في أي

(1) سورة الأحزاب : الآية 56 .
(2) تفسير ابن الأثير ج 3 ص 507 ، التبيان ج 8 ص 327 .

كتاب بالضبط ، واعترفت له بأننا عندما نصلّي على النبي نصلّي على آلـه وصحبه أجمعين ، ولكن لا نفرد عليّاً بالسّلام كما يقول الشيعة .

قال : فما رأيك في البخاري ، أهو من الشيعة ؟

قلت : إمام جليل من أئمة أهل السنّة والجماعة وكتابه أصحّ الكتب بعـد كتاب الله . عند ذلك قام وأخرج من مكتبته (صحيح البخاري) وفتحه وبحث عن الصفحة التي يريدها ، وأعطاني لأقرأ فيه : حدّثنا فلان عن فـلان عن علي (عليه السـلام) . ولم أصـدّق عيني ، واستغربت حتّى أنّي شككت أن يكـون ذلك هـو صحيـح البخاري ، واضـطـربت وأعدت النـظر في الصفحة وفي الغلاف ، ولمّا أحسّ صديقي بشكّي أخذ منّي الكتاب وأخرج لي صفحة أُخرى فيها : حدثنا علي بن الحسين (عليهما السلام) ، فما كـان جوابي بعدها إلّا أن قلت : سبحـان الله واقتنـع منّي بهـذا الجواب وتركني وخرج ، وبقيت أفكّـر وأراجع قراءة تلك الصفحات وأتثبّت في طبعة الكتـاب فوجـدتها من طبـع ونشر شركة الحلبي وأولاده بمصر .

يا إلهي ؛ لماذا أكابر وأعـاند وقـد أعطاني حجّـة ملموسـة من أصحّ الكتب عندنا ، والبخـاري ليس شيعياً قـطعاً ، وهـو من أئمة السنّة ومحدّثيهم ، أسلم لهم بهذه الحقيقة وهي قولهم علي (ع) ؟ ولكني أخاف من هذه الحقيقة فلعلّها تتبعها حقائق أُخرى لا أُحبّ الاعتراف بها ، وقد انهزمت أمام صديقي مـرّتين ، فقد تنازلت عن قـداسة عبد القادر الجيـلاني وسلّمت بـأنّ مـوسى الكـاظم أولى منه ، وسلّمت أيضاً بـأنّ عليّاً (ع) هـو أهل لـذلك ، ولكنّي لا أريد هـزيمة أُخرى ، وأنا الذي كنت منذ أيام قلائل عالماً في مصر أفخر بنفسي ويمجّدني علماء الأزهر الشريف ، أجد نفسي اليوم مهزوماً مغلوباً ومع من ؟ مع الذين كنت ولا ازال أعتقد أنهم على خطأ ، فقد تعودت على أنّ كلمة (شيعة) هي مسبّة .

إنّه الكبريـاء وحبّ الذات ، إنّها الأنـانية واللجاج والعصبية ، إلهي الهمني رشدي ، وأعنّي على تقبّل الحقيقة ولو كانت مرّة .

اللّهمّ افتح بصري وبصيرتي ، واهدني إلى صراطك المستقيم ، واجعلني من

الـذين يستمعون القـول فيتّبعون أحسنه . اللّهمّ أرنا الحقّ حقـاً وارزقنا أتبـاعه ، وأرنا الباطل باطلاً وارزقنا اجتنابه .

رجع بي صديقي إلى البيت وأنا أُردّد هذه الدعوات فقال مبتسماً : هدانا الله وإيّـاكم وجميع المسلمـين ، وقد قـال في محكم كتابه : ﴿ والذين جاهـدوا فينـا لنهدينهم سبلنا وإن الله لمع المحسنين ﴾[1] .

والجهـاد في هذه الآيـة يحمل معنى البحث العلمي للوصـول إلى الحقيقـة ، والله سبحانه يهدي إلى الحق كلَّ من بحث عن الحق .

* * *

السفر إلى النجف

أعلمني صديقي ذات ليلة بأننا سنسافر غداً إن شاء الله إلى النجف ، وسألته وما النجف ؟ قال : إنها مدينة علمية فيها مرقد الامام علي بن أبي طالب ، فتعجبت كيف يكون للامام علي قبر معروف !

لأنَّ شيوخنا يقولون : إنه لا وجود لقبر معروف لسيدنا علي . وسافرنا في سيّارة عمومية حتّى وصلنا إلى الكوفة ، وهناك نزلنا لزيارة جامع الكوفة ، وهو من الآثار الاسلامية الخالدة ، وكان صديقي يريني الأماكن الأثرية ، ويزوّرني جامع مسلم بن عقيل وهانىء بن عروة ويحكي لي بإيجاز كيف استشهدا ، كما أدخلني المحراب الذي استشهد فيه الامام علي ، وبعدها زرنا البيت الذي كان يسكنه الامام مع ابنيه سيدنا الحسن وسيدنا الحسين ، ورأينا في البيت البئر التي كانوا يشربون منها ويتوضّؤون بمائها، وعشت لحظات روحيّة نسيت خلالها الدنيا وما فيها لأسبح في زهد الامام وبساطة عيشه وهو أمير المؤمنين ورابع الخلفاء الراشدين .

ولا يفوتني أن أذكر الحفاوة والتواضع اللذين شاهدتهما هناك في الكوفة ، فما مررنا بمجموعة إلاّ وقاموا إلينا وسلّموا علينا ، وكأنَّ صديقي يعرف الكثير منهم ودعانا أحدهم وهو مدير المعهد بالكوفة إلى بيته حيث التقينا بأولاده وبتنا عندهم ليلة سعيدة ، وشعرت وكأنّي بين أهلي وعشيرتي ، وكانوا إذا تكلّموا عن أهل السنّة والجماعة يقولون : (إخواننا من السنّة) فأنست بحديثهم وسألتهم بعض

ورأيت جموعاً من الناس يبكون ويلطمون على صدورهم ، وأردت أن أسأل صديقي ؛ ما بال هؤلاء يبكون ويلطمون ؟ ومرّت بقربنا جنازة وشاهدت بعضهم يرفع الرّخام في وسط الصحن وينزل الميّت هناك ، فظننت أنّ بكاء هؤلاء لأجل الميّت العزيز عليهم .

* * *

لقاء العلماء

أدخلني صديقي إلى مسجد في جانب الحرم مفروش كلّه بالسّجـاد وفي محرابه آيـات قرآنيـة منقوشـة بخط جميل ، ولفت انتباهي مجموعـة من الصبيان المعمّمين جالسين قرب المحراب يتدارسون وكل واحد في يده كتـاب ، فأعجبت لهذا المنظر الجميل ، ولم يسبق لي أن رأيت شيوخاً بهذا السنّ أعمارهم تتراوح مـا بـين الثالثـة عشرة والسادسة عشرة ، وقد زادهم جمـالاً ذلك الـزي فـأصبحـوا كالأقمار ، سألهم صديقي عن (السيد) فأخبروه بأنّه يصلّي بـالناس جمـاعة ، ولم أفهم من هو (السيد) الذي سألهم عنه غير أنّني توقعت أنّه أحد العلماء .

وعرفت فيما بعد أنّه السيد الخوئي زعيم الحوزة العلمية للطائفة الشيعية .

مع العلم بأنّ لقب (السيد) عند الشيعة هو لقب لكـل منحدرٍ من سـلالة النبي (ص) ، ويرتدي (السيد) العالم أو طـالب العلوم الدينية عمامة سوداء ، وأما العلماء الآخرون فيرتدون عمامة بيضاء ويلقّبون بـ (الشيخ) وهناك نـوع من الأشراف الذين ليسوا بعلماء فلهم عمامة خضراء .

طلب إليهم صديقي أن أجلس معهم ريثما يـذهب للقاء (السيـد) ورحّبوا بي وأحـاطـوني بنصف دائـرة وأنـا أنـظر في وجـوههم وأستشعر بـراءتهم ونقـاوة سريرتهم وأستحضر في ذهني حديث النبي (ص) حيث قال : « يولـد المرء عـلى الفطرة فأبواه يهوّدانه أو ينصّرانه أو يمجّسانه »[1] وقلت في نفسي : أو يشيّعانه .

____

(١) صحيح البخاري ج ٤ ص ١٤٤ .

الامام مالك ! قال : كيف تقلّد ميتاً بينك وبينه أربعة عشر قرناً ، فإذا أردت أن تسأله الآن عن مسألة مستحدثة فهل يجيبك ؟ فكّرت قليلاً وقلت : وأنت جعفرك مات أيضاً منذ أربعة عشر قرناً فمن تقلّد ؟ أجاب بسرعة هو والباقون من الصبية : نحن نقلّد السيد الخوئي فهو إمامنا .

ولم أفهم أكان الخوئي أعلم ، أم جعفر الصادق ؟ ! وبقيت معهم أحاول تغيير الموضوع ، فكنت أسألهم عن أي شيء يلهيهم عن مسألتي فسألتهم عن عدد سكّان النجف ، وكم تبعد النجف عن بغداد ، وهل يعرفون بلداناً أخرى غير العراق ، وكلّما أجابوا أعددت لهم سؤالاً غيره حتى أشغلهم عن سؤالي ؛ لأني عجزت وشعرت بالقصور ، ولكن هيهات أن أعترف لهم وإن كنت في داخلي معترفاً إذ أنّ ذلك المجد والعزّ والعلم الذي ركبني في مصر تبخّر هنا وذاب ، خصوصاً بعد لقاء هؤلاء الصبيان عرفت الحكمة القائلة :

فقل لمن يدّعي في العلم فلسفة   عرفت شيئاً وغابت عنك أشياء

وتصورت أنّ عقول هؤلاء الصبيان أكبر من عقول أولئك المشايخ الذين قابلتهم في الأزهر وأكبر من عقول علمائنا الذين عرفتهم في تونس .

ودخل السيد الخوئي ومعه كوكبة من العلماء عليهم هيبة ووقار ، وقام الصبيان وقمت معهم ، وتقدّموا من السيد يقبّلون يده ، وبقيت مسمّراً في مكاني ، ما إن جلس السيد حتى جلس الجميع وبدأ يحيّيهم بقوله : (مسّاكم الله بالخير) يقولها لكل واحد منهم فيجيبه بالمثل حتى وصل دوري فأجبت كما سمعت ، بعدها أشار عليّ صديقي الذي تكلّم مع السيد همساً ، بأن أدنو من السيد وأجلسني على يمينه وبعد التحية قال لي صديقي : احكِ للسيد ماذا تسمعون عن الشيعة في تونس .

فقلت يا أخي كفانا من الحكايات التي نسمعها من هنا وهناك ، والمهم هو أن أعرف بنفسي ماذا يقول الشيعة ؟؟ وعندي بعض الأسئلة أريد الجواب عنها بصراحة .

فألحّ عليّ صديقي وأصرّ على أن أروي للسيد ما هو اعتقادنا في الشيعة ،

قلت : الشيعة عندنا هم أشدّ على الاسلام من اليهود والنصارى لأنّ هؤلاء يعبدون الله ويؤمنون برسالة موسى (ع) ، بينما نسمع عن الشيعة أنّهم يعبدون عليّاً ويقدّسونه ، ومنهم فرقة يعبدون الله ، ولكنهم ينزلون عليّاً بمنزلة رسول الله ؛ ورويت قصّة جبريل كيف أنّه خان الأمانة حسب ما يقولون ، وبدلاً من أداء الرسالة إلى علي أدّاها إلى محمد (ص) .

أطرق السيد رأسه هنيهة ثم نظر إليّ وقال : نحن نشهد أن لا إله إلّا الله وأنّ محمداً رسول الله صلّى الله عليه وعلى آله الطيبين الطاهرين ، وما عليّ إلّا عبد من عبيد الله والتفت إلى بقية الجالسين قائلاً ومشيراً إليّ : انظروا إلى هؤلاء الأبرياء كيف تغلّطهم الاشاعات الكاذبة ، وهذا ليس بغريب ، فقد سمعت أكثر من ذلك من أشخاص آخرين ، فلا حول ولا قوّة إلّا بالله العلي العظيم ، ثم التفت إليّ وقال : هل قرأت القرآن ؟ قلت : حفظت نصفه ولم أتخطّ العاشرة من عمري .

قال : هل تعرف أنّ كلّ الفرق الاسلامية على اختلاف مذاهبها متّفقة على القرآن الكريم ، فالقرآن الموجود عندنا ، هو نفسه موجود عندكم .

قلت : نعم هذا أعرفه .

قال: إذاً ألم تقرأ قول الله سبحانه وتعالى : ﴿ وما محمد إلّا رسول ، قد خلت من قبله الرسل ﴾[1] .

وقوله أيضاً : ﴿ محمّد رسول الله والذين معه أشدّاء على الكفّار ﴾[2] .

وقوله : ﴿ ما كان محمد أبا أحد من رجالكم ولكن رسول الله وخاتم النبيّين ﴾[3] .

قلت بلى أعرف هذه الآيات قال: فأين هو علي؟ إذا كان قرآننا يقول بأنّ محمداً هو رسول الله ، فمن أين جاءت هذه الفرية ؟ سكتّ ولم أجد جواباً .

---

(1) سورة آل عمران : الآية 144 .

(2) سورة الفتح : الآية 29 .

(3) سورة الأحزاب : الآية 40 .

وأضـاف يقـول : وأمّـا خيانـة جبريـل حاشـاه فهـذه أقبـح من الأولى ، لأن محمـداً (ص) كـان عمـره أربعين سنة ، عندمـا أرسـل الله سبحـانـه إليـه جبريـل (ع) ، ولم يكن عليّ إلاّ صبيّـاً صغيراً عمـره ستّ أو سبـع سنـوات ، فكيف يا ترى يخطيء جبريل ، ولا يفرّق بين محمد الرجل وعلي الصبي ؟ .

ثم سكتّ طويلاً ؛ بينما بقيت أفكّر في أقواله وأنا مطرق أحلّل وأتـذّوق هذا الحديث المنطقي الذي نفذ إلى أعماقي ، وأزال غشاوة عن بصري . وتساءلت في داخلي ، كيف لم نحلّل نحن بهذا المنطق ؟ !

أضاف السيد الخوئي يقول : وأزيدك بأنّ الشيعة ؛ هي الفرقة الوحيـدة من بين كل الفرق الاسلامية الأخرى التي تقول بعصمة الأنبياء والأئمة ، فإذا كان أئمتنا سلام الله عليهم معصومين عن الخطأ وهم بشر مثلنا ، فكيف بجبريل وهو ملك مقرّب سمّاه ربّ العزّة بـ (الروح الأمين) .

قلت : فمن أين جاءت هذه الدعايات ؟

قال : من أعداء الاسلام ، الـذين يريـدون تفريق المسلمين وتـمزيقهم وضرب بعضهم ببعض ، وإلاّ فالمسلمون أخوة سواء كـانوا شيعـة أم سنّة ، فهم يعبـدون الله وحـده لا يشركـون بـه شيئـاً ، وقرآنهم واحـد ، ونبيّهم واحـد ، وقبلتهم واحـدة . ولا يختلف الشيعة عن السنّة إلاّ في الأمـور الفقهيـة ، كـما يختلف أئمـة المـذاهب السنّية أنفسهم في مـا بينهم فمـالك يخالف أبـا حنيفة ، وهـذا يخـالف الشافعي وهكذا . . .

قلت : إذاً كـل ما يحكى عنكم هـو محض افتراء ، قـال : أنـت بحمـد الله عاقل وتفهم الأمور وقد رأيت بلاد الشيعة ، وتجوّلت في أوساطهم ، فهـل رأيت أو سمعت شيئـاً من تلك الأكـاذيب ؟ قلت : لا لم أسمـع ولم أر إلاّ الخـير وإنّي أحمد الله سبحانه أن عرّفني بالأستاذ منعم في الباخرة ، فهـو السبب في مجيئي إلى العراق ، وقد عـرفت أشيـاء كثيـرة كنت أجهلها فضحك صديقي منعم قـائلاً : ومنها وجود قبر للإمام علي ، فغمزته واستدركت قائلاً : بل تعلّمت أشياء جديدة حتى من هؤلاء الصبيان وتمنّيت لو أتيحت لي الفرصة وتعلّمت مثلهم في الحـوزة العلمية هنا .

قال السيد : أهلاً وسهلاً ، إن كنت تريد طلب العلم فالحوزة على ذمّتك ، ونحن في خدمتك ، ورحّب الحاضرون بهذا الاقتراح وخصوصاً صديقي منعم الذي تهلّل وجهه .

قلت : أنا متزوج وعندي ولدان . قال : نحن نتكفّل بكل مستلزماتكم من سكن ومعاش ، وكل ما تحتاجون إليه والمهم هو طلب العلم . فكّرت قليلاً وقلت في نفسي : ليس من المعقول أن أصبح تلميذاً ، بعد ما قضيت خمس سنوات وأنا أستاذ أمارس التعليم وتربية النشيء ؛ وليس من السهولة أن أتّخذ قراراً بمثل هذه السرعة .

شكرت السيد الخوئي على هذا العرض وقلت سوف أفكر في الموضوع بجدّ بعد رجوعي من العمرة بحول الله ولكنّي في حاجة إلى بعض الكتب ، فقال السيد : أعطوه الكتب ، ونهض جمع من العلماء وفتحوا عدّة خزانات ، وما هي إلّا لحظات حتى وجدت أمامي أكثر من سبعين مجلداً ، فكل واحد جاءني بدورة من الكتب وقال : هذه هديتي ، ورأيت أنّه لا يمكنني حمل هذا العدد الكبير معي خصوصاً وأنّ متوجّه إلى السعودية الذين يمنعون دخول أي كتاب إلى بلادهم خوفاً من تفشّي بعض العقائد التي تخالف مذهبهم ، ولكني ما أردت التفريط بهذه الكتب التي لم تر عيني مثلها في سابق حياتي .

فقلت لصديقي وللحاضرين : بأنّ طريقي طويل يمرّ بدمشق والأردن إلى السعودية وفي العودة سيكون أطول فسأمرّ بمصر وليبيا حتى الوصول إلى تونس ، وزيادة على ثقل الحمل فإنّ أغلب الدول تمنع دخول الكتب ، فقال السيد : اترك لنا عنوانك ونحن نتكفّل بإرسالها إليك ، واستحسنت هذا الرأي وأعطيته بطاقة شخصية بها عنواني في تونس ، وشكرت فضله ، ولّا ودّعته ونهضت للخروج ، نهض معي قائلاً : أسأل الله لك السّلامة وإذا وقفت على قبر جدّي رسول الله فبلّغه منّي السلام ، وتأثّر الحاضرون ، وتأثّرت كثيراً وأنا أنظر إلى عينيه تدمعان ، وقلت في نفسي ، حاشى لله أن يكون هذا من المخطئين حاشى لله أن يكون هذا من الكاذبين ، إنّ هيته وعظمته وتواضعه تنبيء حقاً أنه من سلالة الشرف ، فما كان منّي إلّا أن أخذت يده وقبّلتها رغم ممانعته .

وقام الجميع لقيامي وسلّموا عليّ ، وتبعني بعض الصبية من الـذين كانـوا يجادلونني ، وطلبوا مني عنواني للمراسلة فأعطيتهم إيّاه .

اتجهنا من جديد إلى الكوفة بدعوة أحد الذين كانوا في مجلس السيد الخـوئي وهو صديق منعم اسمه أبو شبّر ، نزلنا في بيته وسهرنا ليلة كاملة مع مجموعة من الشبّان المثقّفين وكان من بينهم بعض طلبة السيد محمد باقر الصدر فأشاروا عليّ بمقابلته وتعهدوا بأنّهم سـيرتبون لقـائي مع حضرتـه في اليوم التـالي ، واستحسن صديقي منعم هذا الاقتراح ولكنّه تأسّف لعدم إمكانية حضوره لأنّ له شغـلاً في بغداد يستلزم حضوره ، واتّفقنا على أنْ أبقى في بيت السيد أبو شبّر ثلاثة أيام أو أربعة ريثما يعود منعم ، الذي غـادرنا بعـد صلاة الفجـر وقمنا نحن للنـوم وقد استفـدت كثيراً من طلبـة العلوم الذين سهـرت معهم وتعجّبت من تنـوّع العلوم التي يتلقّونها في الحوزة فهم زيادة على العلوم الاسلامية من فقـه وشريعة وتـوحيد يدرسون العلوم الاقتصادية والعلوم الاجتماعية والسياسية ، والتـاريخ واللغـات وعلوم الفلك وغير ذلك .

* * *

لقاء مع السيد محمد باقر الصدر

اتجهت بصحبة السيد أبو شبّر إلى بيت السيد محمد باقرالصدر وفي الطريق كان يلاطفني ويعطيني فكرة عن العلماء المشهورين وعن التقليد وغير ذلك ، ودخلنا على السيد محمد باقر الصدر في بيته وكان مليئاً بطلبة العلوم وأغلبهم من الشبّان المعمّمين وقام السيد يسلّم علينا ، وقدّموني إليه فرحّب بي كثيراً وأجلسني بجانبه وأخذ يسائلني عن تونس والجزائر وعن بعض العلماء المشهورين أمثال الخضر حسين والطاهر بن عاشور وغيرهم ، وأنست بحديثه ورغم الهيبة التي تعلوه والاحترام الذي يحوطه به جلساؤه ، وجدت نفسي غير محرج وكأنّي أعرفه من قبل واستفدت من تلك الجلسة إذ كنت أسمع أسئلة الطلبة وأجوبة السيد عليها ، وعرفت وقتها قيمة تقليد العلماء الأحياء الذين يجيبون عن كل الاشكالات مباشرة وبكل وضوح ، وتيقّنت أيضاً من أنّ الشيعة مسلمون يعبدون الله وحده ويؤمنون برسالة نبينا محمد (ص) ، إذ كان بعض الشكّ يراودني والشيطان يوسوس لي بأنّ ما شاهدته قبل هو تمثيل ، وربّما يكون ما يسمّونه بالتقية ، أي أنّهم يُظهرون ما لا يعتقدون ، ولكن سرعان ما يزول الشك وتضمحلّ تلك الوساوس إذ لا يمكن بأي حال من الأحوال أن يتّفق كل من رأيتهم وسمعتهم وهم مئات على هذا! التمثيل ثم لماذا هذا التمثيل ؟ ومن هو أنا ، وما يهمّهم من أمري حتّى يستعملوا معي هذه التقية ثم هذه كتبهم القديمة التي كتبت منذ قرون والحديثة التي طبعت منذ شهور وكلّها توحّد الله وتثني على رسوله محمّد كما قرأت ذلك في مقدّماتها ، وها أنا الآن في بيت السيد محمد باقر

"

الصدر المرجع المشهور في العراق وفي خارج العراق وكلّما ذكر اسم محمّد صاح الجميع في صوت واحد : (اللهم صلّ على محمد وآل محمد) .

وجاء وقت الصّلاة وخرجنا إلى المسجد وكان بجوار البيت وصلى بنا السيد محمد باقر الصدر صلاة الظهر والعصر ، وأحسست بأنّي أعيش وسط الصحابة الكرام فقد تخلّل الصلاتين دعاء رهيب من أحد المصلّين ، وكان له صوت شجي ساحر وبعدما أنهى الدّعاء صاح الجميع (اللهمّ صلّ على محمد وآل محمد) وكان الدعاء كلّه ثناءً وتمجيداً على الله جلّ جلاله ثم على محمّد وآله الطيبين الطاهرين .

وجلس السيد في المحراب بعد الصلاة .

وأخذ بعضهم يسلّمون عليه ويسألونه سرّاً وعلانية وكان يجيب سرّاً عن بعض الأسئلة التي فهمت أنّها تتطلّب الكتمان لأنّها تتعلّق بشؤون خاصّة ، وكان السائل إذا حصل على الجواب يقبّل يده وينصرف ، هنيئاً لهم بهذا العالم الجليل الذي يحلّ مشاكلهم ويعيش همومهم .

رجعنا بصحبة السيد الذي أولاني من الرعاية والعناية وحسن الضيافة ما أنساني أهلي وعشيرتي وأحسست بأنّي لو بقيت معه شهراً واحداً لتشيّعت لحسن أخلاقه وتواضعه وكرم معاملته ، فلم أنظر إليه إلّا وابتسم في وجهي وابتدرني بالكلام ، وسألني هل ينقصني شيء ، فكنت لا أغادره طيلة الأيام الأربعة إلّا للنّوم ، رغم كثرة زوّاره والعلماء الوافدين عليه من كل الأقطار ، فقد رأيت السعوديين هناك ولم أكن أتصوّر بأنّ في الحجاز شيعة ، وكذلك علماء من البحرين ومن قطر ومن الامارات ومن لبنان وسوريا وإيران وأفغانستان ومن تركيا ومن أفريقيا السوداء وكان السيد يتكلّم معهم ويقضي حوائجهم ولا يخرجون من عنده إلّا وهم فرحون مسرورون ، ولا يفوتني أن أذكر هنا قضية حضرتها وأعجبت في كيفية فصلها ، وأذكرها للتاريخ لما لها من أهميّة بالغة حتى يعرف المسلمون ماذا خسروا بتركهم حكم الله .

جاء إلى السيد محمد باقر الصدر أربعة رجال أظنّهم عراقيين عرفت ذلك من لهجتهم ، كان أحدهم ورث مسكناً من جدّه الذي توفّي منذ سنوات وباع ذلك

المسكن إلى شخص ثان كان هو الآخر حاضراً ، وبعد سنة من تاريخ البيع جاء أخوان ، وأثبتا أنهما وارثان شرعيان للميّت ، وجلس أربعتهم أمام السيد وأخرج كـل واحـد منهم أوراقـه وما عنـده من حجج وبعـد ما قـرأ السيد كـل أوراقهم وتحـدّث معهم بضع دقائق حكم بينهم بالعـدل ، فأعطى الشاري حقـه في التصرّف بـالمسكن وطلب من البـائـع أن يـدفع لـلأخـوين نصيبهما من الثمن المقبوض، وقام الجميع يقبّلون يده، ويتعـانقون، ودهشت لهذا ولم أصدّق، وسـألت أبا شبّر ، هل انتهت القضيـة ؟ قال : (خـلاص كلّ واحـد أخذ حقّـه) . سبحان الله ! بهـذه السهولـة ، وبهذا الـوقت الوجيز ، بضـع دقائق فقط كـافيـة لحسم النّزاع ؟ إنّ مثل هـذه القضية في بـلادنا تستغرق عشر سنوات عـلى أقل تقدير لحسـم النّـزاع ؟ إنّ مثل هـذه القضية في بـلادنا تستغرق عشر سنوات عـلى أقل تقـدير ويمـوت بعضهم ، ويواصـل أولاده بعده تتبّع القضيـة ويصرفون رسوم المحكمة والمحامين مـا يكلّفهم في أغلب الأحيـان ثمن المسكن نفسـه ، ومن المحكمة الابتدائية إلى محكمة الاستئناف ثم إلى التعقيب وفي النهاية يكون الجميع غير راضين بعدما يكـونون قـد أنهكوا بـالتّعب والمصاريف والرشوة ، والعـداوة والبغضاء بين عشـائرهم وذويهم ، أجـابني أبو شبّر : وعندنـا أيضاً نفس الشيء أو أكـثر. فقلت: كيف؟ قال : إذا رفع الناس شكـواهم إلى المحاكم الحكـوميـة ، فيكون مثل ما حكيت أما إذا كـانوا يقلّدون المرجع الـديني ويلتزمون بالأحكـام الاسلامية ، فلا يرفعون قضايـاهم إلّا إليه فيفصلها في بضع دقائق كما رأيت ، ومن أحسن من الله حكـماً لقوم يعقلون ؟ والسيـد الصدر لم يـأخـذ منهم فلسـاً واحداً ، ولو ذهبوا إلى المحاكم الرّسمية لتعرّت رؤوسهم .

ضحكت لهذا التعبير الذي هو سارٍ عندنا أيضاً وقلت : سبحان الله ! أنا لا زلت مكـذباً مـا رأيت ، ولولا مـا شاهـدتـه بعينيّ مـا كنت لأصـدّق أبـداً، فقـال أبـو شبّر : لا تكذب يـا أخي فهذه بسيطة بالنسبـة إلى غيرهـا من القضايا التي هي أشدّ تعقيداً وفيها دماء ، ومع ذلك يحكم فيها المراجع ويفصلونها في سويعـات ، فقلت متعجّباً : إذاً عندكم في العراق حكومتان ، حكومـة الدولة وحكومـة رجال الـدين ، فقال : كـلّا عندنـا حكومـة الدولـة فقط ، ولكنّ المسلمين من الشيعـة الـذين يقلّدون مراجع الدّين ، لا علاقة لهم بالحكومة ، لأنّها ليست حكـومة إسـلامية

فهم خـاضعـون لهـا بحكم المـواطنيـة والضرائب والحقـوق المـدنيـة والأحـوال الشخصيـة ، فلو تخاصم مسلم ملتزمٌ مع أحـد المسلمين غيـر الملتزمين فسوف يضطر حتمأ لرفع قضيته إلى محاكم الـدولة ، لأنَّ هـذا الأخير لا يـرضى بتحكيم رجال الدّين ـ أمّا إذا كان المتخاصمان ملتزمـين فلا إشكـال هناك ، ومـا يحكم به المرجع الديني نافذ على الجميع .

وعلى هذا الأساس تحلّ القضايا التي يحكم فيها المرجع في يومها بينها تظلّ القضايا الأخرى شهوراً بل أعواماً .

إنّها حـادثة حـركت في نفسي شعور الرّضى بـأحكـام الله سبحانـه وتعالى وفهمت معنى قوله تعالى في كتابه المجيد :

﴿ ومن لم يحكم بما أنزل الله فأولئك هم الكـافرون ومن لم يحكم بما أنزل الله فـأولئك هم الـظالمـون . . . ومن لم يحكم بمـا أنـزل الله فـأولئك هم الفاسقون . . . ﴾[1] صدق الله العظيم .

كما حرّكت في نفسي شعور النقمة والثورة على هؤلاء الظلمة الـذين يبدّلـون أحكـام الله العادلـة بأحكـام وضعية بشرية جائـرة ، ولا يكفيهم كل ذلك بل ينتقدون بكل وقاحة وسخرية الأحكام الآلهية ، ويقولون بـأنّها بربرية ووحشية لأنّها تقيم الحدود فتقطع يـد السارق وتـرجم الزّاني ، وتقتـل القاتـل ، فمن أين جاءتنا هـذه النظريات الغريبة عنّا وعن تـراثنا ، لا شكّ إنّها من الغرب ومن أعداء الاسلام الذين يدركون أنّ تطبيق أحكـام الله يعني القضاء عليهم نهائياً ، لأنّهم سرّاق ، خونة ، زناة ، مجرمون وقتلة .

ولو طبقت أحكام الله عليهم لاسترحنا من هؤلاء جميعاً وقد دارت بيني وبين السيد محمد بـاقر الصـدر في تلك الأيام حوارات عديـدة وكنت أسأله عن كل صغيـرة وكبيرة من خـلال ما عرفته من الأصـدقاء الـذين حدّثوني عن كثير من عقائدهم وما يقولونه في الصحـابة رضي الله عنهم ومـا يعتقدونه في الأئمة الاثني

عشر علي وبنيه ، وغير ذلك من الأشياء التي نخالفهم فيها .

سألت السيد الصدر عن الامام علي ، ولماذا يشهدون له في الأذان بأنه وليّ الله ؟ أجاب قائلاً : إنّ أمير المؤمنين عليّاً سلام الله عليه وهـو عبد من عبيد الله الذين اصطفاهم الله وشرّفهم ليواصلوا حمل أعباء الرسالة بعد أنبيائه وهؤلاء هم أوصياء الأنبياء ، فلكـل نبي وصي وعلي بن أبي طـالب هو وصيّ محمد ، ونحن نفضّله على سائر الصحابة بما فضّله الله ورسوله ولنا في ذلك أدلّة عقلية ونقلية من القـرآن والسنّة وهـذه الأدلّة لا يمكن أن يتطرّق إليهـا الشـك لأنّها متـواتـرة وصحيحـة من طرقنـا وحتى من طرق أهـل السنّة والجـماعة ، وقـد ألّف في ذلك علماؤنا العديد من الكتب ، ولمّا كان الحكم الأموي يقوم على طمس هذه الحقيقة ومحاربة أمير المؤمنين علي وأبنائه وقتلهم ، ووصل بهم الأمـر إلى سبّه ولعنه على منابر المسلمين وحمل الناس على ذلك بالقهر والقوة ، فكـان شيعته وأتباعه رضي الله عنهم يشهدون أنّه وليّ الله ، ولا يمكن للمسلم أن يسبّ وليّ الله وذلك تحدّياً منهم للسلطة الغاشمة حتى تكـون العزّة لله ولرسوله وللمؤمنين ، وحتّى تكـون حافزاً تاريخياً لكل المسلمين عبر الأجيال فيعرفون حقيقة علي وباطل أعدائه .

ودأب فقهاؤنا على الشهادة لعلي بالولاية في الأذان والاقـامة استحبـابـاً ، لا بنيّة أنّها جزء من الأذان أو الاقامة فإذا نوى المؤذّن أو المقيم أنّها جزء بطل أذانه وإقامته .

والمستحبّات في العبادات والمعـاملات لا تحصى لكـثرتها والمسلم يثاب علـى فعلها ولا يعاقب على تركها ، وقد ورد على سبيل المثال أنّه يـذكر استحباباً بعد شهـادة أن لا إله إلّا الله وأنّ محمداً رسول الله ، بـأن يقول المسلم ، وأشهد أنّ الجنّة حقّ والنار حقّ وأنّ الله يبعث من في القبور .

قلت : إنّ علماءنا علّمونا : أنّ أفضل الخلفاء على التحقيق سيدنا أبـو بكر الصدّيق ، ثم سيدنا عمر الفاروق ثم سيدنا عثمان ثم سيدنا علي رضي الله تعالى عنهم أجمعين ؟ سكت السيد قليلاً ، ثم أجابني .

لهم أن يقولوا ما يشاؤون ، ولكن هيهات أن يثبتوا ذلك بالأدلّة الشرعيّة ، ثم إنّ هذا القول يخالف صريح ما ورد في كتبهم الصحيحة المعتبرة ، فقد جاء

فيها : أنّ أفضل الناس أبو بكر ثم عمر ثم عثمان ولا وجود لعلي بل جعلوه من سوقة الناس وإنما ذكره المتأخرون استحباباً لذكر الخلفاء الراشدين .

سألته بعد ذلك عن التربة التي يسجدون عليها والتي يسمّونها بـ (التربة الحسينية) أجاب قائلاً :

يجب أن يُعرف قبل كل شيء أننا نسجد على التراب ، ولا نسجد للتراب ، كما يتوهّم البعض الذين يشهّرون بالشيعة ، فالسجود هو لله سبحانه وتعالى وحده ، والثابت عندنا وعند أهل السنّة أيضاً أنّ أفضل السجود على الأرض أو ما أنبتت الأرض من غير المأكول ، ولا يصحّ السجود على غير ذلك ، وقد كان رسول الله (ص) يفترش التراب وقد اتّخذ له خمرة من التراب والقش يسجد عليها ، وعلّم أصحابه رضوان الله عليهم فكانوا يسجدون على الأرض ، وعلى الحصى ، ونهاهم أن يسجد أحدهم على طرف ثوبه ، وهذا من المعلومات بالضرورة عندنا .

وقد اتّخذ الامام زين العابدين وسيد الساجدين علي بن الحسين (عليهما السلام) تربة من قبر أبيه أبي عبد الله باعتبارها تربة زكية طاهرة سالت عليها دماء سيد الشهداء ، واستمرّ على ذلك شيعته إلى يوم الناس هذا ، فنحن لا نقول بأنّ السجود لا يصحّ إلّا عليها ، بل نقول بأنّ السجود يصحّ على أي تربة أو حجرة طاهرة كما يصحّ على الحصير والسّجاد المصنوع من سعف النخيل وما شابه ذلك .

قلت ـ على ذكر سيدنا الحسين رضي الله عنه ـ لماذا يبكي الشيعة ويلطمون ويضربون أنفسهم حتّى تسيل الدّماء وهذا محرّم في الاسلام ، فقد قال (ص) : « ليس منّا من لطم الخدود وشقّ الجيوب ودعا بدعوى الجاهلية »[1] .

أجاب السيد قائلاً : الحديث صحيح لا شكّ فيه ولكنّه لا ينطبق على مأتم أبي عبد الله ، فالذي ينادي بثأر الحسين ويمشي على درب الحسين دعوته ليست دعوى جاهلية ، ثم إنّ الشيعة بشر فيهم العالم وفيهم الجاهل ولديهم عواطف ،

____
(1) صحيح البخاري ج 1 ص 225 .

فإذا كانت عواطفهم تطغى عليهم في ذكرى استشهاد أبي عبد الله ، وما جرى عليه وعلى أهله وأصحابه من قتل وهتك وسبي ، فهم مأجورون لأنّ نواياهم كلّها في سبيل الله ، والله سبحانه وتعالى يعطي العباد على قدر نواياهم ، وقد قرأت منذ أسبوع التقارير الرّسمية للحكومة المصرية بمناسبة موت جمال عبد الناصر ، تقول هذه التقارير الرّسمية بأنّه سجّل أكثر من ثماني حالات انتحارية قتل أصحابها أنفسهم عند سماع النّبأ فمنهم من رمى نفسه من أعلى العمارة ومنهم من ألقى بنفسه تحت القطار وغير ذلك ، وأمّا المجروحون والمصابون فكثيرون ، وهذه أمثلة أذكرها للعواطف التي تطغى على أصحابها وإذا كان الناس وهم مسلمون بلا شك يقتلون أنفسهم من أجل موت جمال عبد الناصر وقد مات موتاً طبيعياً ، فليس من حقّنا ـ بناءً على مثل هذا ـ أن نحكم على أهل السنّة بأنّهم مخطؤون .

وليس لاخواننا من أهل السنّة أن يحكموا على إخوانهم من الشيعة بأنّهم مخطؤون في بكائهم على سيد الشهداء ، وقد عاشوا محنة الحسين وما زالوا يعيشونها حتى اليوم ، وقد بكى رسول الله نفسه على ابنه الحسين وبكى جبريل لبكائه .

قلت : ولماذا يزخرف الشيعة قبور أوليائهم بالذهب والفضّة ، وهو محرّم في الاسلام ؟

أجاب السيد الصدر : ليس ذلك منحصراً بالشيعة ، ولا هو حرام ، فها هي مساجد إخواننا من أهل السنّة سواء في العراق أو في مصر أو في تركيا أو غيرها من البلاد الاسلامية مزخرفة بالذهب والفضّة ، وكذلك مسجد رسول الله في المدينة المنورة وبيت الله الحرام في مكّة المكرّمة الذي يُكسى في كل عام بحلّة هبة جديدة يصرف فيها الملايين ، فليس ذلك منحصراً بالشيعة .

قلت : إنّ علماء السعودية يقولون : إنّ التمسّح بالقبور ودعوة الصالحين والتبرّك بهم ، شرك بالله ، فما هو رأيكم ؟ أجاب السيد محمد باقر الصدر :

إذا كان التمسّح بالقبور ودعوة أصحابها بنيّة أنّهم يضرّون وينفعون ، فهذا

شرك ، لا شكّ فيه : وإنّما المسلمون موحّدون ويعلمون أنّ الله وحده هـو الضارّ والنافع وإنّمـا يدعـون الأولياء والأئمـة (عليهم السلام) ليكونوا وسيلتهم إليه سبحانه وهـذا ليس بشرك ، والمسلمون سنّة وشيعة متّفقـون على ذلك من زمن الرّسول إلى هذا اليوم ، عدا الوهّابيّة وهم علماء السعودية الـذين ذكرت والـذين خالفوا إجماع المسلمين بمـذهبهم الجديد الذي ظهـر في هذا القرن ، وقد فتنـوا المسلمين بهذا الاعتقـاد وكفّروهم وأبـاحوا دمـاءهم ، فهم يضربون الشيـوخ من حجّاج بيت الله الحرام لمجرّد قول أحدهم : السلام عليك يا رسول الله ، ولا يتركون أحداً يتمسّح على ضريحه الطاهر ، وقد كان لهم مـع علمائنا منـاظرات ، ولكنّهم أصرّوا على العناد واستكبروا استبكاراً .

فـإنّ السيد شرف الـدين من علماء الشيعة لمّا حجّ بيت الله الحـرام في زمن عبـد العـزيـز آل سعـود ، كـان من جملة العلماء المـدعـويـن إلى قصر الملك لتهنئتـه بعيـد الأضحى كما جرت العـادة هناك ولمّا وصل الـدور إليه وصـافح الملك قـدّم إليه هديّة وكانت مصحفاً ملفـوفاً في جلد ، فـأخـذه الملك وقبّله ووضعه على جبهتـه تعظيماً له وتشريفاً ، فقال له السيـد شرف الدين عندئذٍ : أيهـا الملك لماذا تقبّل الجلد وتعظّمه وهو جلد ماعز ؟ أجاب الملك : أنا قصدت تعظيم القرآن الكريم الـذي بداخله ولم أقصد تعظيم الجلد ! فقـال السيد شرف الـدين عند ذلك : أحسنت أيها الملك ، فكذلك نفعل نحن عنـدما نقبّل شبّاك الحجـرة النبويّـة أو بابها فنحن نعلم أنّه حديد لا يضرّ ولا ينفع ، ولكنّنا نقصد مـا وراء الحديد وما وراء الأخشاب نحن نقصد بذلك تعظيم رسول الله (ص) ، كـما قصدت أنت تعظيم القرآن بتقبيلك جلد الماعز الذي يغلّفه .

فكبّر الحاضرون إعجاباً لـه وقالـوا : صدقت ، واضطّر الملك وقتهـا إلى السّماح للحجّاج أن يتبركوا بآثار الرسول حتّى جاء الذي جاء بعـده فعاد إلى القرار الأول ـ فـالقضية ليست خوفهم أن يشرك النـاس بالله ، بقـدر مـا هي قضيـة سياسيـة قامت على مخـالفة المسلمـين وقتلهم لتـدعيم ملكهم وسلطتهم علـى المسلمين والتاريخ أكبر شاهد على ما فعلوه في أمّة محمد .

وسألته عن الطرق الصوفية فأجابني بإيجاز : بأنّ فيها ما هـو إيجابي وفيها ما

هو سلبي ، فالايجابي منها ؛ تربية النفس وحملها على شـظف العيش والزهـد في ملذّات الدنيا الفانية ، والسمّو بها إلى عالم الأرواح الزكيـة ، أمّا السلبي منهـا ؛ فهو الانزواء والهروب من واقع الحيـاة وحصر ذكر الله في الأعـداد اللفظيـة وغير ذلك والاسلام ـ كـما هو معلوم ـ يقرّ الايجابيـات ويطرح السلبيـات ويحقّ لنا أن نقول : بأنّ مباديء الاسلام وتعاليمه كلّها إيجابية .

* * *

الشك والحيرة

كانت أجوبة السيد محمد باقر الصدر ، واضحة ومقنعة ولكن أنَّ لها أن تغوص في أعماق واحدٍ مثلي قضى خمسةً وعشرين عاماً من عمره على مبدأ تقديس الصحابة واحترامهم وخصوصاً الخلفاء الراشدين الذين أمرنا رسول الله بالتمسّك بسنّتهم والسير على هديهم ، وعلى رأس هؤلاء سيدنا أبو بكر الصدّيق وسيدنا عمر الفاروق ، وإنّي لم أسمع لها ذكراً منذ قدمت العراق ، وإنّما سمعت أسماء أخرى غريبة عنّي أجهلها تماماً ، وأئمة بعدد إثني عشر إماماً ، وإدّعاءً بأنّ رسول الله (ص) قد نصّ على الإمام علي بالخلافة قبل وفاته ، كيف لي أن أصدّق ذلك .

أي أن يتّفق المسلمون وهم الصحابة الكرام خير البشر بعد رسول الله ويتصافقوا ضد الإمام علي كرّم الله وجهه ، وقد علّمونا منذ نعومة أظافرنا بأنّ الصحابة رضي الله عنهم كانوا يحترمون الإمام علياً ويعرفون حقّه فهو زوج فاطمة الزهراء وأبو الحسن والحسين وباب مدينة العلم ، كما يعرف سيدنا علي حقّ أبي بكر الصدّيق الذي أسلم قبل الناس جميعاً وصاحب رسول الله في الغار ذكره الله تعالى في القرآن ، وقد ولّاه رسول الله إمامة الصّلاة في مرضه وقد قال (ص) : « لو كنت متخذاً خليلاً لأتخذت أبا بكر خليلاً ، ولكل ذلك اختاره المسلمون خليفة لهم ، كما يعرف الإمام علي حق سيدنا عمر الذي أعزّ الله به الإسلام وسمّاه رسول الله بالفاروق الذي يفرّق بين الحق والباطل كما يعرف حقّ سيدنا عثمان الذي استحت منه ملائكة الرحمن والذي جهّز جيش

العسرة وسمّاه .رسول الله بذي النورين ، فكيف يجهل إخواننا الشيعة كل هذا أو يتجاهلونه ، ويجعلون من هؤلاء أشخاصاً عاديين تميل بهم الأهواء والأطماع الدنيوية عن إتّباع الحق فيعصون أوامر الرسول بعد وفاته ، وهم الذين كانوا يتسابقون لتنفيذ أوامره فيقتلون أولادهم وآباءهم وعشيرتهم في سبيل عزّة الإسلام ونصرته ، والذي يقتل أباه وولده طاعةً لله ورسوله لا يمكن أن تغرّه أطماع دنيوية زائلة هي اعتلاء منصة الخلافة فيتجاهل أمر رسول الله ويتركه ظهرياً .

نعم من أجل كل هذا ، ما كنت لأصدّق الشيعة في كل ما يقولون رغم أنّي اقتنعت بأمور كثيرة ، وبقيت بين الشكّ والحيرة ، الشكّ الذي أدخله علماء الشيعة في عقلي لأنّ كلامهم معقول ومنطقي ، والحيرة التي غمرتني فلم أصدّق أنّ الصحابة رضي الله تعالى عنهم ينزلون إلى هذا المستوى الأخلاقي فيصبحون بشراً عاديين مثلنا ، لم تصقلهم أنوار الرسالة ولم يهذبهم الهدى المحمدي ؟ يا إلهي كيف يكون ذلك ؟ أيمكن أن يكون الصحابة على هذا المستوى الذي يقول به الشيعة ؟ والمهم هو أنّ هذا الشكّ وهذه الحيرة هما بداية الوهن وبداية الإعتراف بأنّ هناك أموراً مستورة لا بدّ من كشفها للوصول إلى الحقيقة .

جاء صديقي منعم وسافرنا إلى كربلاء ، وهناك عشت محنة سيدنا الحسين كما يعيشها شيعته ، وعلمت وقتئذٍ بأنّ سيدنا الحسين لم يمت ، فالنّاس يتزاحمون ويتراصّون حول ضريحه كالفراشات ، ويبكون بحرقة ولهفة لم أشهد لهما مثيلاً ، فكأنّ الحسين استشهد الآن ، وسمعت الخطباء هناك يثيرون شعور النّاس بسردهم لحادثة كربلاء في نواح ونحيب ، ولا يكاد السّامع لهم أن يمسك نفسه ويتماسك حتّى ينهار ، فقد بكيت وبكيت وأطلقت لنفسي عنانها وكأنّها كانت مكبوتة ، وأحسست براحة نفسية كبيرة ما كنت أعرفها قبل ذلك اليوم ، وكأنّي كنت في صفوف أعداء الحسين ، وانقلبت فجأة إلى أصحابه وأتباعه الذين يفدونه بأرواحهم . وكان الخطيب يستعرض قصّة الحرّ ، وهو أحد القادة المكلّفين بقتال الحسين ، ولكنّه وقف في المعركة يرتعش كالسّعفة ولمّا سأله بعض أصحابه : أخائف أنت من الموت أجابه الحرّ ، لا والله ولكنّني أخيّر نفسي بين الجنّة والنّار ثم همز جواده وانطلق إلى الحسين قائلاً : هل من توبة يا ابن

رسول الله ، ولم أتمالك عند سماع هذا أن سقطت على الأرض باكياً وكأنّي أمثّل دور الحرّ وأطلب من الحسين : هل من توبة يا ابن رسول الله ، سامحني يا ابن رسول الله ، وكان صوت الخطيب مؤثراً ، وارتفعت أصوات الناس بالبكاء والنحيب عند ذلك سمع صديقي صياحي وانكبّ عليّ معانقاً ، باكياً وضمّني إلى صدره كما تضمّ الأم ولدها وهو يردّد يا حسين ، يا حسين ، كانت دقائق ولحظات عرفت فيها البكاء الحقيقي وأحسست وكأنّ دموعي غسلت قلبي وكل جسدي من الداخل وفهمت وقتها حديث الرسول : « لو علمتم ما أعلم لضحكتم قليلاً ولبكيتم كثيراً »[1] .

بقيت كامل اليوم مقبوض النفس وقد حاول صديقي تسليتي وتعزيتي وقدّم إليّ بعض المرطّبات ولكن شهيّتي انقطعت تماماً ، وبقيت أسأله أن يعيد عليّ قصّة مقتل سيدنا الحسين ، لأنّي ما كنت أعرف منها قليلاً أو كثيراً غاية ما هناك أنّ شيوخنا إذا حدّثونا عن ذلك يقولون : أنّ المنافقين أعداء الإسلام الذين قتلوا سيدنا عمر ، وسيدنا عثمان ، وسيدنا علي ، هم الذين قتلوا سيدنا الحسين ، ولا نعرف غير هذا الإقتضاب بل إنّنا نحتفل بيوم عاشوراء على أنّه من الأعياد الإسلامية ، وتخرج فيه زكاة الأموال وتطبخ فيه شتّى المأكولات وأنواع الأطعمة الشهيّة ، ويطوف الصبيان على الكبار ليعطوهم بعض النقود لشراء الحلويات والألعاب .

صحيح أنّ هناك بعض التقاليد والعادات في بعض القرى منها أنّهم يشعلون النار ، ولا يعملون في ذلك اليوم ولا يتزوّجون ولا يفرحون ، ولكن نسمّيها عادات وتقاليد بدون ذكر أي تفسير لها ، ويروي علماؤنا في ذلك أحاديث عن فضائل يوم عاشوراء وما فيه من بركات ورحمات أنّه أمر عجيب ! .

زرنا بعد ذلك ضريح العبّاس أخي الحسين، ولم أكن أعرف من هو وقد روى لي صديقي قصة بطولته وشجاعته ، كما التقينا بالعديد من العلماء الأفاضل الذين لا أتذكر أسماءهم بالتفصيل سوى بعض الألقاب ، كبحر العلوم والسيد

---

(١) صحيح البخاري ج ١ ص ١٨٥ ، صحيح مسلم ج ٦ ص ٢٠١ .

الحكيم وكاشف الغطاء وآل ياسين والطباطبائي والفيروز آبادي وأسد حيدر وغيرهم ممن تشرّفت بمقابلتهم .

والحق يقال إنّهم علماء أتقياء ، تعلوهم هيبة ووقار ، والشيعة يحترمونهم كثيراً ويؤدّون إليهم خمس أموالهم ، والتي بها يديرون شؤون الحوزات العلمية ويؤسسون المدارس والمطابع وينفقون على طلّاب العلم الوافدين من كل البلاد الإسلامية ، إنّهم مستقلّون ولا يرتبطون بالحكّام من قريب أو من بعيد كما هو شأن علمائنا الـذين لا يفتـون ولا يتكلّمـون إلّا بـرأي السلطة التي تضمن معاشهم ، وتعزل من تشاء منهم وتنصّب من تشاء .

إنه عالم جديد بالنّسبة إليّ اكتشفته ، أو كشفه الله لي وقد أنست به بعدما كنت أنفر منه وانسجمتُ معه بعدما كنت أعاديه ، وقد أفادني هذا العالم أفكاراً جديدة وبعث فيّ حُبّ الإطلاع والبحث والدراسة حتى أدرك الحقيقة المنشودة التي طالما راودتني عندما قرأت الحديث الشريف الذي قال فيه رسول الله (ص) : « افترقت بنو إسرائيل إلى إحدى وسبعين فرقة وافترقت النّصارى إلى اثنتين وسبعين فرقة ، وستفترق أمّتي إلى ثلاثةٍ وسبعين فرقة كلّها في النار إلّا فرقة واحدة »[1] .

فلا كلام لنا مع الأديان المتعددة التي يدّعي كل منها أنّه هـو الحق وغيره الباطل ، ولكن أعجب واندهش وأحتار عند قراءة هـذا الحديث ، وليس عجبي وإندهاشي وحيرتي للحديث نفسه ولكن للمسلمين الذين يقرؤون هـذا الحديث ويردّدونه في خطبهم ويمرّون عليه مرّ الكرام بدون تحليل ، ولا بحث في مدلوله لكي يتبيّنوا الفرقة الناجية من الفرق الضالّة .

والغريب أنّ كل فـرقة تدّعي أنّها هي وحدهـا النّاجيـة وقد جـاء في ذيل الحـديث : قالـوا من هم يا رسـول الله ؟ قال : « من هم علـى ما أنـا عليه أنـا وأصحابي ، فهل هناك فرقة إلّا وهي متمسّكة بالكتاب والسنّة ، وهل هناك فرقة إسلامية تدّعي غير هذا ؟ فلو سئل الإمام مالك أو أبو حنيفة أو الإمام الشافعي

------

(1) مسند أحمد ج 3 ص 120 ، ص 145 ، راجع العمدة لابن بطريق ص 75 فقد نقل الحديث من عدة طرق .

أو أحمد بن حنبل فهل يدّعي أي واحد منهم إلاّ التمسّك بالقرآن والسنة الصحيحة ؟

فهذه المذاهب السنّية وإذا أضفنا إليها الفرق الشيعية التي كنت أعتقد بفسادها وانحرافها ، فها هي الأخرى تدّعي أيضاً أنها متمسّكة بالقرآن والسنّة الصحيحة المنقولة عن أهل البيت الطاهرين ، وأهل البيت أدرى بما فيه كما يقولون .

فهل يمكن أن يكونوا كلّهم على حقّ كما يدّعون ؟ وهذا غير ممكن لأنّ الحديث الشريف يفيد نقيض ذلك ، أللهم إلاّ إذا كان الحديث موضوعاً ، مكذوباً ، وهذا لا سبيل إليه لأنّ الحديث متواتر عند السنّة والشيعة ، أم أنّ الحديث لا معنى له ولا مدلول ؟ وحاشى لرسول الله (ص) أن يقول شيئاً لا معنى له ولا مدلول وهو الذي لا ينطق عن الهوى[1] وكل أحاديثه حكمة وعبر .

إذاً لم يبق أمامنا إلاّ الإعتراف بأنّ هناك فرقة واحدة على الحق وما بقي فهو باطل ، فالحديث يبعث على الحيرة كما يبعث على البحث والتنقيب لمن يريد لنفسه النجاة .

ومن أجل هذا داخلني الشكّ والحيرة بعد لقائي بالشيعة فمن يدري لعلّهم يقولون حقّاً وينطقون صدقاً ! ولماذا لا أبحث ولا أنقّب .

وقد كلّفني الإسلام بقرآنه وسنّته أن أبحث وأقارن وأتبيّن قال الله تعالى : ﴿ والذين جاهدوا فينا لنهدينهم سبلنا ﴾[2] وقال أيضاً : ﴿ الذين يستمعون القول فيتبعون أحسنه أولئك الذين هداهم الله وأولئك هم أولو الألباب ﴾[3] .

وقد قال رسول الله (ص) : « ابحث عن دينك حتى يقال عنك مجنون »[4]

-----

(1) تضمين من سورة النجم الآية 3 ﴿ وما ينطق عن الهوى . . . ﴾ .

(2) سورة العنكبوت : الآية 69 .

(3) سورة الزمر : الآية 18 .

(4) صحيح البخاري ج 3 ص 315 .

السفر إلى الحجاز

وصلت إلى جدّة والتقيت صديقي البشير الذي فرح بقدومي ، وأنـزلني في بيتـه ، وأكرمني غـايـة الإكـرام ، وكـان يقضي أوقات فـراغـه معي في النـزهـة والمـزارات بسيّارتـه ، وذهبنا للعمـرة معـاً وعشنـا أيـامـاً كلّها عبـادة وتقـوى ، واعتذرت له عن تـأخري لبقائي في العراق وحكيت لـه عن اكتشافي الجديد أو الفتـح الجديـد ، وكـان متفتحـاً ومطّلعـاً فقال : فعلًا أنا أسمـع أنّ فيهم بعض العلماء الكبـار وعندهم مـا يقولون ، ولكنّ عندهم فرقـاً كثيرة كـافرة منحـرفة يخلفون لنا مشاكل متعدّدة في كل موسم للحج .

سألته ما هي هذه المشاكل التي يخلقونها ؟

أجـاب : إنّهم يصلّون حول القبـور ، ويدخلون البقيـع جمـاعـات فيكـون وينوحون ويحملون في جيوبهم قطعاً من الحجارة يسجدون عليها ، وإذا ذهبوا إلى قبر سيدنا الحمزة في أحد ، فهناك يقيمون جنازة بلطم وعويل وكأنّ الحمزة مات في ذلك الحين ، ومن أجل كل ذلك منعتهم الحكومة السعودية من الدخـول إلى المزارات .

ابتسمت ، وقلت له : ألهذا تحكم عليهم بأنّهم منحرفون عن الإسلام ؟

قال : هذا وغيره ، إنّهم يأتون لزيارة النبيّ ، ولكنّهم في نفس الوقت يقفون على قبر أبي بكر وعمر ويسبّونهما ويلعنونهما ومنهم من يلقي عـلـى قبر أبي بكـر وقبر عمر القذارات والنجاسات .

وذكّرني هذا القول بالرواية التي سمعتها من والدي غداة رجع من الحجّ ولكنّه قال : بـأنّهم يلقون القذارات على قبر النبيّ ، ولا شكّ بأنّ والدي لم يشاهد ذلك بعينيه لأنّه قال : شاهدنا جنوداً من الجيش السعودي يضربون بعض الحجّاج بالعصي ، ولمّا استنكرنا عليهم إهانتهم لحجّاج بيت الله الحرام ، أجابونـا : بأنّ هؤلاء ليسـوا من المسلمين ، فهم من الشيعة جاؤوا بالقذارات ليلقوها على قبر النبي ، قال والدي : عند ذلك لعنّاهم وبصقنا عليهم .

وها أنا الآن أسمع من صديقي السعودي المولود في المدينة المنوّرة ، بـأنّهم يـأتون لـزيارة قبر النبي ، ولكنهم يلقون النجاسات عـلى قبر أبي بكـر وعمـر ، وشككت في صحـة الرّوايتين ، لأنّي حججت ورأيت أنّ الحجرة المبـاركـة التي يوجد فيها ضريح النبي وأبي بكـر وعمر مغلقـة ولا يمكن لأي شخص أن يقترب منها للتمسّح على بابها أو شبّاكها ، فضلاً على أن يلقي فيها أشياء ، أوّلاً : لعدم وجود فجوات وثانياً : لوجود حراسة مشدّدة من الجنود الغلاظ الذين يتداولون على الرّقابة والحراسة أمام كل باب وفي أيديهم سياط يضربون بها كل من يقـترب أو يحـاول أن ينظر داخـل الحجرة ، والغـالب عـلى الـظنّ أنّ بعض الجنود من السعودية وهم يكفّرون الشيعة ، رمـاهم بهذه التهمـة ليبرّر ضربه لهم ، وحتّى يستفـزّ المسلمين لمقـاتلتهم أو على الأقـل ليسكتوا عـلى إهـانتهم ، ويـروّجـوا إذا رجعـوا إلى بلدانهم أنّ الشيعـة يبغضـون رسـول الله ، ويلقـون عـلى قـبره النجاسات ، وبذلك يضربون عصفورين بحجر واحد .

وهذا نظير ما حكاه أحد الفضلاء ممن أثق بهم إذْ قـال : كنّا نطوف بالبيت فإذا بشابّ أصابه مغص من شـدّة الزحـام فتقيّأ ، وضربـه الجنود الـذين كانـوا يحرسون الحجر الأسود وأخرجوه وهو في حالة يرثى لها واتّهموه بأنّه جاء بالنجاسة لتوسيخ الكعبة وشهدوا عليه وأعدم في نفس اليوم .

وجـالت بخاطري هذه المسرحيـات وبقيت أفكّر بـرهة في تعليـل صـديقي السعـودي لتكفير هؤلاء الشيعـة ، فلم أسمـع غـير أنّهم يبكون ويلطمـون ويسجدون على الحجر ويصلّون حول القبور ، وتساءلت أفي هذا دليل على تكفير

من يشهـد أن لا إله إلّا الله ، وأنّ محمـداً عبده ورسـوله ؟ ويقيم الصّـلاة ويؤتي الزكاة ويصوم رمضان ويحجّ البيت ويأمر بالمعروف وينهى عن المنكر .

وما أردت معانـدة صديقي والدخول معـه في جدال لا طـائـل من ورائه فاقتصرت على القول : هدانا الله وإيّاهم إلى صراطه المستقيم ولعن الله أعداء الدّين الذين يكيدون للإسلام والمسلمين .

وكنت كلّما طفت بـالبيت العتيق خـلال العمـرة ، وفي كـل زيـارة لمكـة المكرّمة ، ولم يكن يـطوف بها إلّا نفر قليل من المعتمرين ، صلّيت وسألت الله سبحانه من كل جوارحي أن يفتح بصيرتي ويهديني إلى الحقيقة .

وقفت على مقام إبراهيم (ع) واستعرضت الآية الكريمة ﴿ وجاهدوا في الله حق جهاده هو اجتباكم وما جعل عليكم في الدين من حرج ملة أبيكم إبراهيم هو سمّاكم المسلمين من قبل وفي هـذا ليكون الرـسول شهيـداً عليكم وتكونـوا شهداء على الناس فأقيموا الصلاة وآتوا الزكاة واعتصموا بالله هو مـولاكم فنعم المولى ونعم النصير ﴾[1] صدق الله العظيم .

وبدأت أناجي سيدنا إبراهيم أو أبانا إبراهيم كما سمّاه القرآن :

ـ يـا أبتاه ، يا من سمّيتنا المسلمين ، هـا قـد اختلف أبناؤك من بعـدك فـأصبحـوا يهـوداً ونصارى ومسلمين ، واختلف اليهـود فيـا بينهم إلى إحـدى وسبعين فرقة واختلف النصارى إلى اثنتين وسبعين فرقة ، واختلف المسلمون إلى ثلاث وسبعين فرقة ، وكلهم في الضلالة حسبـا أخبر بـذلك ابنك محمّد وفرقة واحدة بقيت على عهدك يا أبتاه[2] ! .

أهي سنّة الله في خلقه كما يقول القدرية[3] ، فالله سبحانه هو الـذي كتب

---

(1) سورة الحج : الآية 78 .

(2) كما ورد مضمون هذا الحديث في ص 74 فراجع .

(3) القدرية : وهم فرقة يقولون بان كل فعل يصدر عن الإنسان خيراً كان أو شراً ، فهـو مخلوق له

على كل نفس أن تكون يهودية أو نصرانية أو مسلمة ، أو ملحدة ، أو مشركة ، أم أنّه حبّ الدنيا والإبتعاد عن تعاليمه سبحانه ، ذلك بأنّهم نسوا الله فأنساهم أنفسهم ، إنّ عقلي لا يطاوعني بتصديق أنّ القضاء والقدر هو الـذي حتّم مصير الإنسان ، بل أميل وأكاد أجـزم بأنّ الله سبحانه خلقنا وهدانا وألهمنا الفجـور والتقوى ، وأرسل إلينا رسله ليوضّحوا لنا مـا أشكل علينا ويعرفـونا الحقّ من الباطل ، ولكنّ الإنسان غرّته الحياة الدنيا وزينتها ، الإنسان بأنانيّته وكبريائه ، بجهله وفضوله ، بعناده ولجاجته ، بظلمه وطغيانه مال عن الحقّ واتّبع الشيطان وابتعد عن الرحمن فورد غير مورده ، وأكل غير مأكله ، وقـد عبّر القـرآن الكريم عن ذلك أحسن تعبير وأوجزه بقوله تعالى : ﴿ إن الله لا يظلم الناس شيئاً ولكنّ الناس أنفسهم يظلمون ﴾[1] .

يا أبانا إبراهيم ، لا لوم على اليهود والنصارى الذين عاندوا الحقّ بغياً بينهم لـمّا جاءتهم البيّنة ، فها هي الأمّة التي أنقذها الله بولـدك محمد وأخـرجهـا من الـظلمات إلى النور وجعلها خير أمّة أخرجت للنـاس ، فهي الأخرى اختلفت وتفرّقت وكفّر بعضها بعضاً ، وقـد حذّرهم رسول الله (ص) ونبّههم إلى ذلك وضيّق عليهم حتى قال : « لا يحلّ لمسلم أن يهجر أخاه المسلم فـوق ثلاث »[2] فما بال هذه الأمّة قد انقسمت وافترقت وأصبحت دويلات يعادي بعضها البعض ويحـارب بعضها البعض ويكفّـر بعضها البعض وحتّى لا يعرف بعضها البعض الآخر ، فيهجره طيلة حياته ، ما لهذه الأمّة يا أبانا إبراهيم بعدمـا كانت خير الأمم وقـد ملكت الشرق والغـرب وأوصلت للنـاس الهـدايـة والعلوم والمعرفـة والحضارة ، إذا بها اليـوم أصبحت أقلّ الأمم وأذلّهـا فأراضيهم مغتصبـة وشعوبهم مشرّدة ومسجدهم الأقصى تحتلّه عصابة من الصهاينة ولا يقدرون عـلى تحريره ، وإذا زرتَ بلدانهم فـإنّك لا تـرى إلاّ الفقر المدقـع والجـوع القـاتـل والأراضي القـاحلة ، والأمراض الفتّـاكة والأخـلاق السيّئة ، والتخلّف الفكـري والتقني ،

وحده ، بعد أن قدره بعلمه وحرك نحوه بإرادته ، من دون أن يكون لعلم الله أو إرادته دخل في ذلك التقدير .

(1) سورة يونس : الآية 44 .

(2) مسند أحمد ج 2 ص 92؟ .

والـظلم والإضطهـاد ، والأوسـاخ والحشرات ، ويكفيـك فقط أن تقـارن بيـوت الرّاحة (المراحيض) العمومية كيف هي في أوروبا وكيف هي عندنا ، فإذا دخل المسافر إلى المراحيض في أوروبا بأسرها وجدها نظيفة تلمـع كالبلّور وفيها روائح طيبة بينما لا يطيق المسافر إلى البلاد الإسلامية الـدخول إلى المـراحيض لعفونتها ونجاستها ونتونتها ونحن الذين علّمنا الإسلام (إنّ النظافة من الإيمان والـوسخ من الشيطان) ، فهل تحـوّل الإيمان إلى أوروبـا وسكن الشيطان عندنا ؟ لماذا أصبح المسلمون يخافون من إظهار عقيدتهم حتى في بلدانهم ، ولا يتحكّم المسلم حتّى في وجهـه فلا يتمكّن من إعفـاء لحيته ولا من لبسـه الـزي الإسلامي بينـما يتجاهر الفاسقون بشرب الخمـر والزنـا وهتك الأعـراض ولا يقدر المسلم دفعهم بـل ولا حتّى أمرهم بـالمعروف ونهيهم عن المنكر وقد بلغني أنّ في بعض البلاد الإسـلامية مثـل مصر والمغرب يبعث بعض الأبـاء بناتهم للبغـاء من شدّة الفقـر والبؤس والإحتياج فلا حول ولا قوة إلاّ بالله العلي العظيم .

يا إلهي لماذا ابتعدتَ عن هذه الأمّة وتركتها تتخبّط في الظلمات ، لا ، لا ، استغفرك يا إلهي وأتوب إليك ، فهي التي ابتعدت عنك عن ذكرك ، واختارت طريق الشيطان ، وأنت جلّت حكمتك ، وتعالت قدرتك قلت ، وقولك الحق : ﴿ ومن يعش عن ذكر الرحمن نقيض له شيطاناً فهو له قرين ﴾[1] وقلت أيضاً : ﴿ وما محمد إلا رسول قد خلت من قبله الرسل أفـإن مات أو قتـل انقلبتم على أعـقـابكم ومن يـنقلب عـلى عقبيـه فـلن يضر الله شيئاً وسيجـزي الله الشاكرين ﴾[2] .

ولا شكّ أنّ ما وصلت إليه الأمّة الإسلامية من الإنحطاط والتخلّف والذلّة والمسكنة لدليـل قاطع على بعدهـا عن الصراط المستقيم ، ولا شـك أنّ القلّة القليلة أو الفرقة الواحدة من بين ثلاثة وسبعين ، لا تؤثّر في مسيرة أمّة بأكملها .

وقـد قال رسـول الله (ص) : « لتأمـرنّ بالمعروف ولتنهنّ عن المنكـر ، ْ

---

(١) سورة الزخرف : الآية 36 .

(2) سورة آل عمران : الآية ١٤٤ .

ليسلّطنّ الله عليكم شراركم فيدعو خياركم فلا يستجاب لهم »[1] .

ربّنا آمنّا بما أنزلت واتّبعنا الرسول فاكتبنا مع الشاهدين ربّنا لا تزغ قلوبنا بعد إذ هديتنا وهب لنا من لدنك رحمة إنّك أنت الوهّاب . ربّنا ظلمنا أنفسنا وإن لم تغفر لنا وترحمنا لنكونّ من الخاسرين .

سافرت إلى المدينة المنوّرة محمّلًا برسالة من صديقي بشير إلى أحد أقربائه لكي أقيم عنده مدّة بقائي هناك ، وقد كلّمه من قبل بالهاتف ، واستقبلني هذا الأخير ، ورحّب بي وأنزلني في بيته ، وتوجّهت فور وصولي إلى زيارة قبر رسول الله (ص) ، فاغتسلت وتطيّبت ، ولبست أحسن ثيابي وأطهرها ، وكان الزوّار قليلين بالنّسبة إلى موسم الحجّ فتمكّنت من الوقوف أمام قبر رسول الله (ص) وأبي بكر وعمر ، ولم أكن أتمكّن من ذلك في موسم الحجّ لكثرة الإزدحام ، وحاولت عبثاً أن أمسّ أحد الأبواب للتبرّك ، فانتهرني الحرس الواقف هناك ، وكان على كل باب حرس يحرسه ، ولمّا أطلت الوقوف للدّعاء وإبلاغ السلام الذي حمّلني إيّاه أصدقائي ، أمرني الحرّاس بالإنصراف ، وحاولت أن أتكلّم مع واحد منهم ولكن دون جدوى .

ورجعت إلى الرّوضة المطهّرة ، حيث جلست أقرأ ما تيسّر من القرآن ، وأحسن الترتيل وأعيده مرّات ، لأني تخيّلت وكأنّ رسول الله (ص) يستمع إليّ ، وقلت في نفسي : أيمكن أن يكون الرسول ميتاً كسائر الأموات ، فلماذا نقول في صلاتنا ، السلام عليك أيّها النبيّ ورحمة الله وبركاته بصفة المخاطب ، وإذا كان المسلمون يعتقدون بأنّ سيدنا الخضر (ع) لم يمت ويردّ السلام على كل من يسلّم عليه ؛ بل وأنّ مشايخ الطرق الصوفية يعتقدون جزماً بأنّ شيخهم أحمد التيجاني أو عبد القادر الجيلاني يأتون إليهم جهاراً ويقظة لا مناماً ، فلماذا نشحّ على رسول الله (ص) بمثل هذه المكرمة وهو أفضل الخلق على الإطلاق ، ولكن يخفّف على نفسي أنّ المسلمين لا يشحّون بذلك على رسول الله (ص) ، إلا الوهابية الذين بدأت أنفر منهم لهذا ولعدة أسباب أخرى منها الغلظة التي

____

(١) مسند أحمد ج ٥ ص ٣٩٥ .

شاهدتها فيهم والشدّة على المؤمنين الذين يخالفونهم في معتقداتهم . زرت البقيـع وكنت واقفاً أترحّم على أرواح أهل البيت ، وكـان بالقـرب مني شيخ طـاعن في السن يبكي وعرفت من بكائـه أنّـه شيعي ، واستقبـل القبلة وبدأ يصلّي وإذا بالجندي يأتي إليه بسرعة وكأنّه كان يراقب تحركـاته وركله بحـذائه ركلة وهـو في حالة سجود فقلبه على ظهره ويبقي المسكين فاقد الوعي بضـع دقائق وانهال عليـه الجندي ضرباً وسبّاً وشتماً ، ورقّ قلبي لذلك الشيـخ ، وظننت أنّه مـات ودفعني فضولي وأخذتني الحميّة وقلت للجنْدي : حرام عليك لماذا تضربه وهـو يصلّي ؟ فانتهرني قائلاً : أسكت أنت ولا تتدخّل حتّى لا أصنع بك مثله .

ولمّا رأيت في عينيه الشرّ ، تجنّبته وأنا سـاخط على نفسي العـاجزة عن نصرة المظلوم ، وعلى السعوديين الذين يفعلون بالناس ما بدا لهم بدون رادع ولا وازع ولا من ينكر عليهم ، وكان بعض الـزائرين حاضراً فمنهم من حـوقل[1] ومنهم من قـال : إنّه يستحقّ ذلك لأنّه يصـلّي حول القبور وهو محرّم ، فلم أتمـالك وانفجرت على هذا المتكلّم قائلاً : من قال لك إنّ الصلاة حـول القبور حرام ؟ أجابني : قد نهى رسول الله عن ذلك .

فقلت بـدون وعي : تكذبـون علـى رسـول الله ، وخشيت أن يتـألَّب علـيّ الحـاضرون أو ينـادوا الجنـدي فيفـتـك بي ، فتـلطّفت قـائـلاً : إذا كـان رسـول الله (ص) قد نهى عن ذلك ، فلماذا يخالف نهيه الملايين من الحجّـاج والزوّار ويرتكبون حراماً لأنّهم يصلّون حول قبر النبي وقبر أبي بكـر وقبر عمـر في المسجد النبوي الشريف ؟! وفي مساجد المسلمين في كل العالم الإسلامي ؟ وعلى افتراض أنّ الصّلاة حـول القبور حـرام ، أفبهذه الغلظة والشـدّة نعالجهـا ؟ أم باللين واللطف ، واسمحوا لي أن أروي لكم قصّـة ذلك الأعرابي الذي بـال في مسجد رسول الله بحضرتـه وبحضرة أصحابه بدون حياء ولا خجل ، ولمّا قام إليه بعض الصحابة شاهرين سيوفهم ليقتلوه ، نهاهم رسول الله (ص) ومنعهم وقال : « دعوه ولا تزرموه[2] » وهريقوا على بوله دلواً من المـاء ، إنّما بعثتم لتيسّروا

______

(1) حوقل : قال لا حول ولا قوة إلّا بالله .

(2) أزرمه : قطع عليه بوله « الصحاح ج 5 ـ مادة زرم ـ 1941 » .

لا لتعسّروا ، لتبشّروا لا لتنفّروا »[1] وما كان من الصحابـة إلّا أن امتثلوا أمره ، ونادى رسول الله على الأعرابي وأجلسـه إلى جانبـه ورحّب بـه ولاطفه وأفهمه أنّ ذلك المكان هـو بيت الله ولا يمكن تنجيسه فـأسلم الأعرابي ولم يُـر بعد ذلك إلّا وهـو آت المسجد في أحسن ثيـابه وأطهـرها ، وصـدق الله العـظيم إذ يقـول لرسوله : ﴿ ولو كنت فظًّا غليظ القلب لأنفضوا من حولك ﴾[2] .

وتـأثّر بعض الحـاضرين عند سـماع القصّة فـاختلى بي أحـدهم إلى جـانب وسـألني : من أين أنت؟ قلت من تـونس فسلّم علـيّ وقـال : يـا أخي بـالله عليك أن تحفظ نفسك ، ولا تتكلّم مثل هذا هنـا أبداً . أنصحك لوجـه الله . وازددت بغضـاً وحنقاً عـلى هؤلاء ؟ الذين يـدّعون أنّهم حمـاة الحرمين ويعاملون ضيوف الرحمن بهذه القسوة ، ولا يقدر أحد أن يبـدي رأيه ، أو يـروي أحاديث لا تتفق وما يروونه ، أو يعتقد غير ما يعتقدونه .

رجعت إلى بيت الصّديق الجديد الذي لم أعرف اسمه ، وقد جاءني بالعشاء وجـلس مقابلي ، وقبل أن نبدأ في الأكل سألني أين ذهبت ؟ ورويت له قصّتي من أوّلها إلى آخرها ؛ وقلت في معرض كلامي : يا أخي أنا بصراحة بدأت أنفر من الـوهّابيـة وأميل إلى الشيعـة ، فتغيّر وجهـه وقال لي : إيّـاك أن تتكلّم مثل هـذا الكلام مرّة أخرى ! وغادرني ولم يأكل معي ، وانتظرته طويلًا حتى غلبني النوم ، وأفقت باكراً عـلى أذان المسجد النبـوي فرأيت أن الأكـل لا يزال في مكـانه كـما تركته وعلمت بأن مضيفي لم يرجـع ، وتشككت في أمره وخشيت أن يكـون من المخابرات ، فنهضت مسرعاً وغادرت البيت بدون رجعة ، وقضيت كـامل اليـوم في الحرم النبوي أزور وأصلّي وأخرج لقضاء الحاجة والوضوء وبعد صلاة العصر سمعت أحد الخطباء يلقي درساً وسط جماعة من المصلّين ، واتّجهت وعلمت من بعض الجالسين أنّه قاضي المـدينة ، واستمعت إليه وهو يفسّر بعض آيـات من الذكر الحكيم ، وبعد ما أتمّ درسه وهمّ بالخروج ، استوقفتـه وسألتـه قائلًا : سيدي هل لك أن تعطيني مدلول الآية من قوله تعالى : ﴿ إنما يريد الله ليذهب

---

(1) صحيح البخاري ج 1 ص 53 ، ج 4 ص 54 .

(2) سورة آل عمران : الآية 9.159 .

عنكم الرجس أهل البيت ويطهركم تطهيراً ﴾ [1] .

فمن هم أهل البيت المقصودون بهذه الآية ؟

أجابني على الفـور : هم نساء النبي وقـد بدأت الآيـة بذكـرهنّ ﴿ يا نسـاء النبي لستن كأحدَ من النساء إن اتقيتن ﴾ [2] .

قلت لـه : إنّ علماء الشيعة يقـولون بـأنها خاصّـة بعـلي وفـاطمـة والحسن والحسين ، وقد اعترضت عليهم طبعاً وقلت بأنّ بداية الآية تقول : ﴿ يا نسـاء النبي ﴾ ، فأجابوني لمّا كـان الكلام عليهنّ جـاءت الصيغة كلّها بنون النسـوة ، فقال تعالى : لستنّ ، إن اتقيتنّ ، فلا تخضعن ، وقلن ، وقرن في بيوتكنّ ، ولا تبرجنّ ، وأقمن الصلاة ، وآتـين الزكـاة ، وأطعن الله ورسولـه ، ولمّا كـان هذا المقـطع من الآية خـاصّـاً بـأهل البيت تغيّرت الصيغة فقـال : ليذهب عنكم ، ويطهّركم ، فنظر إليّ رافعاً نـظّارته وقـال : إيّاك وهـذه الأفكار المسـمومة ، إنّ الشيعة يؤوّلون كلام الله على حسب أهوائهم ولهم في عليّ وذريته آيات لا نعرفها وعندهم قرآن خاصّ يسمّونه مصحف فاطمة ، فأنا أحذّرك أن يخدعوك .

قلت : لا تخف يا سيدي فـأنا عـلى حـذر وأعـرف عنهم الكثير ولكني أردت أن أتحقق ، قـال : من أين أنت ؟ قلت من تونس ، قـال فما اسمـك ؟ قلت : التيجاني فضحك مفتخراً ، وقال هل تدري من هـو أحـد التيجـاني ؟ قلت : هو شيخ الطريقة ، قال وهو عميل للإستعمار الفرنسي ، وقد تركّز الإستعمار الفرنسي في الجـزائر وتـونس بإعـانته ، وإذا زرت بـاريس فاذهب للمكتبة القوميـة واقرأ بنفسـك القامـوس الفرنسي في بـاب (أ) فستـرى أنّ فـرنسا أعـطت وسام الشرف لأحد التيجاني الذي قدّم لها خدمات لا تقاس فتعجّبت من قوله وشكرته وودّعته وانصرفت .

بقيت في المدينة أسبوعاً كـاملاً حيث صلّيت أربعين صلاة وزرت المـزارات كلّها ، وكنت دقيق الملاحظة خلال إقـامتي هناك فلم أزدد من الوهّابية إلّا بعداً

---

(1) سورة الأحزاب : الآية 33 .

(2) سورة الأحزاب : الآية 32 .

ونفوراً وارتحلت من المدينة المنوَّرة إلى الأردن حيث التقيت أصدقاءَ هناك كنت تعرَّفت عليهم في ملتقى الحجّ الذي أشرتُ إليه سابقاً .

وبقيت معهم ثلاثة أيام ، ووجدت عندهم حقداً على الشيعة أكثر مما عندنا في تونس ؛ فالروايات نفسها ، والإشاعات ذاتها ، وليس هناك واحد سألته عن الدليل إلّا وقال بأنّه يسمع عنهم . ولم أجد أحداً منهم جالَس الشيعة ، أو قرأ كتاباً للشيعة ولا حتّى التقى شيعيّاً في حياته .

رجعتُ من هناك إلى سوريا وفي دمشق زرت الجامع الأموي وإلى جانبه مرقد رأس سيدنا الحسين ، كما زرت ضريح صلاح الدين الأيوبي والسيدة زينب ومن بيروت قطعت مباشرة إلى طرابلس ، ودامت الرحلة أربعة أيام في البحر استرحت خلالها بدنياً وفكرياً ، واستعرضت شريط الرحلة التي أوشكت على النهاية فإذا بي أستنتج ميلاً واحتراماً للشيعة ، وفي نفس الوقت بعداً ونفوراً وسخطاً على الوهّابية التي عرفت دسائسها ، وحمدت الله على ما أنعم به عليّ وما أولاني من عناية ورعاية داعياً إيّاه سبحانه وتعالى أن يهديني إلى طريق الحق .

ورجعت إلى أرض الوطن وكلّي شوق وحنين إلى أسرتي وأهلي وأصدقائي ، ووجدت الجميع بخير ، وفوجئت عند دخولي إلى منزلي ، بكثرة الكتب التي وصلت قبلي وعرفت مصدرها .

ولما فتحت تلك الكتب التي ملأت البيت ، ازددت حبّاً وتقديراً لأولئك الذين لا يخلفون وعدهم ، وقد وجدت هنا أضعاف ما أُهدي إليّ هناك .

* * *

بداية البحث

فـرحت كثيراً ونـظّمت الكتب في بيت خاصّ سمّيتـه بالمكتبـة ، واسـترحت أيّاماً ، وتسلمت جـدول أوقات العمـل بمناسبة بداية السنة الـدراسية الجـديدة فكان عملي ثلاثة أيّام متوالية من التدريس وأربعـة أيّام متـوالية من الـراحة في الأسبوع .

وبـدأت أقرأ الكتب فقـرأت كتاب (عقـائد الإمـاميـة) و (أصـل الشيعـة وأصولها) وارتاح ضميري لتلك العقائد وتلك الأفكـار التي يرتئيها الشيعة ، ثم قرأت كتاب (المراجعات) للسيـد شرف الدين المـوسوي ، ومـا أن قرأت منه بضع صفحات حتّى استهواني الكتاب وشدّني إليه شدّاً فكنت لا أتركه إلّا غصباً وكنت أحمله في بعض الأحيـان إلى المعهد ، وأدهشني الكتاب بما حـواه من صراحة العالم الشيعي وحلّه لما أشكل على العالم السنّي شيخ الأزهر ، وجدت في الكتاب بغيتي لأنـه ليس كـالكتب التي يكتب فيهـا المؤلف مـا يشـاء بـدون معـارض ولا مناقش فـ (المراجعات) هو حوار بين عالمين من مذهبين مختلفين ، يحاسب كـل منها صاحبه على كل شاردة وواردة ، على كل صغيرة وكبيرة ، متوخّيين في ذلـك المرجعين الأساسيين لكافّة المسلمين وهما القرآن الكريم والسنّة الصحيحة المتّفق عليهـا في صحاح السنّة . فكان الكتـاب بحقّ يمثّل دوري كباحث يفتّش عن الحقيقة ويقبلها أينما وجدت وعلى هذا كان الكتاب مفيداً جداً وله فضل عليّ عميم .

وَوقفت مبهوتاً عندما كان يتكلّم عن عدم امتثـال الصحابـة لأوامر الـرسول ويسوق لذلك عدّة أمثلة ، ومنها حادثة رزية يـوم الخميس[1] ، إذ لم أكن أتصوّر أنّ سيدنا عمر بن الخطاب يعترض على أمر رسول الله ويرميه بـالهجر ، وظننت بادىء الأمر أنّ الـرواية هي من كتب الشيعـة ، وازدادت دهشتي وحيرتي عندما رأيت العالم الشيعي بنقلها من (صحيح البخاري) و (صحيـح مسلم) وقلت في نفسي : إن وجدت هذا في (صحيح البخاري) فسيكون لي رأي .

وسـافرت إلى العـاصمة ومنها اشتريت (صحيح البخاري) و (صحيـح مسلم) و (مسند الإمام أحمد) و (صحيح الترمذي) و (موطأ الإمـام مالك) وغـيرها من الكتب الأخرى المشهورة ولم أنتـظر الرجـوع إلى البيت فكنت طوال الطريق بين تـونس وقفصة وأنـا ركب في حافلة النقـل العمومية أتصفّح كتـاب البخاري وأبحث عن رزية يـوم الخميس متمنياً أن لا أعـثر عليها ، ورغم أنفي وجدتها وقرأتها مرّات عديـدة فكانت كـما نقلها السيـد شرف الدين ، وحاولت تكذيب الحادثة برمّتها واستبعدت أن يقـوم سيدنا عمر بـذلك الـدّور الخطير ، ولكن أنّى لي تكـذيب ما ورد في صحاحنا وهي صحـاح أهل السنّة والجماعـة التي ألزمنا بها أنفسنا وشهدنا بصحّتها ، والشكّ فيهـا ، أو تكـذيب بعضهـا ، يسنـلزم طرحها ؛ لأنّـه هو الآخـر يستلزم طرح كـل معتقداتنـ ، ولو كـان العالم الشيعي ينقل من كتبهم ، ما كنت لأصـدّق أبداً ، وأمّا أن ينقل من صحـاح أهل السنة التي لا مجال للطعن فيها ، وقد أخذنا على أنفسنا بأنها أصحّ الكتب بعد كتـاب الله ، فيصبح الأمر ملزماً ، وإلا استلزم الشكّ في هذه الصحّاح ، وعند ذلك لا يبقى معنا من أحكام الإسلام شيء نعتمده ، لأنّ الأحكـام التي وردت في كتاب الله جاءت مجملة غير مفصّلة ، ولأنّنا بعيدون عن عصر الرسالة وقد ورثنا أحكام ديننا أباً عن جد عن طريق هـذه الصحّاح ، فـلا يمكن بحال من الأحـوال طرح هذه الكتب .

وأخذت على نفسي عهداً وأنا أدخل هذا البحث الطويل العسير ، أن أعتمد الأحاديث الصحيحة التي اتّفق عليها السنّة والشيعة ، وأن أطرح الأحاديث التي

<hr>

[1] يأتي تفصيل هذه الحادثة في ص 95 لاحقاً .

انفرد بها فريق دون الآخر ، بهذه الطريقة المعتدلة ، أكون قد ابتعدت عن المؤثرات العاطفية ، والتعصّبات المذهبية ، والنزعات القومية أو الوطنية ، وفي الوقت نفسه أقطع طريق الشكّ لأصل إلى حبل اليقين وهو صراط الله المستقيم .

* * *

بداية الدراسة المعمقة

الصحابة عند الشيعة والسنّة

من أهمّ الأبحاث التي اعتبرها الحجر الأساس في كل البحوث التي تقود إلى الحقيقة ، هو البحث في حياة الصّحابة وشؤونهم ، وما فعلوه وما اعتقدوه لأنّهم عماد كل شيء ، وعنهم أخذنا ديننا وبهم نستضيء في الظلمات لمعرفة أحكام الله ، ولقد سبق لعلماء الإسلام ـ لقناعتهم بذلك ـ البحث عنهم وعن سيرتهم .

فألّفوا في ذلك كتباً عديدة أمثال : (أسد الغابة في تمييز الصحابة) وكتاب (الإصابة في معرفة الصحابة) وكتاب (ميزان الإعتدال) وغيرها من الكتب التي تناولت حياة الصحابة بالنّقد والتحليل ولكنّها من وجهة نظر أهل السنة والجماعة .

وثمة إشكال يتلخص في أنّ العلماء الأوائل ؛ غالباً ما كانوا يكتبون ويؤرخون بالنحو الذي يوافق آراء الحكام من الأمويّين والعباسيين ، الذين عرفوا بعدائهم لأهل البيت النبويّ ، بل ولكل من يشايعهم ويتبع نهجهم ، ولهذا فليس من الإنصاف الإعتماد على أقوالهم دون أقوال غيرهم من علماء المسلمين ، الذين اضطهدتهم تلك الحكومات وشرّدتهم وقتلتهم ؛ لأنّهم كانوا أتباع أهل البيت وكانوا مصدر تلك الثورات ضد السلطات الغاشمة والمنحرفة .

والمشكل الأساسي في كل ذلك هو الصحّابة ، فهم الذين اختلفوا في أنّ يكتب لهم رسول الله ذلك الكتاب الذي يعصمهم من الضلالة إلى قيام السّاعة واختلافهم هذا هو الذي حرم الأمّة الإسلامية من هذه الفضيلة ورماها في

الضلالة حتى انقسمت وتفرّقت وتنازعت وفشلت وذهبت ريحها .

وهم الذين اختلفوا في الخلافة فتـوزعوا بـين حزب حـاكم وحزب معـارض وسبّب ذلك تخلّف الأُمّة وانقسـامها إلى شيعـة علي وشيعـة معاويـة ، وهم الذين اختلفوا في تفسير كتـاب الله وأحاديث رسـوله ، فكـانت المذاهب والفرق والملل والنحـل ، ونشأت من ذلك المدارس الكـلامية والفكريـة المختلفـة ، وبـرزت فلسفات متنوعة أملتها دوافع سياسية محضة تتصل بطموحات الهيمنة على السلطة والحكم . . .

فالمسلمون لم ينقسموا ، ولم يختلفوا في شيء لولا الصحابة وكل خـلاف نشأ وينشأ إنّما يعود إلى اختلافهم في الصحابة .

فالربّ واحـد ، والقرآن واحـد ، والرسـول واحد ، والقبلة واحـدة . وهم متّفقون على ذلك وبدأ الخلاف والإختلاف في الصحابة من اليوم الأول بعد وفاة الرسول (ص) في سقيفة بني ساعدة[1] ، واستمرّ إلى يوم الناس هـذا وسيستمر إلى ما شاء الله .

وقد استنتجت من خلال الحديث مع علماء الشيعـة أنّ الصحابة في نظرهم ينقسمون إلى ثلاثة أقسام :

فـالقسم الأول ، وهم : الصحابـة الأخيار الـذين عـرفـوا رسـول الله حقّ المعرفة وبايعوه على الموت وصاحبوه بصدق في القول وبـإخلاص في العمـل ، ولم ينقلبـوا بعده ، بـل ثبتوا عـلى العهد وقـد امتدحهم الله جلّ جلالـه ، في كتابه العزيز في العديد من المواقع ، وقد أثنى عليهم رسول الله في العـديد من المـواقع أيضاً ، والشيعة يذكرونهم باحترام وتقديس ويترضّـون عليهم كما يـذكرهم أهـل السنّة باحترام وتقديس أيضاً .

والقسم الثاني ، وهم : الصحابة الـذين اعتنقوا الإسلام واتبعـوا رسـول الله ولكنهم كـانوا في بعض الأوقـات لا يمتثلون لأوامره ونـواهيه بـل يجعلون لآرائهم

مجالاً في مقابل النصوص الصريحة والشيعة لا يذكرونهم إلّا بأفعالهم بدون احترام ولا تقديس كالصنف الأول .

أمّا القسم الثالث من الصحابة ، فهم : المنافقون الذين صحبوا رسول الله للكيد له وقد أظهروا الإسلام وانطوت سرائرهم على الكفر وقد تقرّبوا ليكيدوا للإسلام والمسلمين عامّة وقد أنزل الله فيهم سورة كاملة وذكرهم في العديد من المواقع وتوعّدهم بالدرك الأسفل من النار وقد ذكرهم رسول الله (ص) وحذّر منهم وعلّم بعضاً من أصحابه أسماءهم وعلاماتهم ، وهؤلاء يتّفق الشيعة والسنّة على لعنهم والبراءة منهم .

وهناك قسم خاصّ وإن كانوا من الصّحابة فهم يتميّزون عليهم بالقرابة وبفضائل خلقية ونفسية وخصوصيات اختصّهم الله ورسوله بها لا يلحقهم فيها لاحق ، وهؤلاء هم أهل البيت الذين أذهب الله عنهم الرّجس وطهّرهم تطهيراً[1] وأوجب الصلاة عليهم كما أوجبها على رسوله ، وأوجب لهم سهماً من الخمس[2] كما أوجب مودّتهم على كل مسلم كأجر للرّسالة المحمّدية[3] ، فهم أولو الأمر الذين أمر بطاعتهم[4] وهم الراسخون في العلم الذين يعلمون تأويل القرآن ويعلمون المتشابه منه والمحكم[5] ، وهم أهل الذكر الذين قرنهم رسول الله بالقرآن في حديث الثقلين وأوجب التّمسك بهما[6] ، وجعلهم كسفينة

---

(1) تضمين من سورة الأحزاب : ﴿ إنما يريد الله ليذهب . . . ﴾ الآية 33 .

(2) ورد هـذا المعنى في سورة الأنفـال : ﴿ واعلموا إنما غنمتم من شيء فإن لله خمسـه . . . ﴾ الآيـة 41 .

(3) ورد هذا المعنى في سورة الشورى : ﴿ قل لا أسألكم عليه أجراً . . . ﴾ الآية 23 .

(4) ورد هذا المعنى في سورة النساء : ﴿ يا أيها الذين آمنوا أطيعوا الله . . . ﴾ الآية 59 .

(5) ورد هذا المعنى في سورة آل عمران : ﴿ هو الـذي أنزل الكتـاب . . . وما يعلم تـأويله إلّا الله والراسخون في العلم . . . ﴾ الآية 7 .

(6) ورد في الحـديث النبـوي الشريف ، قـال رسول الله (ص) : « إني تـارك فيكم الثقلين مـا إن تمسكتم به لن تضلوا بعدي كتاب الله حبل ممدود من السماء إلى الأرض ، وعترتي أهل بيتي ، ولن يفترقا حتى يردا عليّ الحوض فانظروا كيف تخلفوني فيهما » . انظر مسند أحمد : ج 5 ص 181 ، كنز العمال : ج 1 ص 943 وص 945 ، المستدرك للحاكم : ج 3 ص 148 .

نوح من ركبها نجا ومن تخلّف عنها غرق[1] ، والصحابة يعرفون قدر أهل البيت ويعظّمونهم ويحترمونهم ، والشيعة يقتدون بهم ويقدّمونهم على كل الصحابة ، ولهم في ذلك أدلّة من النصوص الصريحة .

أمّا أهل السنّة والجماعة فإنّهم مع احترامهم لأهل البيت وتعظيمهم وتفضيلهم إلّا أنّهم لا يعترفون بهذا التقسيم للصحابة ولا يعدّون المنافقين في الصحابة ، بل الصحابة في نظرهم خير الخلق بعد رسول الله .

وإذا كان هناك تقسيم فهو من باب فضيلة السبق للإسلام والبلاء الحسن فيه فيفضّلون الخلفاء الراشدين بالدرجة الأولى ثم الستّة الباقين من العشرة المبشّرين بالجنّة على ما يروونه .

ولذلك تراهم عندما يصلّون على النبي وأهل بيته يلحقون بهم الصحابة أجمعين بدون استثناء .

هذا ما أعرفه من علماء أهل السنّة والجماعة ، وذاك ما سمعته من علماء الشيعة في تقسيم الصحابة ، وهذا ما دعاني إلى أن أجعل بحثي يبدأ بهذه الدراسة المعمّقة حول الصحابة وعاهدت ربّي ـ إن هداني ـ أن أتجرّد من العاطفة لأكون حيادياً ، موضوعياً ولأسمع القول من الطرفين فأتّبع أحسنه ، ومرجعي في ذلك :

1 ـ القاعدة المنطقية السليمة ؛ وهي أن لا أعتمد إلّا ما اتّفقوا عليه جميعاً بشأن التفسير لكتاب الله والصحيح من السنّة النبوية الشريفة .

2 ـ العقل ؛ فهو أكبر نعمة من نعم الله على الإنسان ؛ إذ به كرّمه وفضّله على سائر مخلوقاته ، ألا ترى أنّ الله سبحانه عندما يحتجّ على عباده يدعوهم للتعقّل بقوله :

---

(1) كما في قوله (ص) : « إنما مثل أهل بيتي فيكم كمثل سفينة نوح من ركبها نجا ، ومن تخلف عنها غرق» انظر المستدرك للحاكم : ج 3 ص 151 ، تلخيص الذهبي المطبوع بهامش المستدرك ج 3 ص 151 ، وانظر المزيد من الأحاديث في كتاب العمدة لابن بطريق من ص 358 إلى ص 360 .

« أفلا يعقلون[1] ، أفلا يفقهون[2] ، أفلا يتـدبّرون[3] ، أفلا يبصرون[4] الخ . . . . » .

وليكن إسلامي مبدئياً إيماناً بالله وملائكته وكتبه ورسله وأنّ محمداً عبـده ورسوله ، وأنّ الدين عند الله الإسلام ، ولا أعتمد في ذلك على أي واحـد من الصحابة مهما كانت قرابته ومهـما علت منزلتـه فأنـا لست أمويّـاً ولا عبّـاسياً ولا فاطمياً ، ولا سنّياً ولا شيعياً وليست لي أي عـداوة لأبي بكر ولا لعمر ولا لعثمان ولا لعلي ، ولا حتّى لوحشي قاتل سيدنا الحمـزة ما دام أنّـه أسلم والإسلام يجبّ ما قبله وقد عفا عنه رسول الله (ص) .

وما دمت أقحمت نفسي في هذا البحث بغية الوصول للحقيقة وما دمت قد تجرّدت من كل الأفكار المسبّقة بكل إخلاص فأنا أبدأ هذا البحث على بركـة الله في مواقف الصحابة .

١ ـ الصحابة في صلح الحديبية

مجمل القصّة ، أنّ رسول الله (ص) خرج في السنة السادسة للهجرة يـريد العمرة مع ألف وأربعمائة من أصحابه فـأمرهم أن يضعـوا سيوفهم في القـرَب ، وأحرم هو وأصحابه بذي الحليفة وقلّدوا الهـديَ لِيُعلِم قريشاً أنّه إنّمـا جاء زائـراً معتمراً وليس محارباً ، ولكنّ قريشاً بكبريائها خافت أن يسمع العرب بأنّ محمـداً دخل عنوة إلى مكّة وكسر شوكتها ، فبعثوا إليه بوفـد يرأسه سهيل بن عمـرو بن عبد ودّ العامري وطلبوا منه أن يرجع في هذه المرّة من حيث أتى على أن يتركوا له مكّة في العام القادم ثلاثة أيام ، وقد اشترطوا عليه شروطاً قاسية قبلها رسول الله لإقتضاء المصلحة التي أوحى بها إليه ربّه عزّ وجلّ .

ولكن بعض الصحابة لم يعجبهم هذا التّصرف من النبي وعارضـوه في ذلك

---

(١) ورد في سورة يَس : الآية 68 .

(٢) في سورة الأنعام : الآية 65 .

(٣) في سورة النساء : الآية 82 ، سورة محمد : الآية 24 .

(٤) في سورة السجدة : الآية 27 .

معـارضة شـديدة وجـاءه عمر بن الخطاب فقال : ألست نبي الله حقـاً ؟ قال : بلى ، قال عمر : ألسنا على الحق وعدونا على الباطل ؟ قال : بلى ، قال عمر : فلمَ نعطي الدنية في ديننا إذاً ؟ قال رسول الله (ص) : « إنّي رسول الله ولست أعصيه وهو ناصري » ، قال عمـر : أولست كنت تحدّثنـا أنّا سنـأتي البيت فنطوف به ؟ قال : « بلى ، أفأخبرتك أنّا نأتيه العام » ؟ قال عمر : لا ، قـال : « فإنّـك آتيه ومطوّف به » .

ثم أتى عمر بن الخطاب إلى أبي بكر فقال : يا أبا بكر أليس هذا نبي الله حقّاً ؟ قال : بلى . ثم سأله عمر نفس الأسئلة التي سألها رسول الله ، وأجابه أبو بكر بنفس الأجوبة قائلاً له : أيها الرجـل إنّه لـرسول الله وليس يعصي ربّه وهو ناصره فاستمسـك بغرزه ، ولمّـا فرغ رسـول الله (ص) من كتاب الصلح قـال لأصحابه : « قوموا فانحروا ثم أحلقوا » فوالله ما قام منهم رجـل حتّى قال ذلك ثلاث مرّات ، فلمّا لم يمتثل لأمره منهم أحد دَخَلَ خباءه ثم خرج فلم يكلّم أحداً منهم بشيء حتى نحر بدنةً بيده ، ودعـا حالقه فحلق رأسه ، فلمّا رأى أصحـابه ذلك قـامـوا فنحروا وجعـل بعضهم يحلق بعضاً ، حتّى كـاد بعضهم يقتل بعضاً(١) .

هـذه مجمل قصـة الصلح في الحديبية وهي من الأحداث المتفق عليهـا عند الشيعة والسنّة وقد ذكرها المؤرخون وأصحـاب السـير كـالطبري وابن الأثـير وابن سعد وغيرهم كالبخاري ومسلم .

وأنا لي هنا وقفة ، فلا يمكن لي أن أقـرأ مثل هـذا ولا أتأثـر ولا أعجب من تصرّف هؤلاء الصحابة تجاه نبيّهم ، وهل يقبل عاقل قول القائلين بأنّ الصحابة رضي الله عنهم كانوا يمتثلون أوامـر رسول الله (ص) وينفّـذونها ، فهذه الحـادثة تقطع عليهم ما يرومون ، هل يتصوّر عاقل بـأنّ هذا التصرّف في مـواجهة النبيّ هو أمر هيّن ؛ أو مقبول ؛ أو معذور ؛ قال تعالى :

____

(١) هـذه القصة أخرجها أصحـاب السـير والتـواريخ كما أخرجهـا البخاري في صحيحـه من كتاب الشروط باب الشروط في الجهاد ج ٢ ـ ص ١٢٢ ـ صحيح مسلم في باب صلح الحديبية ج ٢ .

﴿ فـلا وربك لا يؤمنـون حتى يحكمـوك فيما شجـر بينهم ثم لا يجـدوا في أنفسهم حرجاً مما قضيت ويسلموا تسليماً ﴾[1] .

فهـل سلّم عمـر بن الخـطاب هنا ولم يجـد في نفسـه حـرجـاً مما قضى الرسول (ص) ؟! أم كان في موقفه تردد في أمـر النبي ؟ وخصوصاً في قوله : أولست نبي الله حقاً ؟ أولست كنت تحدثنا ؟ إلى آخره ، وهـل سلّم بعـد مـا أجابه رسول الله بتلك الأجوبة المقنعة ؟ كلّا لم يقتنع بجوابه وذهب يسأل أبا بكر الأسئلة نفسها ، وهل سلّم بعدما أجابه أبو بكر ونصحه أن يلزم غرز النبي ، لا أدري إذا كان سلّم بذلك ، أو اقتنع بجـواب النبي أو بجـواب أبي بكـر !! وإلّا لماذا تراه يقـول عن نفسه : فعملت لـذلك أعمـالاً . . ولا أدري سبب تخلّف البقية الباقيـة من الحاضرين بعـد ذلك إذ قـال لهم رسول الله (ص) : « قـوموا فانحروا ثم أحلقـوا » فلم يستمع إلى أمره أحد منهم حتّى كـرّرها عليهم ثلاث مرّات بدون جدوى .

سبحان الله ! أنا لا أكاد أصدّق مـا أقـرأ ، وهـل يصل الأمـر بالصحـابة إلى هذا الحدّ في التعامل مع أمر الرسول ، ولو كانت هـذه القصّة مـروية من طريق الشيعـة وحدهم لعـددتُ ما قـالوا افتـراء على الصحـابة الكـرام ، ولكنّ القصّة بلغت من الصحـة والشهرة أن تنـاقلها كل المحـدّثين من أهل السنّة والجمـاعـة أيضـاً ، وبمـا أنّي الـزمت نفسي تـوثيق مـا اتفقوا عليـه ، فـلا أراني إلّا مسلّماً ومتحيّراً : ماذا عساني أن أقول ؟ وبم أعتـذر عن هؤلاء الصحـابة الذين قضوا مع رسول الله قرابة عشرين عـاماً من البعثة إلى يوم الحـديبية ، وهم يشـاهدون المعجـزات وأنوار النبـوّة ، والقرآن يعلّمهم ليلاً نهاراً كيف يتأدّبون مـع حضرة الرسول وكيف يكلّمـوه ، حتّى هدّدهم الله بـإحباط أعمـالهم إن رفعوا أصـواتهم فوق صوته .

ويدفعني إلى الإحتمـال بـأنّ عمر بن الخـطاب هو الـذي أثار بقيّة الحاضرين ودفعهم إلى التردد والتخلّف عن أمر الرسول ـ زيادة على اعترافه بأنّه عمل لذلك

أعمـالاً لم يشأ ذكرها ـ ما يردده هـو في موارد أخـرى قـائـلاً : مـا زلت أصـوم وأتصدّق وأصلّي وأعتق مخافة كلامي الذي تكلمت به . . إلى آخر مـا هو مـأثور عنه في هذه القضية[1] .

ممّا يشعرنا بأنّ عمر نفسه كان يدرك بُعد الموقف الـذي وقفه ذلك اليوم إنّها قصّة عجيبة وغريبة ولكنّها حقيقية . . .

٢ ـ الصحابة ورزية يوم الخميس

ومجمل القصّة أنّ الصحابة كانوا مجتمعين في بيت رسول الله قبل وفاته بثلاثة أيـام ، فأمـرهم أن يحضروا لـه الكتف والـدواة ليكتب لهم كتاباً يعصمهم من الضلالة ، ولكنّ الصحابة اختلفوا ومنهم من عصى أمره واتّهمه بالهجر ، فغضب رسـول الله وأخـرجهم من بيتـه دون أن يكتب لهم شيئاً ، وإليـك شيئـاً من التفصيل :

قال ابن عباس : يوم الخميس وما يوم الخميس اشتدّ بـرسول الله وجعـه ، فقـال : هلمّ أكتب لكم كتاباً لا تضلّوا بعده ، فقال عمـر إنّ النبي قـد غلبه الوجع ، وعندكم القرآن حسبنا كتاب الله ، فـاختلف أهل البيت واختصمـوا ، منهم من يقول قرّبوا يكتب لكم النبي كتاباً لا تضلّوا بعده ، ومنهم من يقول ما قـال عمـر ، فلمّا أكـثروا اللغـو والإختـلاف عنـد النبـي ، قـال لهم رسـول الله (ص) : « قومـوا عنّي » فكان ابن عبّاس يقول : إنّ الـرزيـة كـل الـرّزية مـا حـال بـين رسول الله وبـين أن يكتب لهم ذلك الكتاب من اختلافهم ولغطهم[2] . هذه الحـادثـة صحيحـة لا شك فيهـا ، فقـد نقلهـا علماء الشيعـة ومحدّثوهم في كتبهم ، كما نقلها علماء السنّة ومحدّثوهم ومؤرخوهم ، وهي ملزمـة لي عـلى مـا ألـزمت به نفسي ومن هنـا أقف حائـراً في تفسير المـوقف الذي وقفه

<hr>

(١) السيرة الحلبية باب صلح الحديبية ج ٣ ص ٢٧ .

(٢) صحيـح البخاري ج ٤ ص ٧ وج ١ ص ٣٢ ، صحيـح مسلم ج ١١ ص ٩٥ في آخر كتـاب الوصية ، مسند الإمام أحمد ج ١ ص ٣٢٥ وص ٥٥٥ ، تاريخ الطبري ج ٣ ص ١٩٣ ، تـاريخ ابن الأثير ج ٢ ص ٣٢٠ .

عمر بن الخطاب من أمر رسول الله ، وأي أمـر هو ؟ أمـر (عاصم من الضـلالة لهـذه الأمّة ، ولا شـك أنّ هذا الكتـاب كان فيه جديد للمسلمين سوف يقطع عليهم كل شك) .

ولنترك قول الشيعـة : (بأنّ الـرسول أراد أن يكتب إسم عـلي خليفة لـه ، وتفطّن عمر لذلك فمنعه) .

فلعلّهم لا يقنعوننا بهـذا الزعم الـذي لا يرضينا مبدئياً ، ولكن هل نجد تفسيراً معقولاً لهذه الحادثة المؤلمة التي أغضبت الرسول حتى طردهم وجعلت ابن عباس يبكي حتّى يبلّ دمعه الحصى ويسمّيها أكبر رزيّة ؛ أهل السنّة يقولون بـأنّ عمـر أحسّ بشدّة مـرض النبي فأشفق عليـه وأراد أن يريحـه ، وهذا التعليـل لا يقبله بسطاء العقول فضلاً عن العلماء ، وقد حاولت مراراً وتكراراً التماس بعض الأعذار لعمر ولكنّ واقع الحادثة يأبى عليّ ذلك ، وحتّى لـو أبدلتُ كلمـة يهجر ـ والعياذ بالله ـ بلفظة (غلبه الوجع) فسوف لن نجد مبرّراً لقول عمر : (عندكم القرآن) و (حسبنا كتاب الله) ، أو كان هو أعلم بالقرآن من رسول الله الـذي أنزل عليه ، أم أنّ رسول الله لا يعي ما يقول حاشاه أم أنّه أراد بـأمره ذلـك أن يبعث فيهم الإختلاف والفرقة ـ أستغفر الله ـ .

ثم لو كان تعليل أهل السنّة صحيحاً ، فلم يكن ذلك ليخفى على الـرسول ولا يجهـل حسن نيّة عمـر ، ولشكره رسـول الله على ذلك وقـرّبه بـدلاً من أن يغضب عليه ويقول أخرجوا عني .

وهل لي أن أتساءل لماذا امتثلوا أمره عندما طردهم من الحجرة النبوية ، ولم يقولوا بأنّه يهجر ؟ ألأنّهم نجحوا بمخطّطهم في منع الـرسول من الكتابة ، فـلا داعـي بعـد ذلـك لبقـائهم ، والـدليل أنّهم أكـثروا اللغط والإختـلاف بحضرته (ص) ، وانقسموا إلى حزبين منهم من يقول : (قرّبوا إلى رسول الله يكتب لكم ذلك الكتاب) ومنهم من يقول ما قال عمر أي أنّه (يهجر) .

والأمـر لم يعد بتلك البسـاطة يتعلّق بشخص عمر وحده ولـو كان كـذلك لأسكته رسول الله وأقنعه بأنّه لا ينطق عن الهوى ولا يمكن أن يغلب عليه الوجع في هداية الأمّة وعدم ضلالتها ولكنّ الأمر استفحل واستشرى ووجد له أنصاراً

كأنهم متّفقون مسبّقاً ، ولذلك أكثروا اللَّغط والإختلاف ونسوا أو تناسوا قول الله تعالى : ﴿ يا أيها الذين آمنوا لا ترفعوا أصواتكم فوق صوت النبي ولا تجهروا له بالقول كجهر بعضكم لبعض أن تحبط أعمالكم وأنتم لا تشعرون ﴾[١] .

وفي هذه الحادثة تعدّوا حدود رفع الأصوات والجهر بالقول إلى رميه (ص) بالهجر والهــذيان « والعيــاذ بالله » ، ثم أكـثروا اللَّغط والإختلاف وصارت معركة كلامية بحضرته .

وأكـاد أعتقد بـأنّ الأكثرية الساحقة كـانت علـى قـول عمـر ولـذلك رأى رسول الله (ص) عدم الجـدوى في كتابة الكتاب لأنـه علم بأنّهم لم يحـترموه ولم يمتثلوا لأمر الله فيه في عدم رفع أصواتهم بحضرته ، وإذا كانوا لأمر الله عاصين فلن يكونوا لأمر رسوله طائعين .

واقتضت حكمة الرسول بأن لا يكتب لهم ذلك الكتاب لأنـه طُعن فيـه في حياته ، فكيف يعمل بما فيه بعد وفـاته ، وسيقـول الطّاعنـون : بأنـه هجر من القـول ولربّمـا سيشككون في بعض الأحكـام التي عقـدهـا رسـول الله في مـرض موته .

إذ أنّ اعتقادهم بهجره ثابت .

أستغفر الله ، وأتوب إليه من هذا القول في حضرة الرسول الأكرم ، وكيف لي أن أقنـع نفسي وضميري الحـرّ بأنّ عمـر بن الخطّاب كـان عفوياً في حين أنّ أصحـابه ومن حضروا محضره بكـوا لما حصل حتى بلّ دمعهم الحصى وسمّـوهـا رزية المسلمين .

ولهذا فقد خلصتُ إلى أن أرفض كل التعليلات التي قُـدمت لتبريـر ذلك ، ولقد حاولت أن أنكر هذه الحادثة وأكـذبها لأسـتريح من مـأسـاتهـا ، ولكن كتب الصحاح نقلتها وأثبتتها وصححتها ولم تحسن تبريرها .

———————————

(٦) سورة الحجرات : الآية ٩٧ .

وأكـاد أميل إلى رأي الشيعـة في تفسير هـذا الحدث لأنـه تعليل منـطقي وله قرائن عديدة .

وإنّي لا زلت أذكر إجابة السيد محمد باقر الصدر عندما سـألته : كيف فهم سيدنا عمر من بين الصحابة ما يريد الرسول كتابته وهو استخـلاف علي ـ على حدّ زعمكم ـ فهذا ذكاء منه ؟

قال السيد الصدر : لم يكن عمر وحده فهم مقصد الرسـول ، ولكـن أكـثر الحاضرين فهموا ما فهمه عمر ، لأنّه سبق لرسول الله (ص) أن قال مثل هـذا إذ قال لهم : « إنّي مخلّف فيكم الثقلين كتاب الله وعترتي أهل بيتي ما إن تمسّكتم بهما لن تضلّوا بعدي أبداً »[1] وفي مرضه قال لهم : « هلمّ أكتب لكم كتاباً لا تضلّوا بعـده أبداً »[2] ففهم الحـاضرون ومن بينهم عمر أنّ رسـول الله يريـد أن يؤكّد ما ذكره في غدير خم كتابيّاً ، وهو التمسـك بكتاب الله وعـترته ، وسيـد العترة هو علي ، فكأنّه (ص) أراد أن يقول : عليكم بالقرآن وعـلي ، وقد قال مثل ذلك في مناسبات أخرى كما ذكر المحدّثون .

وكان أغلبية قريش لا يرضون بعلي لأنّه أصغر القوم ولأنّه حـطّم كبريـاءهم وهشّم أنوفهم وقتل أبطالهم ، ولكنّهم لا يجرؤون عـلى رسـول الله مثـل عمر فقد كان جريئاً على النحو الذي حصل في صلح الحديبية وفي المعارضة الشديدة للنبيّ عندما صلّى على عبـد الله بن أبي ، المنافق[3] ، وفي عـدّة مواقف أخـرى سجّلها التاريخ ، وهذا الموقف منها ، وأنت ترى أنّ المعارضة لكتـابة الكتـاب في مرض النبي شجّعت بعض الآخرين من الحـاضرين عـلى الجرأة ومن ثم الإكثار من اللغط في حضرة الرسول (ص) .

---

(1) انـظر مسنـد أحمـد : ج 3 ص 17 وص 26 وج 5 ص 182 وص 189 ، وكنـز العـمال : ج 1 ص 44 وص 47 ، المستدرك : ج 3 ص 148 ، وانظر المزيد من المصادر في كتاب العمدة لابن بطريق من ص 68 إلى ص 75 .

(2) صحيـح البخـاري : ج 1 ص 32 وج 4 ص 7 ، صحيـح مسلم : ج 1ا ص 95 ، مسنـد أحمد : ج 1 ص ٢25 ، ص 336 ، تاريخ الطبري : ج 3 ص 193 ، تاريخ ابن الأثير : ج 2 ص 320 .

(3) سيرة المصطفى ص 658 .

إنّ هـذه المقولـة : جاءت ردّاً مـطابقاً تمـاماً لمقصود الحـديث ، فمقولـة :
(عندكم القرآن) ، (حسبنا كتاب الله) مخالفة لمحتوى الحديث الـذي يأمـرهم
بالتمسّك بكتاب الله وبالعـترة معاً ، فكـأنّ المقصود هـو : حسبنا كتاب الله فهو
يكفينا ، ولا حاجة لنا بالعترة .

وليس هناك تفسير معقول غير هذا ـ بالنسبة إلى هذه الحـادثة ـ اللهـم إلّا إذا
كان المراد هو القول بـإطاعـة الله دون إطاعـة رسولـه ، وهذا أيضـاً باطـل وغير
معقول . . .

وأنا إذا طرحت التعصّب الأعمى والعاطفة الجامحة وحكّمت العقـل السليم
والفكر الحرّ لملت إلى هذا التحليل وذلك أهون من إتّهام عمر بأنّه أوّل من رفض
السنّة النبوية بقوله : (حسبنا كتاب الله) .

وإذا كان بعض الحكّام قد رفض السنّة النبوية بدعوى أنّها متنـاقضة ، فـإنّه
اتبع في ذلك سابقة تاريخية في حياة المسلمين .

وإنّي لأعجب لمن يقرأ هذه الحادثة ويمرّ بها وكـأنّ شيئاً لم يكن ، مـع أنها من
أكـبر الرّزايا كما سمّاها ابن عبـاس ، وعجبي أكبر من الـذين يحاولون جهدهم
الحفاظ على كرامة صحابي وتصحيح خـطئه ولـو كان ذلـك على حسـاب كرامـة
رسول الله وعلى حساب الإسلام ومبادئه .

ولماذا نهرب من الحقيقة ونحاول طمسها عندما لا تتماشى مع أهـوائنا ، لماذا
لا نعترف بأنّ الصحابة بشر مثلنا ، لهم أهواء وميول ويخطؤون ويصيبون .

ولا يـزول عجبي إلّا عندمـا أقرأ كتـاب الله وهو يـروي لنا قصص الأنبيـاء
عليهم الصلاة والسلام ، وما لاقوه من شعوبهم في المعاندة رغم ما يشاهدونه من
معجزات . . . ﴿ ربنا لا تـزغ قلوبنـا بعـد إذ هديتنا وهب لنا من لـدنك رحمـة
إنك أنت الوهاب ﴾[1] .

وهكـذا أصبحت أدرك خلفيّة مـوقف الشيعـة من بعض الصحابـة الـذين

<hr>

(1) سورة الأنعام : الآية 8 .

102

ولا مؤمنة إذا قضى الله ورسوله أمراً أن يكون لهم الخيرة من أمرهم ومن يعص الله ورسوله فقد ضل ضلالاً مبيناً ﴾[1] .

فأي عذر بعد هذه النصوص الصريحة يقبله العاقلون ، وماذا عساني أن أقول في قوم أغضبوا رسول الله ؛ وهم يعلمون أنّ غضب الله في غضبه ، وذلك بعد أن رموه بالهجر ، وقالوا بحضرته ما قالوا وأكثروا اللّغط والإختلاف وهو مريض ، بأبي هو وأمي ، حتى أخرجهم من حجرته ، أو لم يكفهم كل هذا ؟! وبدلاً من أن يثوبوا إلى رشدهم ويتوبوا إلى الله ويستغفروه ممّا فعلوا ، ويطلبوا من الرسول أن يستغفر لهم كما علّمهم القرآن ، عوضاً عن ذلك ، فقد زادوا في الطين بلّة كما يقول المثل الشعبي عندنا ، فطعنوا في تأميره أسامة بعد يومين من رميه بالهجر والجرح لمّا يندمل ، حتّى أجبروه أن يخرج (ص) بتلك الحالة التي وصفها المؤرخون ، لا يقدر على المشي من شدّة المرض وهو يتهادى بين رجلين ، ثم يقسم بالله بأنّ أسامة خليق بالإمارة ، ويزيدنا الرسول بأنّهم هم أنفسهم الذين طعنوا في تأميره زيد بن حارثة من قبل ليعلمنا أنّ هؤلاء لهم معه مواقف سابقة متعدّدة وسوابق شاهدة على أنّهم لم يكونوا من الذين لا يجدون في أنفسهم حرجاً ممّا قضى ويسلّمون تسليماً ، بل كانوا من الذين جعلوا لأنفسهم حقّ النقد والمعارضة حتى ولو خالفوا بذلك أحكام الله ورسوله .

وممّا يدلّنا على المعارضة الصريحة ، أنّهم رغم ما شاهدوه من غضب رسول الله ، ومن عقد اللواء له بيده الشريفة والأمر لهم بالإسراع والتعجيل ، تثاقلوا وتباطؤوا ، ولم يذهبوا حتّى توفيّ بأبي هو وأمي وفي قلبه حسرة على أمّته المنكوبة التي سوف تنقلب على أعقابها وتهوي في النار ولا ينجو منها إلاّ القليل الذي شبّهه رسول الله بهمل النّعم .

وإذا أردنا أن نتمعّن في هذه القضية فإننا سنجد الخليفة الثانية من أبرز عناصرها إذ أنّه هو الذي جاء بعد وفاة رسول الله إلى الخليفة أبي بكر وطلب منه أن يعزل أسامة ويبدله بغيره ، فقال له أبو بكر : ثكلتك أمّك يابن الخطّاب !

---

(1) سورة الأحزاب : الآية 36 .

أتأمرني أن أعزله وقد ولّاه رسول الله[1] .

فأين هو عمر من هذه الحقيقة التي أدركها أبو بكر ، أم أنَّ في الأمـر سـرّاً آخر خفي عن المؤرخين ، أم أنّهم هم الذين أسرّوه حفاظاً على كـرامته كـما هي عادتهم وكما أبدلوا عبارة (يهجر) بلفظ (غلبه الوجع) .

عجبي من هؤلاء الصحـابة الـذين أغضبوه يـوم الخميس واتّهمـوه بـالهجر والهذيان وقالوا حسبنا كتاب الله ، وكتاب الله يقول لهم في محكم آياته :

﴿ قل إن كنتم تحبون الله فاتبعوني يحببكم الله ﴾[2] .

وكأنّهم هم أعلم بكتاب الله وأحكـامه من الـذي أنزل عليـه وها هم بعـد يـومين فقط من تلك الـرزية المؤلمة وقبل يـومين فقط من لحـوقه بـالرفيق الأعـلى يغضبونه أكثر فيطعنون في تأميره ولا يطيعـون أمره ، وإذا كـان في الرّزيـة الأولى مريضاً طريح الفراش ، فقد اضطـر في الثانيـة أن يخرج معصّب الـرأس مدثّـراً بقطيفة يتهادى بين رَجُلين ورجلاه تخطّان في الأرض وخطب فيهم خطبـة كاملة من فوق المنبر بدأها بتوحيد الله والثناء عليه ليشعرهم بذلك بأنّه بعيد عن الهجـر ثم أعلمهم بما عرفه من طعنهم ، ثم ذكّرهم بقضيـة أخرى طعنوا فيها من قبـل أربع سنوات خلت ، أفهـل يعتقدون بعـد ذلك بـأنّه يهجر أو أنه غلبه الوجـع لدرجة أنّه لم يعد يعي ما يقول ؟ .

سبحانك اللهم وبحمدك كيف يجرؤ هؤلاء على رسولك فلا يرضون بـالعقد الذي أبرمه ، ويعارضونه بشـدّة حتّى يأمرهم بالنحـر والحلق ثلاث مـرّات فلا يستجيب منهم أحد ، ومرّة أخرى يجذبونه من قميصه ويمنعونه من الصلاة عـلى عبد الله بن أبي ويقولـون له : إنَّ الله قـد نهاك أن تصلّي عـلى المنافقـين ! وكأنّهم يعلّمونه ما نُزّل إليه في حين أنك قلت في قرآنك : ﴿ وأنزلنا إليك الـذكر لتبين للناس ما نزل إليهم ﴾[3] .

---

(1) الطبقات الكبرى لابن سعد ج 2 ص 190 ، تاريخ الطبري ج 3 ص 226 .

(2) سورة آل عمران : آية 31 .

(3) سورة النحل : الآية 44 .

وقلت أيضاً : ﴿ إنا أنزلنا إليك الكتاب بالحق لتحكم بين الناس بما أراك الله ﴾ [1] .

وقلت وقولك الحق : ﴿ كما أرسلنا فيكم رسولاً منكم يتلو عليكم آياتنا ويزكيكم ويعلمكم الكتاب والحكمة ويعلمكم ما لم تكونوا تعلمون ﴾ [2] .

عجباً لهؤلاء القوم ! فمرّة لا يمتثلون لأمره ، ومرّة يتهمونه بالهجر ويكثرون اللّغط بحضرته في غير احترام ولا أدب ، وأخرى يطعنون في تأميره زيد بن حارثة ومن بعده في تأمير ابنه أسامة بن زيد ، فكيف يبقى بعد كل هذا شك عند الباحثين من أنّ الشيعة على حق ، عندما يحيطون مواقف بعض الصحابة بعلامات الإستفهام ويمتعضون منها احتراماً وحبّاً ومودةً لصاحب الرسالة وأهل بيته .

على أني لم أذكر من المخالفات غير أربع أو خمس وذلك للإختصار ولتكون أمثلة فقط ، ولكن علماء الشيعة قد أحصوا مئات الموارد التي خالف فيها الصحابة النصوص الصريحة ، ولم يستدلّوا إلاّ بما أخرجه علماء السنّة في صحاحهم ومسانيدهم .

وإنّي عندما أستعرض بعض المواقف التي وقفها بعض الصحابة من رسول الله أبقى حائراً مدهوشاً ، لا من تصرّفات هؤلاء الصحابة فحسب ولكن من موقف علماء السنّة والجماعة الذين يصوّرون لنا الصحابة دوماً على حق لا يمكن التعرّض لهم بأي نقد ، وبذلك يمنعون الباحث من الوصول إلى الحقيقة ويبقى يتخبّط في التناقضات الفكرية .

وزيادة على ما سبق أسوق بعض الأمثلة التي تعطينا صورة حقيقية على هؤلاء الصحابة ونفهم بذلك موقف الشيعة منهم :

أخرج البخاري في صحيحه في باب الصبر على الأذى وقول الله تعالى :

---

(1) سورة النساء : الآية 105 .

(2) سورة البقرة : الآية 151 .

﴿ إنما يوفّ الصابرون أجرهم ﴾[1] من كتاب الأدب ، قال : حدثنا الأعمش قال : سمعت شقيقاً يقول : قال عبد الله : قسم النبي (ص) قسمة كبعض ما كان يقسم ، فقال رجل من الأنصار : والله إنها لقسمة ما أريد بها وجه الله ، قلت : أمّا أنّي لأقولنّ للنبيّ (ص) ، فأتيته وهو في أصحابه فساررته فشقّ ذلك على النبي وتغيّر وجهه وغضب حتّى وددت أنّي لم أكن أخبرته ، ثم قال : « قد أوذي موسى بأكثر من ذلك فصبر »[2] .

كما أخرج البخاري في الكتاب نفسه أعني كتاب الأدب في باب التبسّم والضحك .

قال : حدثنا أنس بن مالك ، قال : كنت أمشي مع رسول الله (ص) وعليه برد نجراني غليظ الحاشية فأدركه أعرابي فجذبه بردائه جذبة شديدة ، قال أنس : فنظرت إلى صفحة عاتق النبي (ص) وقد أثرت بها حاشية الرداء من شدّة جذبته ، ثم قال : يا محمد مرّ لي من مال الله الذي عندك ، فالتفت إليه فضحك ثم أمر له بعطاء[3] .

كما أخرج البخاري في كتاب الأدب في باب من لم يواجه الناس بالعتاب قال : قالت عائشة : صنع النبي (ص) شيئاً فرخّص فيه ، فتنزّه عنه قوم فبلغ ذلك النبي (ص) فخطب فحمد الله ثم قال : « ما بال أقوام يتنزّهون عن الشيء أصنعه فوالله أنّي لأعلمهم بالله وأشدّهم له خشية »[4] ! . . .

ولعمري أنّ الذين يعتقدون أن رسول الله (ص) يميل به الهوى ، ويحيد به عن طريق الحق فيقسم قسمة لا يريد بها وجه الله ، وإنّما تبعاً لهواه وعاطفته ، والذين يتنزّهون عن أشياء يصنعها رسول الله (ص) اعتقاداً منهم بأنّهم أتقى لله وأعلم به من رسوله ، فهؤلاء ليسوا جديرين بذلك التقديس حيث ينزلهم البعض منزلة الملائكة ، فيحكمون بأنّهم أفضل الخلق بعد رسول الله ، وأنّ

---

(1) سورة الزمر : الآية 10 .

(2) صحيح البخاري ج 4 ص 59 .

(3) صحيح البخاري ج 4 ص 64 .

المسلمين مدعوّون لأتباعهم والإقتداء بهم والسير على سنّتهم ، لا لشيء إلّا لأنهم صحابة رسول الله وهذا يتناقض مع أهل السنّة والجماعة الـذين لا يصلّون على محمد وآله إلّا ويضيفون إليهم الصحابة أجمعين ، وإذا كان الله سبحانه وتعالى قـد عرف قـدرهم وأنزلهم منزلتهم فأمـرهم بأن يصلّوا عـلى رسوله وأهل بيته الطاهرين ليًا لأعناقهم ليخضعوا ويعرفوا مكانة هؤلاء عند الله ، فلهاذا نجعلهم نحن في منزلة فوق منزلتهم ونسوّيهم بمن رفع الله قدرهم وفضّلهم على العالمين ؟

ودعني أستنتج بأنّ الأمويين والعبّاسيين الـذين ناصبوا أهل البيت النبوي العـداء فأبعـدوهم وشرّدوهم وقتلوهم وأتباعهم وشيعتهم ، تفطّنوا لما في هـذه المزيّة من الفضل العميم والخطر الجسيم ، فإذا كان الله سبحانه لا يقبل صلاة مسلم إلّا إذا صلّى عليهم ، فبهاذا يبرّرون عداءهم وانحرافهم عن أهل البيت ، ولذلك تراهم ألحقوا الصّحابة بأهل البيت ليموّهوا عـلى الناس بأنّ أهل البيت والصحابة في الفضل سواء .

وخصوصاً إذا عـرفنا أنّ ساداتهم وكبراءهم هم بعض الصّحابـة الـذين استأجروا ضعفاء العقول ممن صحبـوا رسول الله (ص) أو من التـابعين لـيرووا الأحاديث الموضوعة في فضائل الصحابة وبـالأخص في من اعتلوا منصّة الخلافة وكانوا سبباً مباشراً في وصولهم ـ أي الأمـويين والعباسيين ـ إلى الحكم والتحكّم في رقاب المسلمين والتاريخ خير شاهد على مـا أقول ؛ إذ أنّ عمر بن الخطاب الـذي اشتهر بمحاسبة ولاتـه وعزلهم لمجرّد شبهة نـراه يلين مع معاويـة بن أبي سفيان ولا يحاسبه قطّ وقد ولّاه أبو بكر وأقرّه عمر طيلة حياته ولم يعـترض عليه حتى بالعتاب واللّوم ، رغم كثرة الساعـين الذين يشتكون من معاويـة ويقولـون له : إنّ معاوية يلبس الذهب والحرير اللذين حرمهما رسول الله على الـرّجال ، فكان عمر يجيبهم : (دعوه فإنّه كسرى العرب) . واستمرّ معاويـة في الولايـة أكثر من عشرين عاماً لم يتعرّض لـه أحد بـالنقد ولا بـالعزل ، ولما ولي عثمان خـلافة المسلمـين أضاف إليه ولايات أخرى مكّنته من الإستيلاء عـلى الـثروة الإسلامية وتعبئة الجيوش وأوباش العرب للقيام بالثورة على إمام الأمّة والإستيلاء على الحكم بالقوّة والغصب والتحكّم في رقاب المسلمين وإرغامهم بالقوّة والقهر

على بيعة ابنه الفاسق شارب الخمر يزيد وهـذه قصّة أخرى طويلة لست بصـدد تفصيلها في هذا الكتاب والمهم هو أن أعـرف نفسيات هؤلاء الصحـابة الـذين اعتلوا منصّةٍ الخلافة ومهّدوا لقيام الدولة الأموية بصفة مباشرة نزولاً عـلى حكم قريش التي تأبى أن تكون النبوّة والخلافة في بني هاشم[1] .

وللدولـة الأمويـة الحق بل من واجبهـا أن تشكر أولئك الذين مهّدوا لها ، وأقلّ الشكر أن تستأجروا رواة مأجورين يروون في فضائل أسيادهم مـا تسير بـه الـركبان وفي نفس الـوقت يرفعـون هؤلاء فوق منـزلـة خصـومهم أهـل البيت ، بـاختلاق الفضـائل والمـزايا التي يشهـد الله أنها إذا مـا بحثت تحت ضوء الأدّلة الشرعية والعقلية والمنطقية ، فلن يبقى منهـا شيء يذكـر ، ٱللّهم إلّا إذا أصاب عقولنا مسّ وآمنا بالتناقضات .

وعلى سبيل المثال لا الحصر ، فإنّنا نسمع الكثير عن عدل عمر الذي سارت به الـركبان حتّى قيل : (عـدلت فنمت) وقيل دفن عمـر واقفاً لئـلا يموت العـدل معه وفي عدل عمر حدّث ولا حرج ، ولكنّ التاريـخ الصحيح يحـدّثنا بـأنّ عمر حين فرض العطاء في سنة عشرين للهجرة لم يتوخّ سنّة رسول الله ولم يتقيّد بها ، فقـد ساوى النبي (ص) بـين جميع المسلمـين في العطاء فلم يفضّل أحداً عـلى أحـد ، واتّبعه في ذلـك أبو بكـر مدّة خـلافته ، ولكنّ عمـر بن الخطاب اخنـٰـخ طريقة جـديدة وفضّل السابقين على غـيرهم وفضّل المهاجرين من قريش على غيرهم من المهاجـرين ، وفضّل المهـاجرين كـافة عـلى الأنصار كـافّة ، وفضّـل العـرب على سـائر العجم ، وفضّـل الصريـح عـلى المـولى[2] وفضّل مضر عـلى ربيعة ، ففرض لمضر ثلاثمائة ولربيعة مائتين[3] وفضّل الأوس على الخزرج[4] .

فأين هذا التفضيل من سنة رسول الله ؟ ونسمع عن علم عمـر بن الخطّاب

---

(1) للتفصيل إقرأ :
الخلافة والملك : أبو الأعلى المودودي ، يوم الإسلام : أحمد أمين .

(2) شرح ابن أبي الحديد ج 8 ص 111 .

(3) تاريخ اليعقوبي ج 2 ص 106 .

(4) فتوح البلدان ص 437 .

الكثير الذي لا حصر له حتّى قيل أنّه أعلم الصحابة وقيل أنّه وافق ربّه في كثير من آرائه التي ينزل القرآن بتأييدها في العديد من الآيات التي يختلف فيها عمر والنبي (ص) .

ولكنّ الصحيح من التاريخ يدلّنا على أنّ عمر لم يوافق القرآن حتّى بعد نزوله ، عندما سأله أحد الصحابة أيام خلافته فقال : يا أمير المؤمنين إنّي أجنبت فلم أجد الماء فقال له عمر : لا تصلّ . واضطرّ عمّار بن ياسر أن يذكّره بالتيمّم ولكنّ عمر لم يقنع بذلك وقال لعمّار : إنّا نحمّلك ما تحمّلت[1] .

فأين عمر من آية التيمّم المنزّلة في كتاب الله ، وأين علمه من سنّة النبي (ص) الذي علّمهم كيفية التيمّم كما علّمهم الوضوء ، وعمر نفسه يعترف في العديد من القضايا بأنّه ليس بعالم ، بل بأنّ كلّ الناس أفقه منه حتى ربّات الحجال ، ويقوله عدّة مرّات : لـولا علي لهلك عمر ، ولقد أدركـه الأجل ومات ولم يعرف حكم الكلالة التي حكم فيها بأحكام متعدّدة ومختلفة كما يشهد بذلك التاريخ .

كذلك نسمع عن بطولة عمر وشجاعته وقـوّته الشيء الكثير حتى قيل : إنّ قريش خافت عندما أسلم عمر ، وقويت شوكة المسلمين بإسلامه ، وقيل : إنّ الله أعزّ الإسلام بعمر بن الخطّاب ، وقيل إنّ رسول الله لم يجهر بدعوته إلّا بعد إسلام عمر ، ولكن التاريخ الثابت الصحيح ، لا يـوقفنا علـى شيء من هـذه البطولة والشجاعة ، ولا يعرف التاريخ رجلاً واحداً من المشاهير أو حتى من العـاديين الـذين قتلهم عمـر بن الخطّاب في مبارزة أو في معركة كبـدر وأحـد والخندق وغيرها ، بل العكس هو الصحيح فالتاريخ يحدّثنا أنّه هرب مع الهاربين في معركة أحـد وكذلك هرب يـوم حنين ، ويبعثه رسول الله لفتح مدينة خيبر فرجع مهزوماً ، وحتّى السّرايا التي شارك فيهـا كان تـابعاً غير متبوع ، وآخرها سرية أسامة التي كان فيها مأموراً تحت قيادة الشاب أسامة بن زيد .

فأين دعوى البطولات والشجاعـة من هـذه الحقـائق . . . ؟ ونسمـع عن

---

(1) صحيح البخاري ج 1 ص 52 .

تقوى عمر بن الخطاب ومخافته وبكائه من خشية الله الشيء الكثير ، حتّى قيل : إنّه كان يخاف أن يحاسبه الله لو عثرت بغلة في العراق لأنّه لم يعبّد لها الطريق ، ولكنّ التاريخ الثابت الصحيح يحدّثنا بأنّه كان فظّاً غليظاً لا يتورّع ولا يخاف فيضرب من يسأله عن آية من كتاب الله حتى يدميه بدون ذنب اقترفه ، بل وتُسقط المرأة حملها لمجرد رؤيته هيبة ومخافة منه ، ولماذا لم يتورّع مخافة من الله عندما سلّ سيفه وهدّد كل من يقول بأنّ محمداً قد مات وأقسم بالله أنّه لم يمت وإنّما ذهب يناجي ربّه كما فعل موسى بن عمران وتوعّد من يقول بموته بضرب عنقه[1] .

ولماذا لم يتورّع ولم يخش الله سبحانه في تهديد حرق بيت فاطمة الزهراء بالنار إن لم يخرج المتخلّفون فيه للبيعة[2] وقيل له إنّ فيها فاطمة فقال : وإن ؛ وتجرأ على كتاب الله وسنّة رسوله فحكم في خلافته بأحكام تخالف النصوص القرآنية والسنّة النبوية الشريفة[3] .

وإنما أخذت هذا الصحابي الكبير الشهير كمثل واختصرت كثيراً لعدم الاطالة ولو شئت الدخول في التفاصيل لملأت كتباً عديدة ، ولكن كما قلت : إنّما أذكر هذه الموارد على سبيل المثال لا الحصر .

والذي ذكرته ؛ هو نزر يسير يعطينا دلالة واضحة على نفسيات الصحابة وموقف العلماء من أهل السنّة المتناقض ، فبينما يمنعون على الناس نقدهم والشك فيهم ، يروون في كتبهم ما يبعث على الشك والطعن فيهم ، وليت علماء السنّة والجماعة لم يذكروا مثل هذه الأشياء الصريحة التي تمسّ كرامة الصحابة وتخدش في عدالتهم ؛ إذن لأراحونا من عناء الارتباك .

وإنّي أتذكّر لقائي مع أحد علماء النجف الأشرف ، وهو أسد حيدر مؤلّف كتاب (الامام الصادق والمذاهب الأربعة) ، وكنّا نتحدث عن السنّة والشيعة ،

<hr>

(1) تاريخ ابن الأثير : ج 3 ص 323 ، تاريخ الطبري ج 3 ص 200 .

(2) الإمامة والسياسة لابن قتيبة ج 1 ص 30 .

(3) راجع النص والإجتهاد ، عبد الحسين شرف الدين ، فقد أحصى كثيراً من الموارد التي اجتهد فيها عمر مقابل النصوص ، مع ذكر المصادر المقبولة لدى الفرق الإسلامية كافة .

فروى لي قصّة والده الذي إلتقى في الحجّ عالماً تونسياً من علماء الزيتونة ، وذلك منذ خمسين عاماً ، ودار بينهما نقاش في إمامة أمير المؤمنين عليّ بن أبي طالب ، فكان العالم التونسي يستمع إلى والدي وهو يعدّد الأدلّة على إمامته (ع) وأحقّيّته في الخلافة ، فأحصى أربعة أو خمسة أدلّة ، ولمّا انتهى سأله العالم التونسي هل لديك غير هذا ؟ قال : لا ، فقال التونسي : أخرج مسبحتك وابدأ في العدّ ، وأخذ يذكر الأدلّة على خلافة الامام علي (ع) ، حتّى عدّد له مائة دليل لا يعرفها والدي ، وأضاف الشيخ أسد حيدر: لو يقرأ أهل السنّة والجماعة ما في كتبهم ، لقالوا مثل مقالتنا ، ولانتهى الخلاف بيننا من زمان بعيد .

ولعمري إنّه الحقّ الذي لا مفرّ منه لو يتحرر الانسان من تعصبه الأعمى وكبريائه وينصاع للدّليل الواضح .

* * *

إذ أنّ الشيعة ينتقدون أقوالهم وأفعالهم ويشكّكون في عدالتهم ، بينما يحترمهم أهل السنة والجماعة رغم كل ما ثبت عنهم من مخالفات .

وبحثي إنّما يتعلّق بهؤلاء ـ هذا القسم من الصحابة ـ حتّى أتمكّن من خلاله من الوصول إلى الحقيقة أو بعض الحقيقة .

أقـول هـذا حتّى لا يتـوهّم أحـد أنّ أغفلت الآيـات التي تمـدح أصحـاب رسـول الله وأبرزت الآيـات القادحـة فقط ، بـل إنّ خـلال البحث اكتشفت أنّ هناك آيات مادحة تتضمّن في طيّها قدحاً أو ما هو نقيض ذلك .

وسوف لن أكلّف نفسي جهداً كبيراً كما فعلت ذلك خلال السنـوات الثلاث من البحث ، بل سأكتفي بذكر بعض الآيـات كأمثلة ، كـما جرت العـادة وذلك لـلاختصار ، وعـلى الذين يـريدون التـوسّع أن يتكبّـدوا عنـاء البحث والتنقيب والمقارنة كما فعلت لتكون هدايتهم بعرق الجبين وعصارة الفكر كما يـطلبه الله من كل أحد وما يتطلّبه الوجدان لقناعة راسخة لا تزحزحها الرّيـاح والعواصف ومن المعلوم بالضرورة أنّ الهدايـة التي تكون عن قنـاعة نفسيـة أفضل بكثير من التي تكون بمؤثرات خارجية .

قـال الله تعالى يمـدح نبيّـه : ﴿ ووجـدك ضـالاً فهـدى ﴾[1] . أي وجـدك تبحث عن الحق فهـداك إليه ، وقـال أيضاً : ﴿ والذين جاهـدوا فينا لنهدينهم سبلنا ﴾[2] .

محمد رسول الله

والمثال الأول على ذلك هو آية محمد رسول الله ، يقول الله تعالى : ﴿ محمد رسـول الله والذين معـه أشدّاء عـلى الكفار رحمـاء بينهم ، تراهم ركعاً سجداً يبتغون فضلاً من الله ورضواناً سيماهم في وجوههم من أثر السجود ذلك مثلهم في التوراة ومثلهم في الانجيل كزرع أخرج شطئه فآزره فاستغلظ فاستوى عـلى

---

(1) سورة الضحى : الآية 7 .

(2) سورة العنكبوت : الآية 69 .

أدّى ديّة مالك لأخيه متمم من بيت مال المسلمين واعتذر له عن قتله ، ومن المعلوم أنّ المرتدّ عن الاسلام يجب قتله ولا تؤدّى ديته من بيت المال ، ولا يعتذر عن قتله .

والمهم أنّ آية الانقلاب تقصد الصحابة مباشرة الذين يعيشون معه (ص) في المدينة المنورة وترمي إلى الانقلاب مباشرة بعد وفاته (ص) بدون فصل ، والأحاديث النبوية توضّح ذلك بما لا يدع مجالاً للشك ، وسوف نطّلع عليها قريباً إن شاء الله . والتاريخ أيضاً خير شاهد على الانقلاب الذي وقع بعد وفاة رسول الله (ص) . ومن يستعرض الأحداث التي وقعت بين الصحابة عند وفاة النبي ، لا يبقى لديه أي ريب في أنّ الانقلاب وقع في صفوفهم ، ولم ينج منهم إلّا القليل .

٣ ـ آية الجهاد

قال تعالى : ﴿ يا أيها الذين آمنوا ما لكم إذا قيل لكم انفروا في سبيل الله أثاقلتم إلى الأرض أرضيتم بالحياة الدنيا من الآخرة فما متاع الحياة الدنيا في الآخرة إلا قليل . إلا تنفروا يعذبكم عذاباً أليماً ويستبدل قوماً غيركم ولا تضروه شيئاً والله على كل شيء قدير ﴾[1] صدق الله العظيم .

هذه الآية صريحة أيضاً في أنّ الصحابة تثاقلوا عن الجهاد ، واختاروا الركون إلى الحياة الدنيا ، رغم علمهم بأنّها متاع قليل ، حتى استوجبوا توبيخ الله سبحانه وتهديده إيّاهم بالعذاب الأليم ، واستبدال غيرهم من المؤمنين الصادقين بهم .

وقد جاء هذا التهديد باستبدال غيرهم في العديد من الآيات ، مما يدلّ دلالة واضحة على أنّهم تثاقلوا عن الجهاد في مرّات عديدة ، فقد جاء في قوله تعالى : ﴿ وإن تتولّوا يستبدل قوماً غيركم ثم لا يكونوا أمثالكم ﴾[2] .

---

(1) سورة التوبة : الآيتان 38 و 39 .

(2) سورة محمد : الآية 38 .

وكقوله تعالى : ﴿ يا أيها الذين آمنوا من يرتد منكم عن دينه فسوف يأتي الله بقوم يحبهم ويحبونه أذلّة على المؤمنين أعزة على الكافرين يجاهدون في سبيل الله ولا يخافون لومة لائم ذلك فضل الله يؤتيه من يشاء والله واسع عليم ﴾[1] .

ولو أردنا استقصاء ما هنالك من الآيات الكريمة التي تؤكد هذا المعنى وتكشف بوضوح عن حقيقة هذا التقسيم الذي يقول به الشيعة بشأن هذا القسم من الصحابة لاستوجب ذلك كتاباً خاصاً ، وقد عبّر القرآن الكريم عن ذلك بأوجز العبارات وأبلغها حين قال : ﴿ ولتكن منكم أمّة يدعون إلى الخير ويأمرون بالمعروف وينهون عن المنكر وأولئك هم المفلحون ولا تكونوا كالذين تفرّقوا واختلفوا من بعد ما جاءهم البيّنات وأولئك لهم عذاب عظيم ، يوم تبيض وجوه وتسوّد وجوه ، فأمّا الذين اسودّت وجوههم أكفرتم بعد إيمانكم فذوقوا العذاب بما كنتم تكفرون وأمّا الذين ابيضت وجوههم ففي رحمة الله هم فيها خالدون ﴾[2] صدق الله العلي العظيم . وهذه الآيات كما لا يخفى على كل باحث مطّلع تخاطب الصحابة ، وتحذّرهم من التفرقة والاختلاف من بعدما جاءهم البيّنات ، وتتوعدهم بالعذاب العظيم وتقسمهم إلى قسمين : قسم يبعث يوم القيامة بيض الوجوه وهم الشاكرون الذين استحقوا رحمة الله ، وقسم يبعث مسود الوجوه وهم الذين ارتدّوا بعد الإيمان ، وقد توعدهم الله سبحانه بالعذاب العظيم .

ومن البديهي المعلوم ؛ أنّ الصحابة تفرّقوا بعد النبي واختلفوا وأوقدوا نار الفتنة حتى وصل بهم الأمر إلى القتال والحروب الدامية التي سبّبت انتكاس المسلمين وتخلّفهم ، وأطمعت فيهم أعداءهم ، والآية المذكورة لا يمكن تأويلها وصرفها عن مفهومها المتبادر للأذهان .

٤ ـ أية الخشوع

قال تعالى : ﴿ ألم يأن للذين آمنوا أن تخشع قلوبهم لذكر الله وما نزل من

---

(1) سورة المائدة : الآية 54 .

(2) سورة آل عمران : الآيات 104 ، 105 ، 106 .

الحق ، ولا يكونوا كـالذين أوتـوا الكتاب من قبـل فطال عليهم الأمـد فقست قلوبهم وكثير منهم فاسقون ﴾(1) صدق الله العلي العظيم .

وفي (الـدرّ المنثور) لجـلال الـدين السيوطي ، قـال : لما قدم أصحـاب رسول الله (ص) المدينة ، فأصابوا من لين العيش ما أصابوا بعدما كان بهم من الجهد ، فكأنّهم فتروا عن بعض ما كانوا عليه فعوتبوا فنزلت : ﴿ ألم يأن للذين آمنوا ﴾ وفي رواية أخرى عن النبي (ص) : أنّ الله سبحـانه استبطأ قلوب المهـاجرين بعـد سبع عشرة سنـة من نزول القـرآن فأنـزل الله ﴿ ألم يأن للذين آمنوا ﴾(2) .

وإذا كـان هؤلاء الصحـابـة وهم خـيرة النـاس عـلى مـا يقولـه أهـل السنّة والجماعة ، لم تخشـع قلوبهم لذكر الله وما نـزل من الحق طيلة سبعة عشـر عـاماً حتى استبـطأهم الله وعـاتبهم وحـذّرهم من قسـوة القلوب التي تجـرّهم إلى الفسوق ، فلا لوم على المتأخرين من سراة قريش الذين أسلموا في السنة الثامنة للهجرة بعد فتح مكّة .

فهذه بعض الأمثلة التي استعرضتها من كتاب الله العزيز كافية للدلالـة على أن الصحابة ليسوا كلهم عدولاً كما يقوله أهل السنّة والجماعة .

وإذا فتّشنا في أحاديث النبي (ص) فسنجد أضعاف الأضعاف من الأمثلة الأخرى ، ولكن توخّياً لـلاختصـار أسـوق بعض الأمثلة ، وعـلى البـاحث أن يتوسّع إذا أراد ذلك .

---

(1) سورة الحديد : الآية 16 .

(2) الدر المنثور ج 6 ص 175 .

ثانياً ـ رأي الرسول في الصحابة

١ ـ حديث الحوض

قال رسول الله (ص) :

« بينما أنا قائم فإذا زمرة حتّى إذا عرفتهم خرج رجل من بيني وبينهم فقال : هلمَّ . فقلت إلى أين ؟ فقال : إلى النار والله ، قلت ما شأنهم ؟ قال : إنّهم ارتدّوا بعدك على أدبارهم القهقرى ، فلا أرى يخلص منهم إلّا مثل همل النَّعم »[1] .

وقال (ص) :

« إنّي فرطكم على الحوض ، من مرّ علىّ شرب ومن شرب لم يظمأ أبداً ، ليردنّ علىّ أقوام أعرفهم ويعرفوني ثم يُحال بيني وبينهم فأقول : أصحابي ، فيُقال : إنّك لا تدري ما أحدثوا بعدك ، فأقول : سحقاً سحقاً لمن غيّر بعدي »[2] .

فالمتمعن في هذه الأحاديث العديدة التي أخرجها علماء أهل السنّة في صحاحهم ومسانيدهم ، لا يتطرّق إليه الشكّ في أنّ أكثر الصحابة قد بدّلوا وغيّروا ؛ بل ارتدّوا على أدبارهم بعده (ص) إلّا القليل ، الذي عبّر عنه بهمل النعم ، ولا يمكن بأي حال من الأحوال حمل هذه الأحاديث على القسم الثالث

---

(١) صحيح البخاري ج ٤ ص ١٤١ .

(٢) صحيح البخاري ج ٤ ص ١٤١ ، صحيح مسلم ج ١٥ ص ٥٢ .

وهم المنافقون ، لأنَّ النص يقول : « فأقول أصحابي » .

لأنَّ المنافقين لم يبدلوا بعد النبي ، وإلّا لأصبح المنافق بعد وفاة النبي (ص) مؤمناً .

كما أن هذه الأحاديث هي مصداق وتفسير لما سجّلناه سابقاً من الآيات الكريمة التي تحدثت عن انقلابهم وارتدادهم وتوعدهم بالعذاب الأليم .

٢ ـ حديث اتباع اليهود والنَّصارى

قال رسول الله (ص) :

« لتتبعنَّ سنن من كان قبلكم شبراً بشبر ، وذراعاً بـذراع ، حتّى لو دخلوا جحر ضبّ تبعتموهم » قلنا : يا رسول الله اليهود والنصارى ؟ قال : « فمن » ؟

وللباحث أن يتساءل عندما يقرأ هذا الحديث المجمع على صحّته ، مـاذا فعل الصحابة المقصودون بهذا الحديث من فعل اليهود والنصارى حتى وصفهم رسـول الله بأنّهم يتبعـونهم شبراً بشبر وذراعاً بـذراع حتّى لـو دخلوا جحرضبّ لدخلوا مدخلهم .

ومن المعلوم من القرآن الكريم ومن التاريخ الصحيح أنَّ اليهود تمـرّدوا على موسى رسول الله إليهم وعصوا أمره وآذوه ، وعبدوا العجل في غيابه وتآمروا على أخيه هارون وكادوا يقتلونه ، وضرُبت عليهم الذلّة والمسكنة وباؤوا بغضب من الله جزاء بما كـانوا يفعلون[2] ، وقـد ارتدّوا بعـد إيمانهم وتـآمروا عـلى أنبياء الله وكلَّما جاءهم رسول بما لا تهوى أنفسهم ففريقاً كـذّبوا وفريقاً يقتلون ، ووصل بهم الأمر أن تآمروا على سيدنا عيسى وبهتـوا أمّه الـطّاهرة ولم يهدؤوا حتّى قتلوه وصلبوه بزعمهم[3] واختلفوا بعد ذلك وتفرّقوا فيه فمن قائل بأنّه دجّال كذّاب ،

---

(1) أخرج هذا الحديث كلّ من البخـاري في صحيحه ج 4 ص 264 ، ومسلم في صحيحه ج 16 ص 219 ، والامام أحمد بن حنبل في مسنده ج 3 ص 84 و 94 .

(2) تضمين من سورة البقرة : الآية 61 .

(3) يصادف تاريخ كتابة هذه السـطور : أنَّ البابا يـوحنّا بـولس الثاني زار بـالأمس كنيـة اليهـود في

ومن ومغالٍ أنزله منزلة الإله فقال هو ابن الله .

ولمصداق هذا الحديث فمن حقّي أن أتصوّر بأنّ الصحابة أيضاً عصوا أمر رسول الله في أمور كثيرة منها منعهم أن يكتب لهم الكتاب الـذي يصونهم من الضلالة ، ومنها طعنهم في تأميره أسامة ورفضهم أن يخرجوا معه حتّى بعد وفاة الـرسول وقـد لعن رسول الله (ص) المتخلف عنه ممّن عبّأهم ، ومنها تفرّقهم واختلافهم في سقيفة بني ساعدة لاستخلاف الخليفة ، ولم يقبلوا بمن نصّ عليه رسول الله في غدير خم وهو علي بن أبي طالب حسبما يدّعيه الشيعة ولهم شـواهد لا تقبل التأويل في صحاح السنة وتواريخهم وهـدّدوا ابنته فـاطمة الـزهراء سيـدة النساء بحرق دارها إذا لم يخرج المتخلّفـون للبيعة قهـراً ، ومن المعقول جـداً أن يقبل الباحث المنصف النص الصريـح على عـلي بن أبي طالب ، لأنّـه ليس من المعقول أن يموت رسول الله ولا يعيّن أحـداً ، وهو الـذي لم يخرج من المـدينة إلى غزوة أو سفر إلاّ واستخلف عليهم أحداً ، ومن المعقول أيضاً أن يقبل البـاحث المنصف بقول الامام شرف الدّين في كتابه « المراجعات » حيث قال لشيخ الأزهر الشيخ سليم البشري :

ـ سلّمتم ـ ـ سلّمكم الله تعالى ـ بتأخّـرهم في سرية أسـامة ، عـلى السير ، وتثاقلهم في الجرف تلك المدّة مع مـا قد أمروا من الاسراع والتعجيل وسلّمتم بطعنهم في تأمير أسامـة مع مـا وعوه ورأوه من النصـوص قولاً وفعـلاً على تـأميره وسلّمتم بـطلبهم من أبي بكر عـزله بعـد غضب النبي (ص) من طعنهم في إمارته ، وخروجه بسبب ذلك محموماً معصباً مدثراً ، وتنديده بهم في خطبته تلك على المنبر التي قلتم إنّها كانت من الوقائع التاريخية وقـد أعلن فيها كـون أسـامة أهلاً لتلك الامارة .

وسلّمتم بطلبهم من الخليفة إلغاء البعث الذي بعثه رسول الله (ص) وحلّ اللّواء الذي عقده بيده الشريفة ، مع ما رأوه من اهتمامه في إنفاذه وعنايته التامة في تعجيل إرساله ، ونصوصه المتوالية في وجوب ذلك .

وسلّمتم بتخلّف بعض من عبّاهم (ص) ، في ذلك الجيش وأمرهم بالنفوذ تحت قيادة أسامة .

وسلّمتم بكل هذا كما نصّ عليه أهل الأخبار ، واجتمعت عليه كلمة المحدّثين وحفظة الآثار ، وقلتم إنّهم كانوا معذورين في ذلك ، وحاصل ما ذكرتموه من عذرهم ؛ أنّهم إنّما آثروا في هذه الأمور مصلحة الاسلام بما اقتضته أنظارهم لا بما أوجبته النصوص النبوية ونحن ما ادّعينا ـ في هذا المقام ـ أكثر من هذا .

وبعبارة أخرى فإن تساؤلنا يدور حول ما يلي : هل كانوا في تعبدهم وفق النصوص جميعها أم بعضها ؟ لقد اخترتم الأول ، ونحن اخترنا الثاني ، فاعترافكم الآن بعدم تعبّدهم في هذه الأوامر يثبت ما اخترناه ، وكونهم معذورين أو غير معذورين ، خارج عن موضوع البحث كما لا يخفى ، وحيث ثبت لديكم إيثارهم في سرية أسامة مصلحة الاسلام بما اقتضته أنظارهم على التعبّد بما أوجبته تلك النصوص ، فلِمَ لا تقولون أنّهم آثروا في أمر الخلافة بعد النبي (ص) ، مصلحة الاسلام بما اقتضته أنظارهم على التعبّد بنصوص الغدير وأمثالها .

إعتذرتم عن طعن الطاعنين في تأمير أسامة ؛ بأنّهم إنّما طعنوا بتأميره لحداثته مع كونهم بين كهول وشيوخ ، وقلتم : إنّ نفوس الكهول والشيوخ تأبى بجبلّتها وطبعها أن تنقاد إلى الأحداث ، فلِمَ لم تقولوا هذا بعينه فيمن لم يتعبّدوا بنصوص الغدير المقتضية لتأمير علي وهو شاب على كهول الصحابة وشيوخهم ، لأنّهم بحكم الضرورة من أخبارهم ، قد استحدثوا سنّه يوم مات رسول الله (ص) ، كما استحدثوا سنّ أسامة يوم ولّاه (ص) عليهم في تلك السنّ ، وشتّان ما بين الخلافة وإمارة السرية ، فإذا أبت نفوسهم بجبلّتها أن تنقاد للحدث في سرية واحدة ، فهي أولى بأن تأبى أن تنقاد للحدث مدّة حياته في جميع الشؤون الدنيوية والأخروية ، على أنّ ما ذكرتموه من أنّ نفوس الشيوخ والكهول تنفر بطبعها من الانقياد للأحداث ممنوع ، إن كان مرادكم الاطلاق في هذا الحكم ، لأنّ نفوس المؤمنين من الشيوخ الكاملين في إيمانهم لا

تنفر من طاعة الله ورسوله في الانقياد للأحداث ، ولا في غيره من سائر الأشياء ﴿ فلا وربك لا يؤمنون حتّى يحكموك في ما شجر بينهم ثم لا يجدوا في أنفسهم حرجاً مما قضيت ويسلموا تسليماً ﴾[1] ﴿ وما آتاكم الرسول فخذوه وما نهاكم عنه فانتهوا ﴾[2] انتهى كلامه نقلناه من كتاب (المراجعات) المراجعة رقم 92 ص 290 .

٣ ـ حديث البطانتين

قال رسول الله (ص) : « ما بعث الله من نبي ولا استخلف من خليفة ، إلّا كانت له بطانتان بطانة تأمره بالمعروف وتحضّه عليه ، وبطانة تأمره بالشرّ وتحضّه عليه ، فالمعصوم من عصمه الله »[3] .

وهذا الحديث فيه دلالة واضحة على أنّ الصحابة كانوا قسمين بطانة تأمر الرسول بالمعروف وتحضه عليه ، وبطانة تأمره بالشرّ وتحضّه عليه ، وإذا أردنا التوسّع في هذا الموضوع لأزددنا يقيناً ؛ بأنّ بعض الصحابة كانوا يشيرون على رسول الله بغير المعروف .

ومثال ذلك ما أخرجه الخطيب البغدادي في (تاريخ بغداد) من جزئه الأول وحكم ابن جرير بصحّته ، قال :

جاء إلى النبي (ص) أناس من قريش فقالوا : يا محمد إنّا جيرانك وحلفاؤك ؛ وإن أناساً من غلماننا قد أتوك ليس بهم رغبة في الاسلام ولا رغبة في الفقه ، إنّما فرّوا من ضياعنا . فقال النبي لأبي بكر : ما تقول ؟ قال : صدقوا إنّهم جيرانك وحلفاؤك ، فتغيّر وجه النبي بما أشار به ، ثم قال لعمر : ما تقول ؟ قال : صدقوا إنّهم جيرانك وحلفاؤك ، فتغيّر وجه النبي بما أشار به هو الآخر عليه[4] .

---

(1) سورة النساء : الآية 65 .

(2) سورة الحشر : الآية 7 .

(3) الحديث أخرجه البخاري في صحيحه ج 4 ص 173 مسند الامام أحمد ج 3 ص 39

(4) تاريخ بغداد جـ 1 ص 133 .

وهذه القصّة هي مصداق لحديث البطانتين والذي أشار به أبو بكر وعمر لم يكن من الخير ولا من المعروف وإلاّ لما تغيّر وجه النبيّ (ص) .

كما أخرج الامام أحمد بن حنبل في مسنده ومسلم في صحيحه ، قال : سمعت عمر يقول : قسم رسول الله (ص) قسمة ، فقلت : يا رسول الله لغير هؤلاء أحق منهم ، أهل الصفّة ، قــال : فقــال رسـول الله (ص) : « إنّكم تسألوني بالفحش ، وتبخلوني ولست بباخل »[1] .

وهذه القصّة هي الأخرى صريحة في أنّ عمر بن الخطاب ليس من البطانة التي تأمر بالمعروف وتحضّ عليه بل هو من الذين يسألون بالفحش ويأمرون بالبخل على ما جاء في حديث الرسول (ص) .

٤ ـ حديث التنافس على الدنيا

قال (ص) :

« إنّي فرط لكم وأنا شهيد عليكم ، وإنّي والله لأنظر إلى حوضي الآن ، وإنّي أعطيت مفاتيح خزائن الأرض أو (مفاتيح الأرض) ، وإنّي والله ما أخاف عليكم أن تشركوا بعدي ، ولكن أخاف عليكم أن تتنافسوا فيها »[2] .

صـدق رسول الله (ص) ، فقـد تنافسوا على الـدنيا حتّى سُلّت سيوفهم وتحاربوا وكفّر بعضهم بعضاً ، وقد كان بعض هؤلاء الصحابة المشهورين يكنز الذهب والفضّة في حين يموت بعض المسلمين جوعاً ويحدّثنا المؤرّخون كالمسعودي في (مروج الذهب) والطبري وغيرهم أنّ ثروة الزبير وحده بلغت خمسين ألف دينـار وألف فرس وألف عبـد وضيـاعـاً كثـيرة في البصرة وفي الكـوفـة وفي مصر وغيرها »[3] .

كما بلغت غلّة طلحة من العراق وحده كل يوم ألف دينار ، وقيل أكثر من

---

(1) صحيح مسلم ج 7 ص 146 ، مسند الامام أحمد بن حنبل ج 1 ص 35 .

(2) صحيح البخاري ج 3 ص 141 .

(3) مروج الذهب للمسعودي ج 3 ص 76 .

ذلك[1] .

وكان لعبد الرحمن بن عوف مائة فرس ، وله ألف بعير وعشرة آلاف شاة ، وبلغ ربع ثمن ماله الذي قسم على زوجاته بعد وفاته أربعة وثمانين ألفاً[2] .

وترك عثمان بن عفّان يوم مات مائة وخمسين ألف دينار عدا المواشي والأراضي والضياع مما لا يحصى ، وترك زيد بن ثابت من الذهب والفضّة ما كان يكسر بالفؤوس ، حتى مجلت أيدي الناس ، ما عدا الأموال والضياع بقيمة مائة ألف دينار[3] .

هذه بعض الأمثلة البسيطة وفي التاريخ شواهد كثيرة لا نريد الدخول في بحثها الآن ونكتفي بهذا القدر للدلالة على صدق الحديث وأنّهم حليت الدنيا في أعينهم وراقهم زبرجها ، فكدّسوا الأموال على حساب المستضعفين من المسلمين .

* * *

<hr>

(1) (2) مروج الذهب ج 3 ص 77 .

(3) مروج الذهب ج 3 ص 76 .

129

ثالثاً ـ رأي الصحابة بعضهم في بعض

١ ـ شهادتهم على أنفسهم بتغيير سنّة النبي

عن أبي سعيد الخدري قـال : كـان رسـول الله (ص) يخرج يـوم الفطر والأضحى إلى المصلّى ؛ فأول شيء يبـدأ بـه الصـلاة ثم ينصرف فيقوم مقابـل الناس والناس جلوس على صفوفهم فيعظهم ويوصيهم ويأمرهم ، فإن كان يريد أن يقطع بعثاً قطعه ، أو يأمر بشيء أمر به ثم ينصرف ، قال أبو سعيد فلم يزل الناس على ذلك حتى خرجت مـع مروان وهـو أمير المـدينة في أضحى أو فطر ، فلمّا أتينا المصلّى إذا منبر بناه كثير بن الصلت ، فإذا مروان يريد أن يرتقيه قبل أن يصلّي ، فجذبته بثوبه فجذبني فارتفع فخطب قبل أن يصلّي فقلت له : غـيّرتم والله . فقال : أبا سعيد قد ذهب ما تعلم .

فقلت : مـا أعلم والله خير ممّـا لا أعلم ، فقـال : إنّ النـاس لم يكونـوا يجلسون لنا بعد الصلاة فجعلتها قبل الصلاة[1] .

وقـد بحثت كثيراً عن الـدوافع التي جعلت هؤلاء الصحابة يغيرون سنة رسـول الله (ص) ، واكتشفت أنّ الأمويين وأغلبهم من صحابة النبي وعلى رأسهم معاوية بن أبي سفيان (كاتب الوحي) كما يسمّونه ، كـان يحمل النـاس ويجبرهم على سبّ علي بن أبي طالب ولعنه من فوق منابر المساجد ، كما ذكر ذلك

---

(١) صحيح البخاري ج ١ ص ١٧١ من كتاب العيدين . باب الخروج إلى المصلّى بغير منبر .

المؤرخون . وقد أخرج مسلم في صحيحه في باب (فضائل علي بن أبي طـالب) مثل ذلك[1] ؛ وأمر ـ يعني معاوية ـ عمّاله في كل الأمصـار ، باتّخـاذ ذلك اللعن سنّة يقولها الخطباء على المنابر ، ولمّا استاء من ذلك بعض الصحابة واستنكر هـذا الفعل ، أمر معاوية بقتلهم وحرقهم ، وقد قتـل من مشاهـير الصحابة حجر بن عـدي الكنـدي وأصحـابـه ودفن بعضهم أحيـاءً ، لأنّهم امتنعـوا عن لعن علـيّ واستنكروه . وقد أخرج أبو الأعلى المودودي في كتابه (الخلافة والملك) نقلًا عن الحسن البصري قـال : أربع خصـال كنّ في معاويـة لـو لم تكن فيه إلّا واحـدة لكانت موبقة له :

(1) أخذه الأمر من غير مشورة ، وفيهم بقايا الصحابة ذوو الفضيلة .

(2) استخلافه بعده ابنه سكيراً خمّيراً يلبس الحرير ويضرب الطنابير .

(3) ادّعـاؤه زيادً وقـد قـال رسـول الله (ص) : « الـولـد للفـراش وللعـاهـر الحجر »[2] .

(4) قتله حجراً وأصحاب حجر ، فيا ويلا له من حجر ويا ويلًا له من حجر وأصحاب حجر[3] .

وكـان بعض المؤمنين من الصحـابـة يفرّون من المسجد بعـد الفـراغ من الصـلاة ، حتى لا يحضروا الخطبـة التي تختم بلعن علي وأهـل بيته ، ومن أجـل ذلك غيّر بنـو أميّة سنّة رسول الله ، وقـدّموا الخـطبة عـلى الصّلاة حتى يحضرهـا ألناس ويرغموا بذلك أنوفهم .

مرحى لهؤلاء الصحابة الذين لا يتـورّعون عن تغييـر سنة الـرسول ، وحتى أحكـام الله للوصول إلى أغراضهم الدنيئـة ، وأحقادهم الـدفينـة ، ومـطامعهم الخسيسـة ، ويلعنون رجلًا أذهب الله عنه الرجس وطهّره تطهيراً وأوجب الصلاة عليه كالصلاة على رسوله ، وأوجب الله ورسـوله مـودّته وحبّه حتى قال النبي : « حبّ علي إيمان وبغضه نفاق »[4] .

---

(1) صحيح مسلم ج 16 ص 181 .

(2) صحيح البخاري ج 4 ص 241 .

(3) الخلافة والملك ص 106 .

(4) فرائد السمطين ج 1 ص 131 .

وإنّي أحاول عبثاً أن أجد مبرراً لهؤلاء ، فلا أجد غير حبّ الدنيا والتنافس فيها أو النفاق أو الارتداد والانقلاب على الأعقاب ، وأحـاول أيضاً إلصـاق هذه المسؤولية بحثالة الصحابة وبعض المنافقين ، ولكن هؤلاء ـ للأسف الشـديد ـ معدودون من أكابرهم وأفاضلهم ومشاهيرهم ، فـأول من هدّد بحـرق بيته ـ بمن فيه ـ هو عمر بن الخطاب ، وأول من حاربه هو طلحة والزبير وأم المؤمنين عائشة بنت أبي بكر ، ومعاوية بن أبي سفيان وعمرو بن العاص وأمثالهم كثيرون .

وإنّ عجبي لكبير وسوف لن ينتهي ، كـما يؤيدني في ذلك كل مفكّر حرّ ، عـاقل ، كيف يجمـع علماء أهل السّنّة والجماعة على عدالة الصحابة كـافة ، ويترضّون عليهم بل ويصلّون عليهم أجمعين ، لا يستثنون منهم واحداً حتى قال بعضهم : (إلعن يزيد ولا تزيد) فأين يزيد من هذه المآسي التي لا يقرّها دين ولا عقل ، وإنّني أربأ بأهل السّنّة والجماعة إن كانوا حقّاً يتّبعون سنّة الرسول ، أن يحكمـوا بعدالـة من حكم القرآنُ والسنَّةُ بفسقه وارتداده وكفره ، وقـد قال رسـول الله (ص) : « من سبّ عليـاً فقـد سبّني ، ومن سبّني فقـد سبّ الله ، ومن سبّ الله أكبّه على منخريه في النار »[1] .

هذا جزاء من سبّ عليًّا ، فما بالك بمن لعنه وحاربه وقاتله ، فـأين علماؤنا من كل هذه الحقائق ، أم على قلوب أقفالها ؟ !

﴿ وقـل ربّ أعـوذ بـك من همـزات الشيـاطـين وأعـوذ بـك ربّ أن يحضرون ﴾[2] .

٢ ـ الصحابة غيّروا حتى في الصلاة

قال أنس بن مالك : ما عـرفت شيئاً ممـا كان على عهد النبي (ص) مثـل الصلاة ، قال أليس ضيعتم ما ضيعتم فيها[3] .

(1) مستـدرك الحاكم ج 3 ص 121 ، خصـائص النسائي ص 169 ، مسنـد أحمد ج 6 ص 323 ، المنـاقب للخوارزمي ص 82 ، الريـاض النضرة للطبري ج 2 ص 219 ، تاريخ السيـوطي ص 190 .

(2) سورة المؤمنون : الآيات 97 و 98 .

(3) صحيح البخاري : ج 1 ص 102 .

وقـال الزهـري : دخلت على أنس بن مـالك بـدمشق وهو يبكي فقلت مـا يبكيك فقال : لا أعرف شيئاً ممّا أدركت إلّا هذه الصلاة وقد ضيعتها[1] .

وحتى لا يتوهّم أحد أنّ التابعين هم الذين غيّروا مـا غيّروا بـعد تلك الفتن والحروب ، أودّ أن أذكّر بأنّ أول من غيّر سنة الرسـول في الصلاة ، هـو خليفة المسلمـين نفسه عثمان بن عفّان ، وكـذلـك أمّ المؤمنين عـائشـة ، فقـد أخـرج الشيخـان البخاري ومسلم في صحيحيهـما : أنّ رسـول الله (ص) ، صلّى بمنى ركعتين ، وأبو بكر بعده ، وعمر بعد أبي بكر وعثمان صدراً من خلافته ، ثم أنّ عثمان صلى بعد أربعاً[2] .

كما أخرج مسلم في صحيحه ، قال الزهري : قلت لعروة : ما بـال عائشـة تتم الصلاة في السفر ؟ قال : إنّها تأوّلت كما تأوّل عثمان[3] .

سبحـان الله ! وهل هنـاك تأويـل يمحق السنّة النبوية غـير هذا وأمثـاله من التـأويلات ؟ وهـل يلوم أحد بعد هذا أبـا حنيفة . أو أحـد الأئمـة أصحـاب المذاهب الذين تأوّلوا ، فحلّلوا وحرّموا وفق تأويلهم واجتهادهم مقتدين في ذلك بسنّة هؤلاء الصحابة .

وكان عمر بن الخطاب يجتهد ويتأوّل مقابل النصوص الصريحـة من السنن النبـوية بـل في مقابـل النصـوص الصريحـة من القرآن الحكيم فيحكم بـرأيـه ، كقـولـه : (متعتـان كانتـا على عهـد رسول الله (ص) وأنـا أنهي عنهما وأعـاقب عليهما) ، ويقول لمن أجنب ولم يجد ماءً : (لا تصلّ)[4] . رغم قول الله تعـالى في سورة المائدة : ﴿ فلم تجدوا ماءً فتيمموا صعيداً طيباً ﴾[5] .

أخرج البخاري في صحيحه في باب (إذا خاف الجنب على نفسه) قال :

____

(1) صحيح البخاري ج 1 ص 74 .
(2) صحيح البخاري ج 1 ص 191 ، صحيح مسلم ج 5 ص 197 .
(3) صحيح مسلم ج 5 ص 195 كتاب صلاة المسافرين .
(4) تقدم الحديث في ص 108 .
(5) سورة المائدة : الآية 6 .

سمعت شقيق بن سلمة قال : كنت عند عبد الله وأبي موسى ، فقال له أبو موسى : أرأيت يا أبا عبد الرحمن إذا أجنب الرجل فلم يجد ماء كيف يصنع ؟ فقال عبد الله : لا يصلي حتى يجد الماء . فقال أبو موسى : فكيف تصنع بقول عمّار حين قال له النبي (ص) : « كان يكفيك أن تضرب ضربتين » وعلّمه التيمم ، قال : ألم تر عمر لم يقنع بذلك ، فقال أبو موسى : فدعنا من قول عمّار كيف تصنع بهذه الآية ؟ فما درى عبد الله ما يقول فقال : إنّا لو رخّصنا لهم في هذا ؛ لأوشك إذا برد على أحدهم الماء أن يدعه ويتيمم ، فقلت لشقيق : فإنّما كره عبد الله لهذا ، قال : نعم[1] .

مَا شَاء الله ! لقد نصّب عبد الله هذا نفسه إماماً على الأمة فأفتى بما يحلو له وبما شاء هو ، لا بما اقتضته أحكام الله التي أنزلها في القرآن ، ورغم استدلال أبي موسى الأشعري بآية التيمم يقول عبد الله : (إنّا لو رخّصنا لهم في هذا) فمن أنت يا هذا ؟؟ حتى تحلّل وتحرّم وترخّص وتمنع كما تريد ، ولعمري إنّك اتّبعت في ذلك سنّة من قبلك وأصررت على العناد لتأييد رأيه الذي كان يفتي بترك الصلاة عند فقدان الماء ولم يقتنع باحتجاج عمّار بن ياسر عليه بالسنّة النبوية كما لم تقتنع أنت باحتجاج أبي موسى بالآية القرآنية ! ، أفبعد هذا يدّعي علماؤنا بأنّ الصحابة كالنجوم بأيّهم اقتدينا اهتدينا ، ﴿ أفمن هذا الحديث تعجبون وتضحكون ولا تبكون وأنتم سامدون !! ﴾[2] .

٣ ـ الصحابة يشهدون على أنفسهم

روى أنس بن مالك أنّ رسول الله (ص) قال للأنصار : « إنّكم سترون بعدي أثرة شديدة ، فاصبروا حتى تلقوا الله ورسوله على الحوض » . قال أنس : فلم نصبر[3] .

وعن العلاء بن المسيب عن أبيه قال : لقيت البراء بن عازب رضي الله عنهما

---

(1) صحيح البخاري ج 1 ص 72 .
(2) سورة النجم : الآيات 59 ـ 61 .
(3) صحيح البخاري ج 2 ص 311 .

فقلت : طوبى لك صحبت النبي (ص) وبايعته تحت الشجرة ، فقال : يا ابن أخي إنّك لا تدري ما أحدثنا بعده[1] .

وإذا كان هذا الصحابي من السابقين الأولين الـذين بايعوا النبيّ (ص) تحت الشجرة ، ورضي الله عنهم وعلم ما في قلوبهم فأثابهم فتحاً قريباً ، يشهد على نفسه وعلى أصحابه بأنّهم أحدثوا بعد النبي وهذه الشهادة هي مصداق ما أخبر به (ص) وتنبأ به من أنّ أصحابه سيحدثون بعـده ويرتدون على أدبارهم فهل يمكن لعاقـل بعد هـذا أن يصدّق بعـدالة الصحابة كلّهم أجمعـين (أكتعين أبصعين) على ما يقول به أهل السنّة والجماعـة ، والذي يقول هذا القـول فإنّـه يخالف العقل والنقل ولا يبقى للباحث أي مقاييس فكرية يعتمدهـا للوصول إلى الحقيقة .

٤ ـ شهادة الشيخين على نفسيهما

أخرج البخاري في صحيحه في باب مناقب عمر بن الخطاب قال : لمّا طُعن عمر جعل يألم فقال له ابن عبّاس وكأنّه يجـزعه : يـا أمير المؤمنين ولئن كان ذاك لقد صحبت رسول الله فأحسنت صحبته ثم فارقته وهو عنك راض ثم صحبت أبـا بكر فـأحسنت صحبته ثم فارقته وهـو عنـك راض ثم صحبت صحابتهم فأحسنت صحبتهم ولئن فارقتهم لتفارقنّهم وهم عنك راضون .

قال : أمّا ما ذكرت من صحبة رسول الله ورضاه فإنّما ذاك من منّ الله تعالى منّ به علـيّ ، وأما ما ذكرت من صحبة أبي بكر ورضاه فإنّما ذاك من منّ الله جلّ ذكره منّ به علـيّ ، وأمّا ما ترى من جزعي فهو من أجلك وأجل أصحابك والله لـو أنّ لي طـلاع الأرض ذهبـاً لافتـديت بـه من عـذابَ الله عـزّ وجـلّ قبـل أن أراه[2] .

وقد سجّل التاريخ له أيضاً قـوله : ليتني كنت كبش أهـلي يسمّنوني مـا بدا لهم حتى إذا كنت أسمن مـا أكون زارهم فجعلوا من يحبّـون من يحبّـون فجعلوا بعضي بعضي شـواء

---

(1) صحيح البخاري ج 3 ص 44 باب غزوة الحديبية .
(2) صحيح البخاري ج 2 ص 295 .

وقطعوني قديداً ثم أكلوني وأخرجوني عذرة ولم أكن بشراً[1] .

كما سجّل التاريخ لأبي بكر مثل هـذا ، قال لمـا نظر أبـو بكر إلى طـائر عـلى شجرة : طوبى لـك يا طـائر تـأكل الثمـر وتقع عـلى الشجر ومـا من حساب ولا عقـاب عليك ، لـوددت أنّي شجرة عـلى جـانب الطـريق مـرّ علـيّ جمـل فـأكلني وأخرجني في بعره ولم أكن من البشر[2] .

وقـال مرة أُخـرى : (ليت أُمّي لم تلدني ، ليتني كنت تبنـة في لبنـة)[3] . . . تلك بعض النصوص أوردتها على نحو المثال لا الحصر .

وهذا كتاب الله يبشّر عباده المؤمنين بقوله :

﴿ ألا إن أولياء الله لا خوف عليهم ولا هـم يحـزنون الـذين آمنوا وكـانوا يتقون ، لهم البشرى في الحياة الدنيا وفي الآخرة لا تبديـل لكلمات الله ذلك هـو الفوز العظيم ﴾[4] .

ويقول أيضاً : ﴿ إن الذين قالوا ربنا الله ثم استقاموا تتنزل عليهم الملائكة ألا تخافوا ولا تحزنوا وأبشروا بالجنة التي كنتم تـوعدون نحن أوليـاؤكم في الحياة الدنيا وفي الآخرة ولكم فيها ما تشتهي أنفسكم ولكم فيها مـا تدعون نـزلاً من غفور رحيم ﴾[5] . صدق الله العلي العظيم .

فكيف يتمنّى الشيخان أبو بكر وعمر أن لا يكونا من البشر الـذي كرّمـه الله على سائر مخلوقاته .

وإذا كـان المؤمن العادي الـذي يستقيم في حيـاتـه ، تتنـزّل عليـه الملائكة

---

(1) منهاج السنة لابن تيمية ج 3 ص 131 . حلية الأولياء لأبي نعيم ج 1 ص 52 .

(2) تاريخ الطبري ص 44 . الرياض النضرة ج 1 ص 134 . كنز العمال ج 3/ 8531 وج 12/ 35290 منهاج السنة لابن تيمية ، ج 3 ص 120 .

(3) تاريخ الطبري ص 41 الرياض النضرة ج 1 ص 134 كنز العمال ج 3/ 8532 ، منهاج السنة النبوية لابن تيمية ج 3 ص 120 .

(4) سورة يونس : الآيات 62 ـ 64 .

(5) سورة فصلت : الآيات 30 ـ 32 .

وتبشّره بمقامه في الجنّة فلا يخاف من عذاب الله ، ولا يحزن على ما خلّف وراءه في الدنيا ، وله البشرى في الحياة الدنيا قبل أن يصل إلى الآخرة ، فما بال عظماء الصحابة الـذين هم خير الخلق بعد رسول الله ـ كما تعلّمنا ذلك ـ يتمنّون أن يكونوا عـذرة ، وبعرة ، وشعرة ، وتبنة ، ولـو أنّ الملائكة بشّرتهم بالجنة ، ما كانوا ليتمنّوا أنّ لهم مثل طـلاع الأرض ذهباً ليفتـدوا به من عـذاب الله قبل أن يلقاه .

قال تعالى : ﴿ ولو أن لكل نفس ظلمت ما في الأرض لافتدت بـه وأسروا الندامة لمّا رأوا العذاب وقضي بينهم بالقسط وهم لا يظلمون ﴾ [1] .

وقال أيضاً : ﴿ ولو أن للذين ظلموا ما في الأرض جميعاً ومثله معه لافتدوا به من سوء العذاب يوم القيامة وبدا لهم من الله ما لم يكونوا يحتسبون وبدا لهم سيئات ما كسبوا وحاق بهم ما كانوا به يستهزؤون ﴾ [2] .

وإنّني أتمنى من كل قلبي أن لا تشمل هذه الآيات ، صحابةً كباراً أمثال أبي بكر الصديق وعمر الفاروق . . .

بيَد أنّني أتوقف كثيراً عند مثل هذه النصوص لأطلّ عـلى مقاطع مثيرة من عـلاقتهم مع الرسول (ص) ومـا شهدتها تلك العلاقـة من تخلّف عن إجـراء أوامـره وتلبية طلبه في اللحظات الأخيرة من عمره المبارك الشريف مما أغضبه ودفعه إلى أن يأمر الجميع بمغادرة المنزل وتركه ، كـما أنّي أستحضر أمامي شريط الحوادث التي جرت بعد وفاة الرسول ومـا جرى مـع ابنته الـزهراء الـطاهرة من إيـذاء وهضم وغمط وقد قـال (ص) : ﴿ فاطمة بضعة مني من أغضبها فقد أغضبني ﴾ [3] .

وقالت فاطمة لأبي بكر وعمر :

نشدتكما الله تعالى ألم تسمعا رسول الله (ص) يقول : ﴿ رضا فاطمة من

---

(1) سورة يونس : الآية 54 .

(2) سورة الزمر : الآيات 47 ـ 48 .

(3) صحيح البخاري ج 2 ص 202 باب مناقب قرابة رسول الله (ص) .

رضاي وسخط فاطمة من سخطي ، فمن أحبّ ابنتي فاطمة فقد أحبّني ، ومن أرضى فـاطمة فقـد أرضاني ، ومن أسخط فـاطمة فقـد أسخـطني ، فـالا : نعم . سمعناه من رسول الله (ص) فقالت : فإنّي أشهد الله وملائكته أنكما أسخطتماني وما أرضيتماني ، ولئن لقيت النبي لأشكونكما إليه »⁽¹⁾ .

ودعنا من هذه الرّواية التي تـدمي القلوب ، فلعلّ ابن قتيبة وهو من علماء أهل السنّة المبرزين في كثير من الفنـون وله تـآليف عديـدة في التفسير والحـديث واللغة والنحو والتاريخ ، لعلّه تشيّع هو الآخـر كما قـال لي أحد المعـاندين مرّة عندما أطلعته على كتابه (تاريخ الخلفاء) . وهذه هي الـدعايـة التي يلجأ إليها بعض علمائنا بعدما تعييهم الحيلة ، فالطبري عندنا تشيّع ، والنسائي الذي ألف كتاباً في خصـائص الامام عـلي تشيّع ، وابن قتيبة تشيّع ، وحتى طـه حسين من المعاصرين لمّا ألّف كتابه (الفتنة الكبرى) وذكر حديث الغدير واعترف بكثير من الحقائق الأخرى فهو أيضاً تشيّع !!

والحقيقة أنّ كل هؤلاء لم يتشيّعوا ، وعندما يتكلمون عن الشيعة لا يذكرون عنهم إلّا ما هو مشين ، وهم يدافعـون عن عدالـة الصحابة بكل مـا أمكنهم ، ولكن الذي يذكر فضائل علي بن أبي طالب ، ويعترف بما فعله كبار الصحابة من أخطاء نتّهمه بأنّه تشيّع ، ويكفي أن تقول أمام أحدهم عند ذكر النبي : (ص) أوتقـول : علي (ع) ، حتى يُقـال : إنّـك شيعي ، وعـلى هـذاالأسـاس قلت يـوماً لأحد علمائنـا وأنا أحـاوره : ما رأيك في البخاري ؟ قـال : هـو من أئمـة الحـديث ، وكتابه أصحّ الكتب بعد كتاب الله عندنا ، وقد أجمع على ذلك علماؤنا .

فقلت له : إنّه شيعي ، فضحك مستهزئاً وقال : حاشى الامام البخاري أن يكـون شيعياً!! قلت : أو ليس أنـك ذكرت بـأنّ كـل من يقـول : علي(ع) فهـو شيعي ؟ قال : بلى ، فـأطلعته ومن حضر معـه على صحيح البخاري وفي عـدّة مواقع عندما يأتي باسم علي يقول : (عليه السلام) وفاطمة (عليها السلام) والحسين بن علي (عليهما السلام)⁽²⁾ فبهت وما درى ما يقول .

---

(1) الامامة والسياسة لابن قتيبة ج 1 ص 31 . فدك في التاريخ 89 .
(2) صحيح البخاري ج 1 ص 127 و 130 وج 2 ص 126 و 205 .

وأعــود إلى رواية ابن قتيبـة التي ادّعى فيها أن فـاطمة غضبت عـلى أبي بكر وعمر ، فإذا شككت فيها ، فإنّه لا يمكنني أنّ أشك في صحيح البخاري الـذي هو عندنا أصحّ الكتب بعد كتاب الله ، وقد ألزمنا أنفسنا بـأنّه صحيح وللشيعة أن يحتجـوا به علينا ويلزموننـا بما ألزمنا به أنفسنا وهـذا هـو الانصاف للقوم العاقلين .

فهــا هـو البخــاري يخـرج من بـاب منـاقب قـرابـة رسول الله ، أنّ رسول الله (ص) قال : « فاطمة بضعة مني فمن أغضبها أغضبني »[1] .

كما أخرج في باب غزوة خيبر ، عن عائشة أنّ فاطمة (عليها السلام) بنت النبي أرسلت إلى أبي بكر تسأله ميراثها من رسول الله فأبى أبو بكر أن يدفـع إلى فاطمة منه شيئاً فوجدت[2] فاطمة على أبي بكر في ذلك فهجرتـه فلم تكلّمه حتى توفّيت[3] .

والنتيجة في النهاية هي واحدة ذكرها البخاري باختصار وذكرهـا ابن قتيبة بشيء من التفصيـل ، ألا وهي أنّ رسـول الله (ص) يغضب لغضب فـاطمة ويرضى لرضاها وأنّ فاطمة ماتت وهي غاضبة على أبي بكر وعمر .

وإذا كـان البخـاري قـد قـال : مـاتت وهي واجـدة عـلى أبي بكر فلم تكلمـه حتى تـوفّيت فالمعنى واحد كما لا يخفى ، وإذا كـانت فـاطمـة سيدة نساء العـالمين كما صرّح بذلك البخاري في كتاب الاستئذان باب من ناجى بين يدي الناس ، وإذا كانت فاطمة هي المرأة الوحيدة في هذه الأمـة ، التي أذهب الله عنها الرجس وطهّرهـا تطهيراً ، فـلا يكون غضبهـا لغير الحق ولـذلك يغضب الله ورسوله لغضبها ، ولهذا قال أبـو بكر : أنـا عائـذ بالله تعالى من سخطه وسخطك يا فاطمـة ، ثم انتحب أبو بكر باكياً حتى كادت نفسه أن تزهق ، وهي تقول : والله لأدعونّ الله عليك في كل صلاة أصلّيها ، فخـرج أبو بكـر يبكي ويقول : لا حاجة لي في

---

(1) صحيح البخاري ج 2 ص 302 .

(2) وجدت : غضبت .

(3) صحيح البخاري ج 3 ص 55 .

بيعتكم ، أقيلوني بيعتي [1] .

غــير أنّ كثيراً من المؤرخــين ومن علمائنــا ، يعــترفــون بــأنّ فــاطمــة (عليها السلام) خاصمت أبا بكر في قضية النُحلة والارث وسهم ذي القربى ، فـرُدّت دعواها حتى ماتت وهي غــاضبة عليـه ، إلاّ أنّهم يمرّون بهـذه الأحداث مرور الكرام ، ولا يريدون التكلّم فيها حفاظاً على كرامة أبي بكر كمَا هي عادتهم في كل ما يمسّه من قريب أو بعيد ؛ ومن أعجب ما قرأته في هـذا الموضـوع قول بعضهم بعـدما ذكـر الحادثـة بشيء من التفصيل قـال : (حاشى لفاطمة من أن تدّعي ما ليس لها بحق ، وحاشى لأبي بكر من أن يمنعها حقّها) .

وبهذه السفسطة ظنّ هذا العالم أنّه حلّ المشكلة وأقنع الباحثين وكلامـه هذا كفـول القـائـل : (حـاشى للقرآن الكـريم أن يقـول غـير الحق ، وحـاشى لبني إسرائيل أن يعبدوا العجل) .

لقد ابتلينا بعلماء يقولون ما لا يفقهون ، ويؤمنـون بالشيء ونقيضـه في نفس الوقت ، والحال يؤكّد أنّ فاطمة ادّعت وأبا بكر رفض دعواهـا ، فإمّـا أن تكون كاذبة والعياذ بالله حاشاها ، أو أن يكون أبـو بكر ظالمـاً لهـا ، وليس هناك حـل ثالث للقضية كما يريدها بعض علمائنا .

وإذا امتنع بالأدلة العقلية والنقلية أن تكون سيدة النساء كـاذبة لمـا ثبت عـن أبيها رسول الله (ص) قـوله : « فـاطمة بضعـة مني من آذاها فقـد آذاني » ومن البديهي أنّ الذي يكذب لا يستحق مثل هـذا النص من قبل الـرسول (ص) ، فالحديث بذاته دالٌ على عصمتها من الكذب وغيره من الفواحش ، كما أنّ آية التطهير دالّـة هي الأُخرى عـلى عصمتها ، وقـد نزلت فيهـا وفي بعلها وأبنيها بشهـادة عائشة نفسها [2] ، فلم يبق إذن ؛ إلاّ أن يعـترف العقلاء بـأنّها ظُلمت فليس تكـذيبها في دعـواهـا إلاّ أمـراً ميسـوراً لمن استبـاح حـرقها إن لم يخرج المتخلّفون في بيتها لبيعتهم [3] .

____

(1) تاريخ الخلفاء المعروف بالامامة والسياسة لابن قتيبة الدينوري ج ١ ص 33
(2) صحيح مسلم ج 15 ص 194 وج 16 ص 2 .
(3) تاريخ الخلفاء ج 1 ص 31 .

ولكل هذا تراها (سلام الله عليها) لم تأذن لهما في الدخول عليها عندما استأذنها أبو بكر وعمر ، ولمّا أدخلهما علي ؛ أدارت بوجهها إلى الحائط وما رضيت أن تنظر إليهما [1] .

وقد توفيت ودفنت في الليل سرّاً بوصيّة منها ، حتى لا يحضر جنازتها أحد منهم [2] . وبقي قبر بنت الرسول مجهولاً حتى يوم الناس هذا ، وإنّني أتساءل لماذا يسكت علماؤنا عن هذه الحقائق ، ولا يريدون البحث فيها ولا حتى ذكرها ، ويصوّرون لنا صحابة رسول الله وكأنّهم ملائكة لا يخطؤون ولا يذنبون ؟

وإذا ما سألت أحدهم كيف يقتل خليفة المسلمين سيدنا عثمان ذو النورين فسيجيبك بأنّ المصريين ـ وهم كفرة ـ جاؤوا وقتلوه وينهي الموضوع كله بجملتين .

ولكن عندما وجدت الفرصة للبحث وقراءة التاريخ وجدت أنّ قتلة عثمان بالدرجة الأولى هم الصحابة أنفسهم وفي مقدمتهم أم المؤمنين عائشة التي كانت تنادي بقتله وإباحة دمه على رؤوس الأشهاد فكانت تقول : اقتلوا نعثلاً فقد كفر [3] .

كذلك نجد طلحة والزبير ومحمد بن أبي بكر وغيرهم من مشاهير الصحابة وقد حاصروه ومنعوه من شرب الماء ليجبروه على الاستقالة ، ويحدّثنا المؤرخون أنّ الصحابة هم الذين منعوا دفن جثته في مقابر المسلمين فدفن في (حش كوكب)[4] بدون غسل ولا كفن ، سبحان الله ، كيف يقال لنا إنّه قتل مظلوماً ، وأنّ الذين قتلوه ليسوا مسلمين ، وهذه القضية هي الأخرى كقضية

---

(1) تاريخ الخلفاء ج 1 ص 31 .

(2) صحيح البخاري ج 3 ص 55 .

(3) تاريخ الطبري ج 4 ص 459 تاريخ ابن الأثير ج 3 ص 206 لسان العرب ج 14 ص 193 تاج العروس ج 8 ص 141 العقد الفريد ج 4 ص 290 .

(4) حش كوكب : الحش في اللغة : البستان ، وكوكب الذي أضيف إليه هو اسم رجل من الأنصار : وهو عند بقيع الغرقد ، اشتراه عثمان ، وأضافه إلى البقيع ، ولما قتل دفن فيه . معجم البلدان ج 2 ص 262 .

فاطمة وأبي بكر ، فإمّا أن يكون عثمان مظلوماً ، وعند ذلك نحكم على الصحابة الذين قتلوه ، أو شاركوا في قتله بأنّهم قتلة مجرمون ؛ لأنّهم قتلوا خليفة المسلمين ظلماً وعدواناً وتتبعـوا جنازته يحصبونها بـالحجارة ، وأهـانوه حيّاً وميتاً ، أو أنّ هؤلاء الصحابة استباحوا قتل عثمان لمـا اقترف من أفعال تتنـافى مع الاسـلام كما جـاء ذلك في كتب التـاريخ ، وليس هنـاك احتمال وسط إلاّ إذا كـذّبنا التـاريخ وأخذنا بالتمويه بأنّ المصريين وهم كفرة هم الذين قتلوه .

وفي كلا الاحتمالين نفيٌ قاطع لمقولة عدالة الصحابة أجمعين دون استثناء فأمّا أن يكون عثمان غـير عادل ، أو يكـون قتلته غـير عدول ، وكلّهم من الصحابة وبذلك تبطل دعوانا .

وتبقى دعوى شيعة أهل البيت القائلين بعدالة البعض منهم دون الآخر .

ونتساءل عن حرب الجمـل التي أشعلت نارهـا أم المؤمنين عـائشة إذْ كـانت هي التي قادتها بنفسها ، فكيف تخرج أم المؤمنين عائشة من بيتها التي أمرها الله بـالاستقرار فيـه بقولـه تعالى : ﴿ وقـرن في بيوتكن ولا تـبرجن تبرج الجـاهليـة الأولى ﴾[1] .

ونسـأل بأي حقّ استباحت أم المؤمنين قتـال خليفة المسلمـين عـلي بن أبي طالب . وهو ولي كل مؤمن ومؤمنة .

وكالعادة وبكل بساطة يجيبنا علماؤنا بأنها لا تحب الامام علياً لأنـه أشار عـلى رسول الله بتطليقها في حادثة الإفك ، ويريد هؤلاء إقناعنا بأنّ هذه الحـادثة ـ إن صحّت ـ وهي إشارة علي على النبي بتطليقهـا كافيـة بـأن تعصي أمـر ربّها وتهتـك ستراً ضربه عليها رسول الله ، وتركب جملاً نهاها رسول الله أن تركبه ، وحذّرها أن تنبحها كلاب الحوأب[2] ، وتقطع المسافات البعيدة من المدينة إلى مكة ومنهـا إلى البصرة ، وتستبيـح قتل الأبريـاء ، ومحـاربة أمـير المؤمنين والصحابة الـذين

---

(1) سورة الأحزاب : الآية 33 .

(2) الامامة والسياسة ص 76 ـ ص 98 .

بايعوه ، وتتسبّب في قتل ألوف المسلمين ، كما ذكر ذلك المؤرخون[1] كل ذلك لأنها لا تحبّ الامام علياً الذي أشار بتطليقها ، ومع ذلك لم يطلقها النبي ، فلماذا كل هذه الكراهية وقد سجّل المؤرخون لها مواقف عدائية للامام علي لا يمكن تفسيرها ، فقد كانت راجعة من مكة عندما أعلموها في الطريق بأنّ عثماناً قتل ، ففرحت فرحاً شديداً ، ولكنّها عندما علمت بأنّ الناس بايعوا عليّاً غضبت وقالت : وددت أنّ السماء انطبقت على الأرض قبل أن يليها ابن أبي طالب وقالت ردّوني وبدأت تشعل نار الفتنة للثورة على علي الذي لا تريد ذكر اسمه كما سجّله المؤرخون عليها ، أفلم تسمع أم المؤمنين قول الرسول (ص) : « بأنّ حبّ علي إيمان وبغضه نفاق »[2] حتى قال بعض الصحابة : كنّا لا نعرف المنافقين إلّا ببغضهم لعلي .

أو لم تسمع أم المؤمنين قول النبي : « من كنت مولاه فعلي مولاه » . . . إنّها لا شك سمعت كل ذلك ولكنها لا تحبه ولا تذكر اسمه بل إنها لمّا سمعت بموته سجدت شكراً لله[3] .

ودعني من كل هذا فأنا لا أريد البحث عن تاريخ أم المؤمنين عائشة ولكن أريد الاستدلال على مخالفة كثير من الصحابة لمبادىء الاسلام وتخلّفهم عن أوامر رسول الله (ص) ، ويكفيني من فتنة أم المؤمنين دليل واحد أجمع عليه المؤرخون ؛ قالوا لما جازت عائشة ماء الحوأب ونبحتها كلابها تذكرت تحذير زوجها رسول الله ونهيه إيّاها أن تكون هي صاحبة الجمل ، فبكت وقالت ردّوني ، ردّوني .

ولكن طلحة والزبير جاءاها بخمسين رجلاً جعلا لهم جُعلاً ، فأقسموا بالله أنّ هذا ليس بماء الحوأب ، فواصلت مسيرها حتى البصرة ، ويذكر المؤرخون أنها أوّل شهادة زور في الاسلام[4] .

---

(1) الطبري وابن الأثير والمدائني وغيرهم من المؤرخين الذين أرّخوا حوادث سنة ست وثلاثين للهجرة .

(2) صحيح مسلم ج 2 ص 64 .

(3) الطبري وابن الأثير والفتنة الكبرى وكل المؤرخين. الذين أرّخوا حوادث سنة أربعين للهجرة .

(4) الطبري وابن والمدائني وغيرهم من المؤرخين الذين أرّخوا لسنة ست وثلاثين للهجرة .

دلّونا أيها المسلمون يا أصحاب العقول النيّرة على حلّ لهذا الاشكال ، أهؤلاء هم الصحابة الأجلّاء الذين نحكم نحن بعدالتهم ونجعلهم أفضل البشر بعد رسول الله (ص) ! فيشهدون شهادة الزور التي عدّها رسول الله (ص) من الكبائر الموبقة التي تقود إلى النار .

والسؤال نفسه يعود دائماً ويتكرر أيهم على الحق وأيهم على الباطل ، فإمّا أن يكون علي ومن معه ظالمين وعلى غير الحق ، وإمّا أن تكون عائشة ومن معها وطلحة والزبير ومن معهم ظالمين وعلى غير الحق ، وليس هناك احتمال ثالث ، والباحث المنصف لا أراه إلّا مائلاً لأحقيّة علي الذي يدور الحق معه حيث دار ، نابذاً فتنة (أم المؤمنين عائشة) وأتباعها الذين أوقدوا نارها وما أطفأوها حتى أكلت الأخضر واليابس وبقيت آثارها إلى اليوم .

ولمزيد البحث وليطمئن قلبي أقول : أخرج البخاري في صحيحه من كتاب الفتن باب الفتنة التي تموج كموج البحر ، قال : لَمّا سار طلحة والزبير وعائشة إلى البصرة بعث علي عمّار بن ياسر والحسن بن علي فقدما علينا الكوفة فصعدا المنبر فكان الحسن بن علي فوق المنبر في أعلاه وقام عمّار أسفل من الحسن فاجتمعنا إليه فسمعت عمّاراً يقول : إنّ عائشة قد سارت إلى البصرة ووالله إنّها لزوجة نبيكم في الدنيا والآخرة ، ولكن الله تبارك وتعالى ابتلاكم ليعلم إياه تطيعون أم هي (1) .

كما أخرج البخاري أيضاً في كتاب الشروط باب ما جاء في بيوت أزواج النبي ، قال : قام النبي (ص) خطيباً فأشار نحو مسكن عائشة فقال : « ها هنا الفتنة ، ها هنا الفتنة ، ها هنا الفتنة من حيث يطلع قرن الشيطان » (2) .

كما أخرج البخاري في صحيحه عنها أشياء عجيبة وغريبة في سوء أدبها مع النبي حتى ضربها أبوها فأسال دمها وفي تظاهرها على النبي حتى هدّدها الله

---

(1) صحيح البخاري ج 4 ص 228 .

(2) صحيح البخاري ج 4 ص 229 .

بالطلاق وأنَّ يبدله ربّه خيراً منها وهذه قصص أخرى يطول شرحها .

وبعد كل هذا أتساءل كيف استحقت عائشة كل هذا التقدير والاحترام من أهل السنّة والجماعة ، ألأنها زوج النبي ، فزوجاته كثيرات وفيهن من هي أفضل من عائشة بتصريح النبي نفسه[1] .

أم لأنها ابنة أبي بكر ! أم لأنها هي التي لعبت الـدور الكبير في إنكار وصيّة النبي لعلي حتى قالت عندما ذكروا أنَّ النبي أوصى لعلي : قالت من قاله لقد رأيت النبي (ص) وإنّي لمسندته إلى صدري فدعا بالطست فانحنى فمات فما شعرت فكيف أوصى إلى علي[2] .

أم لأنها حاربته حرباً لا هوادة فيها وأولاده من بعده حتى اعترضت جنازة الحسن سيد شباب أهل الجنة ومنعت أن يدفن بجانب جدّه رسول الله قائلة : لا تدخلوا بيتي من لا أحب ونسيت أو تجاهلت قول الرسول فيه وفي أخيه : « الحسن والحسين سيّدا شباب أهل الجنة »[3] ، أو قوله : « أحبّ الله من أحبهما وأبغض الله من أبغضهما »[4] ، أو قوله : « أنا حرب لمن حاربكم وسلم لمن سالمكم »[5] ؛ وغير ذلك كثير لست في معرض الكلام عنه . . . كيف لا وهما ريحانتاه من هذه الأمة .

ولا غـرابة فقـد سَمعتُ في حقّ عليّ أضعـاف ذلك ، ولكنها ورغم تحذير النبي (ص) لهـا ، أبت إلاَّ محـاربتـه وتـأليب النـاس عليـه ، وإنكـار فضله وفضائله .

ومن أجل ذلك أحبها الأمويون ، وأنزلوها تلك المنزلـة العظيمـة التي تقصر عنها المنازل ، ورووا في فضلها ما ملأ المطامير ، وسارت به الركبان حتى جعلوها المرجع الأكبر للأمة الاسلامية لأنَّ عندها وحدها نصف الدين

---

(1) صحيح الترمذي : الاستيعاب ترجمة صفية ، الاصابة ترجمة صفية أم المؤمنين ج 8 ص 126 .

(2) صحيح البخاري ج 3 ص 95 باب مرض النبي ووفاته .

(3) مستدرك الحاكم ج 3 ص 167 .

(4) مستدرك الحاكم ج 3 ص 166 ، ص 171 .

(5) انظر العمدة لابن بطريق من ص 395 إلى ص 407 .

ولعلَّ نصف الدين الثاني خصّوا به أبا هـريرة الـذي روى لهم ما يشتهـون فقرّبوه وولّوه إمارة المـدينة ، وبنـوا له قصر العقيق بعـدما كـان معدماً ، ولقّبوه براوية الاسلام .

وبـذلك سهـل على بني أميّة أن يكون لهم دين كـامل جـديد ليس فيـه من كتـاب الله وسنّة رسولـه إلّا مـا تهـواه أنفسهم ، ويتقـوّى بـه ملكهم وسلطانهم وخليق بهذا الدين أن يكون لعباً وهزواً مليئاً بالمتناقضـات والخرافـات ، وبذلك طمست الحقائق وحلّت محلّها الظلمات ، وقد حملوا الناس عليها وأغـروهم بها ، حتى أصبح دين الله عندهم مهزلة من المهازل لا يقيمون له وزناً ولا يخـافون من الله كخوفهم من معاوية .

وعندما نسأل بعض علمائنا عن حرب معاوية لعلي وقد بايعـه المهاجـرون والأنصار ، تلك الحـرب الـطاحنة التي سبّبت انقسـام المسـلمين إلى سنّة وشيعة وانصـدع الاسلام ولم يلتئم حتى اليوم ، فإنّهم يجيبون كالعادة وبكـل سهولـة قائلين : إنّ عليّاً ومعاوية صحابيان جليلان اجتهدا ، فعلي اجتهـد وأصاب فله أجـران ، أمّا معاوية فاجتهد وأخطأ وله أجر واحد .

وليس من حقّنا نحن أن نحكم لهم أو عليهم وقد قـال الله تعالى : ﴿ تلك أمـة قـد خلت لهـا مـا كسبت ولكم مـا كسبتم ولا تسـألـون عمـا كـانـوا يعملون ﴾ [1] .

هكذا ـ وللأسف ـ تكون إجاباتنا وهي كما ترى سفسـطة لا يقول بهـا عقل ولا دين ولا يقرّ بها شرع ، اللهم إنّي أبـرأ إليك من خطل الآراء وزلل الأهـواء و ﴿ أعوذ بك من همزات الشياطين وأعوذ بك رب أن يحضرون ﴾ [2] .

كيف يحكم العقل السليم باجتهاد معاويـة ويعطيـه أجراً على حـربه إمام المسلمين وقتله المؤمنين الأبرياء وارتكابه الجرائم والآثام التي لا يحصي عـددها إلّا الله وقد اشتهر عنـد المؤرخين بقتله معـارضيه وتصفيتهم بـطريقته المشهورة وهو

---

(1) سورة البقرة : الآية 141 .

(2) سورة المؤمنون : الآيات 97 و 98 .

إطعامهم عسلاً مسموماً وكان يقول : (إنَّ لله جنوداً من عسـل) .

كيف يحكم هؤلاء باجتهاده ويعطونه أجراً وقد كان إمام الفئة الباغية ؟ ففي الحديث المشهور الذي أخرجه كل المحدثين من السنّة والشيعة وسواهم : « ويح عمّار تقتله الفئة الباغية »[1] ولم يختلف اثنان من المسلمين على أنَّ الذي قتل عمّاراً وأصحابه هو معاوية ! كيف يحكمون باجتهاده وقد قتل حجر بن عدي وأصحابه صبراً ودفنهم في مرج عـذراء بباديـة الشـام لأنّهم امتنعـوا عن سبّ علي بن أبي طالب .

كيف يريدونـه صحابياً عادلاً وقـد دسّ السم للحسن بن علي سيـد شباب أهل الجنّة وقتله .

كيف ينزّهونه وقد أخـذ البيعة من الأُمَّـة بالقوة والقهر لنفسـه أولاً ثم لابنه الفاسق يزيد من بعده وبدّل نظام الشورى بالملكية القيصرية[2] .

كيف يحكمون باجتهاده ويعطونه أجراً وقد حمل النـاس على لعن علي وأهل البيت ذرية المصطفى من فوق المنابر ، وقتل الصحابة الـذين امتنعوا عن ذلـك وأصبحت سنّة متّبعة يهرم عليها الكبيـر ويشيب عليها الصغـير فلا حـول ولا قوة إلاّ بالله العلي العظيم .

والسؤال يعود دائماً ويتكرر ويلح : تُرى أي الفريقين على الحق ، وأيّهما على الباطل ؟ فإمّا أن يكون علي وشيعته ظالمين وعلى غير الحق .

وإمّا أن يكون معاوية وأتبـاعه ظالمين وعلى غـير الحق ، وقـد أوضـح رسول الله (ص) كل شيء .

وفي كلا الحالين فإنَّ عدالة الصحابة كلهم من غـير استثناء أمـر مستحيل ، لا ينسجم مع المنطق السليم .

ولكـل هـذه المـواضيـع أمثلة كثيرة لا يحصي عـددهـا إلاّ الله ، ولـو أردت

---

(1) أسد الغابة ج 2 ص 114 .

(2) راجع الخلافة والملك للمودودي ، ويوم الاسلام لأحمد امين .

الـدخول في التفصيـل وبحث هذه المـواضيع من كـل جـوانبها ، لاحتجت إلى مجلدات كثيرة ، ولكنني رمت الاختصار وأخـذت في هذا البحث بعض الأمثلة ، وهي بحمد الله كافية لابطال مزاعم قومي الذين جمّدوا فكري ردحاً من الزمن ، وحجروا عليّ أن أفقه الحـديث ، أو أحلّل الأحـداث التـاريخيـة بميـزان العقـل والمقاييس الشرعية التي علّمنا إيّاها القرآن الكريم والسنّة النبوية الشريفة .

ولذلك سوف أتمرّد على نفسي ، وأنفض عنّي غبار التعصّب الـذي غلّفوني به وأتحرّر من القيود والأغلال التي كبّلوني بها أكثر من عشرين عـاماً ولسـان حالي يقـول لهم : ﴿ يـا ليت قـومي يعـلمـون بمـا غفـر لي ربّ وجعلني مـن المكرمين ﴾[1] .

يا ليت قومي اكتشفوا العالم الذي يجهلونه ويعادونه دون أن يعرفوه .

* * *

---

(1) تضمين من سورة يس : الآيات 26 و 27 .

بداية التحول

بقيت متحيراً ثلاثة أشهر مضطرباً حتى في نومي تتجاذبني الأفكار وتموج بي الظنون والأوهام خائفاً على نفسي من بعض الصحابة الذين أحقق في تاريخهم فأقف على بعض المفارقات المذهلة في سلوكهم ، لأنّ التربية التي تلقيتها طيلة حياتي تدعوني إلى احترام أولياء الله والصالحين من عباده وتقديسهم ، الذين (يؤذون) من يقول فيهم سوءاً أو يسيء إليهم الأدب حتى في غيابهم وإن كانوا موتى .

ولقد قرأت في ما سبق في كتاب (حياة الحيوان الكبرى) للدّميري : أنّ رجلاً كان يشتم عمر بن الخطاب ، وكان أصحابه في القافلة ينهونه ، فلمّا ذهب يتبوّل لدغه أسود سالخ فمات لحينه ، وحفروا له لدفنه فوجدوا في القبر أسود سالخاً ، ثم حفروا قبوراً أخرى وفي كل مرّة يجدون أسود سالخاً ، فقال لهم أحد العارفين : ادفنوه أنّى شئتم ، فلو حفرتم الأرض كلّها لوجدتم أسود سالخاً ذلك ليعذبه الله في الدنيا قبل الآخرة على شتمه سيدنا عمر[1] .

ولذلك وجدتني وأنا أقحم نفسي في هذا البحث العسير خائفاً محتاراً وخصوصاً لأنّني تعلّمت في الفرع الزيتوني ، بأنّ أفضل الخلفاء على التحقيق سيدنا أبو بكر الصّديق ثم يأتي بعده سيدنا عمر بن الخطاب الفاروق الذي يفرق الله به بين الحق والباطل ، ثم بعده سيدنا عثمان بن عفان ذو النورين

---

[1] كتاب حياة الحيوان الكبرى للدميري ج 1 ص 38 .

الذي استحت منه ملائكة الرحمن ، ثم بعده سيدنا علي باب مدينة العلم ، ثم يأتي بعد هؤلاء الأربعة ، الستة الباقون من العشرة المبشرين بالجنّة وهم ؛ طلحة «الزبير وسعد وسعيد ، وعبد الرحمن ، وأبو عبيدة ، ثم يأتي بعد هؤلاء الصحابة جميعاً ، وكثيراً ما كانوا يعلّموننا الاستدلال بالآية الكريمة ﴿ لا نفرّق بين أحد من رسله ﴾[1] على وجوب النظر إلى بقية الصحابة بالمنظار نفسه دون خدش أي واحد منهم .

وعلى هذا خشيت على نفسي ، واستغفرت ربّي مرّات عديدة أردت فيها الانقطاع عن البحث في مثل هذه الامور التي تشككني في صحابة رسول الله ، وبالتالي تشككني في ديني ، ولكني وجدت من خلال الحديث مع بعض العلماء طيلة تلك المدة تناقضات لا يقبلها العقل ، وبدأوا يحذرونني من أنني إن واصلت البحث في أحوال الصحابة ، فسوف يسلب الله نعمته عني ويهلكني . ومن كثرة معاندتهم وتكذيبهم كل ما أقول دفعني فضولي العلمي وحرصي على بلوغ الحقيقة إلى أن أقحم نفسي من جديد في البحث ووجدت قوة داخلية تدفعني دفعاً .

* * *

محاورة مع عالم

قلت لأحد علمائنا : إذا كـان معـاويـة قتـل الأبـريـاء وهتـك الأعـراض ، وتحكمون بأنّه اجتهد وأخطأ وله أجر واحد .

وإذا كـان يزيـد قتل أبناء الرسـول وأبـاح المدينة لجيشـه ، وتحكمـون بـأنّه اجتهد وأخطأ وله أجر واحد ، حتى قال بعضكم : (قُتل الحسين بسيف جـدّه) لتبرير فعل يزيد .

فلماذا لا أجتهد أنا في البحث ، وهـو ما يجـرّني للشك في الصحابة وتعرية البعض منهم ، وهذا لا يقاس بالنسبة للقتـل الذي فعله معاوية وابنه يزيد في العترة الطاهرة ، فإن أصبت فلي أجران ، وإن أخطأت فلي أجر واحد . عـلى أنّ انتقـاصي لبعض الصحـابة لا أريـد منـه السبّ والشتم واللعن ، وإنّما أريـد الوصول إلى الحقيقة لمعرفة الفرقة الناجية من بين الفرق الضّالة .

وهـذا واجبي وواجب كل مسلم ، والله سبحـانـه يعلم السرائـر ومـا تخفي الصدور .

أجابني العالم قائلاً :

ـ يا بني لقد أغلق باب الإجتهاد من زمان .

ـ فقلت ومن أغلقه ؟

ـ قال الأئمة الأربعة .

ـ فقلت متحرّراً : الحمد لله إذ لم يكن الله هـو الذي أغلقـه ولا رسول الله

ولا الخلفاء الراشدون الذين أُمرنا بالإقتداء بهم فليس عليّ حرج إذا اجتهدت كما اجتهدوا .

ـ فقـال : لا يمكنك الإجتهـاد ، إلّا إذا عرفت سبعة عشر علماً ، منها علم التفسير ، واللّغة ، والنحو ، والصرف ، والبلاغة ، والأحاديث ، والتاريخ وغير ذلك .

ـ وقاطعته قـائلاً : أنـا لن أجتهد لأبيّن للناس أحكـام القرآن والسنّة ، أو لأكون صاحب مذهب في الإسلام ، كلا ، ولكن لأعرف من على الحق ومن على الباطل ، ولمعرفة إن كـان الإمام عـلي على الحق ، أو معـاوية مثلاً ، ولا يتطلّب ذلك الإحاطة بسبعة عشر علماً ، ويكفي أن أدرس حياة كل منهما وما فعلاه حتى أتبيّن الحقيقة .

ـ قال : وما يهمّك أن تعرف ذلك ﴿ تلك أمة قد خلت لها ما كسبت ولكم ما كسبتم ولا تسألون عما كانوا يعملون ﴾[1] .

قلت : أتقرأ ﴿ ولا تسألون ﴾ بفتح التّاء أم بضمّها ؟ .

قال : تُسألون بالضمّ .

قلت : الحمـد لله لـو كانت بالفتح لأمتنـع البحث ، ومـا دامت بالضم فمعناها أنّ الله سبحانه سوف لن يحاسبنا عمّا فعلوا وذلك كقوله تعالى : ﴿ كل نفس بما كسبت رهينة ﴾ و﴿ أن ليس للإنسان إلا ما سعى ﴾[3] .

وقد حثّنا القرآن الكريم على استطلاع أخبار الأمم السابقة ولنستخلص منها العـبرة ، وقد حكى الله لنـا عن فرعـون وهـامـان ونمـرود وقـارون وعن الأنبيـاء السابقين وشعوبهم ، لا للتسلية ولكن ليعرفنا الحق من الباطل .

أمّا قولك : وما يهمني من هذا البحث ؟ .

فأجيب عليه بقولي : يهمني :

---

(1) سورة البقرة : الآية 141 .

(2) سورة المدثر : الآية 38 .

(3) سورة النجم : الآية 39 .

ـ قـال : أنصحك لـوجه الله تعـالى ، مهـما شككت فـلا تشـك في الخلفـاء الراشدين ، فهم أعمدة الإسلام الأربعة إذ هدَّمت عموداً منها سقط البناء . . .

ـ قلت : أستغفـر الله يـا سيـدي فـأين رسـول الله إذن إذا كـان هؤلاء هم أعمدة الإسلام ؟ .

أجاب : رسول الله هو ذاك البناء ! هو الإسلام كلّه .

ابتسمت من هذا التحليل وقلت : استغفر الله مرة أخرى يا سيـدي الشيخ فأنت تقـول من حيث لا تشعـر بأنَّ رسول الله (ص) لم يكن ليستقيم إلاَّ بهؤلاء الأربعـة بينما يقـول الله تعـالى : ﴿ هـو الذي أرسـل رسولـه بالهـدى ودين الحق ليظهره على الدين كله وكفى بالله شهيداً ﴾[1] .

فقد أرسل محمداً بالرسالـة ولم يشركـه فيهـا أحداً من هؤلاء الأربعـة ولا من غيرهم وقد قال الله تعالى في هذا الصّدد : ﴿ كما أرسلنا فيكم رسولاً منكم يتلو عليكم آيـاتنا ويـزكيكم ويعلّمكم الكتـاب والحكمـة ويعلّمكم مـا لم تكونوا تعلمون ﴾[2] .

ـ قال : هذا ما تعلّمناه نحن من مشايخنا وأئمتنـا ، ولم نكن نحن في جيلنا نناقش ولا نجادل العلماء مثلكم اليـوم الجيل الجـديد أصبحتم تشكون في كـل شيء وتشكّكون في الدين ، وهذه من علامات الساعـة فقد قال (ص) : « لن تقوم الساعة إلاَّ على شرار الخلق » .

ـ فقـلت : يا سيدي لمـاذا هذا التهـويل ، أعـوذ بالله أن أشـكَّ في الدين أو أشكك فيه ، فقد آمنت بالله وحده لا شريك له وملائكته وكتبه ورسله ، وآمنت بأنَّ سيدنا محمداً عبده ورسوله ، وهو أفضـل الأنبياء والمرسلين وخاتمهم ، وأنـا من المسلمين ، فكيف تتّهمني بهذا ؟ .

ـ قال : أتّهمك بأكثر من هذا لأنّك تشكك في سيدنا أبي بكر وسيدنا عمـر وقد قال (ص) : « لو وزن إيمان أمَّتي بإيمان أبى بكر لرجح إيمان أبي بكر » .

<hr>

(1) سورة الفتح : الآية 28 .

(2) سورة البقرة : الآية 151 .

وقال في حقّ سيدنا عمر : « عُرضت عليّ امتي وهي نـرتدي قمصـاً لم تبلغ الثدي ، وعرض عليّ عمر وهو يجرّ قميصه ، قالوا ما أوّلته يا رسـول الله ؟ قال : « الدين » .

وتـأتي أنت اليـوم في القـرن الـرابـع عشر لتشكك في عدالـة الصحابـة وبالخصوص أبي بكر وعمر .

ألم تعلم بأنّ أهل العراق هم أهل الشقاق ، هم أهل الكفر والنفاق !! .

ـ ماذا أقول لهذا العالم المدّعي العلم الذي أخذته العزّة بالإثم ، فتحوّل من الجدال بالتي هي أحسن إلى التهريج والإفتراء وبثّ الإشاعـات أمام مجموعة من الناس المعجبين به ، والذين احمرّت أعينهم ، وانتفخت أوداجهم ، ولاحظت في وجوههم الشر .

فما كان منّي إلاّ أن أسرعت إلى البيت وأتيتهم بكتاب (الموطأ) للإمام مالك و (صحيـح البخاري) وقلت يـا سيدي : إنّ الـذي بعثني على هـذا الشك هـو رسول الله نفسه وفتحت كتاب الموطأ وفيه روى مالك أنّ رسول الله (ص) قال لشهـداء أحـد : هؤلاء أشهـد عليهم ، فقـال أبـو بكر الصـديق : ألسنـا يـا رسـول الله إخـوانهم أسلمنا كـما أسلمـوا ، وجاهـدنا كـما جـاهـدوا ، فقـال رسول الله (ص) : « بل ولكن لا أدري ما تحدثون بعدي » ! فبكى أبو بكر ثم بكى ثم قال : إنّنا لكائنون بعدك[1] .

ثم فتحت (صحيح البخاري) وفيه ؛ دخل عمـر بن الخطاب عـلى حفصة وعنـدها أسماء بنت عميس فقال ـ حـين رآها ـ من هـذه ؟ قالت : أسماء بنت عميس ، قال عمر : الحبشية هذه ، البحرية هذه .

قالت أسماء : نعم ، قال : سبقناكم بالهجرة فنحن أحقّ برسول الله منكم .

فغضبت وقـالت : كـلا والله ، كنتم مـع رسـول الله يـطعم جـائعكم ويعظ جـاهلكم وكنّا في دار أو في أرض البعـداء البغضـاء بـالحبشة وذلـك في الله وفي

---

(1) موطأ الإمام مالك ج 1 ص 307 . المغازي للواقدي ص 310 .

رسوله وايم الله لا أطعم طعـاماً ولا أشرب شراباً حتى أذكر رسول الله (ص)
ونحن كنّا نؤذى ونخاف وسأذكر ذلـك للنبي أسألـه والله لا أكذب ولا أزيـغ ولا
أزيد عليه ، فلمّا جاء النبي (ص) قالت : يا نبي الله ، عمر قال كذا وكذا ؟ .

قال : « فما قلت له ، قالت : كذا وكذا .

قال : « ليس بأحقّ بي منكم وله ولأصحابـه هجـرة واحـدة ولكم أنتم أهل
السفينة هجرتان ، قالت : فلقد رأيت أبا موسى وأصحاب السفينة يأتوني أرسالاً
يسـألوني عن هـذا الحديث ومـا من الدنيـا شيء هم به أفـرح ولا أعـظم مـا في
أنفسهم ممّا قال لهم النبي (ص)(1) .

وبعد ما قرأ الشيخ العالم والحاضرون معه الأحاديث تغيّرت وجوههم وبدأوا
ينظرون بعضهم إلى بعض ينتظرون ردّ العالم الذي صدم فما كان منه إلّا أن رفع
حاجبيه علامة التعجّب وقال : ﴿ وقل رب زدني علماً ﴾(2) .

فقلت : إذا كان رسول الله (ص) هـو أوّل من شكّ في أبي بكـر ولم يشهد
عليه لأنّه لا يدري ماذا سوف يحدث من بعـده ، وإذا كان رسـول الله (ص) لم
يقـرّ بتفضيل عمر بن الخطّاب عـلى أسماء بنت عميس بـل فضّلها عليـه ، فمن
حقّي أن أشـك وأن لا أفضّل أحـداً حتى أتبيّن وأعـرف الحقيقـة ومن المعلوم أنّ
هـذين الحـديثين يناقضـان كـل الأحـاديث الـواردة في فضل أبي بكـر وعمـر
ويبطلانها ، لأنّها أقرب إلى الواقع المعقول من أحاديث الفضائل المزعومـة ؛ قال
الحاضرون : وكيف ذلك ؟ .

قلت : إنَّ رسـول الله (ص) لم يشهد عـلى أبي بكر وقال له : إنّي لا أدري
ماذا تحدثون بعدي ! فهذا معقول جـداً وقد قـرّر ذلك القرآن الكريم والتـاريخ
يشهد أنّهم بدّلوا بعده ولذلك بكى أبـو بكر وقـد بدّل وأغضب فـاطمة الزهراء
بنت الرسول ـ كما سبق ـ وقد بدّل حتى ندم قبل وفاته وتمنى أن لا يكون بشراً .

أمّا الحديث الذي يقول : « لو وزن إيمان أمتي بـإيمان أبي بكـر لرجح إيمان

<hr>

(1) صحيح البخاري ج 3 ص 53 باب غزوة خيبر .
(2) سورة طه : الآية 114 .

أبي بكر ، فهو باطل وغير معقول ، ولا يمكن أن يكون رجل قضى أربعين سنة من عمره يشرك بالله ويعبد الأصنام أرجح إيماناً من أمة محمد بأسرها ، وفيها أولياء الله الصالحين والشهداء والأئمة الذين قضوا أعمارهم كلّها جهاداً في سبيل الله ، ثم أين أبو بكر من هذا الحديث ؟ لو كان صحيحاً لما كان في آخر حياته يتمنى أن لا يكون بشراً .

ولو كان إيمانه يفوق إيمان الأمة ما كانت سيدة النساء ، فاطمة بنت الرسول (ص) ، تغضب عليه وتدعو الله عليه في كل صلاة تصلّيها .

ولم يرد العالم بشيء ، ولكنّ بعض الجالسين قالوا : لقد بعث ـ والله ـ هذا الحديث الشك فينا ، عند ذلك تكلم العالم ليقول لي : أهذا ما تريده ؟ لقد شككت هؤلاء في دينهم وكفاني أحدهم الردّ عليه إذ قال : كلا ، إنّ الحق معه ، نحن لم نقرأ في حياتنا كتاباً كاملا ، واتّبعناكم واقتدينا بكم في ثقة عمياء بدون نقاش ، وقد تبيّن لنا الآن أنّ ما يقوله الحاج صحيح ، فمن واجبنا أن نقرأ ونبحث !! ووافقه على رأيه بعض الحاضرين ، وكان ذلك انتصاراً للحق والحقيقة ، ولم يكن انتصاراً بالقوة والقهر ولكنّه انتصار العقل والحجّة والرهان و ﴿ قل هاتوا برهانكم إن كنتم صادقين ﴾[1] .

ذلك ما دفعني وشجّعني على الدخول في البحث وفتح الباب على مصراعيه فدخلته باسم الله وبالله وعلى ملّة رسول الله ، راجياً منه سبحانه وتعالى التوفيق والهداية فهو الذي وعد بهداية كلّ باحث عن الحقّ وهو لا يخلف وعده .

قرأت كتاب (المراجعات) للإمام شرف الدين وراجعته عدّة مرات وقد فتح أمامي آفاقاً سبّبت هدايتي وشرحت صدري لحبّ أهل البيت ومودّتهم .

وقرأت كتاب (الغدير) للشيخ الأميني وأعدته ثلاث مرّات لما فيه من حقائق دامغة واضحة جلية وقرأت كتاب (فدك في التاريخ) للسيد محمد باقر الصدر وكتاب (السقيفة) للشيخ محمد رضا المظفر وفهمت منها أسراراً غامضة اتّضحت ، كما قرأت كتاب (النّص والإجتهاد) فازددت يقيناً ثم قرأت كتاب

---

(1) سورة البقرة : الآية 111 ، وسورة النمل : الآية 24 .

(أبي هريرة) لشرف الدين و (شيخ المضيرة) للشيخ محمود أبو ريّة المصري وعرفتُ أنّ الصحابة الذين غيّروا بعد رسول الله قسمان ، قسم غيّر الأحكام بما له من السلطة والقوة الحاكمة ، وقسم غيّر الأحكام بوضع الأحاديث المكذوبة على رسول الله (ص) .

ثم قرأت كتاب (الإمام الصادق والمذاهب الأربعة) لأسد حيدر وعرفت الفرق بين العلم الموهوب والعلم المكسوب عرفت الفرق بين حكمة الله التي يؤتيها من يشاء وبين التطفّل على العلم والإجتهاد بالرأي الذي أبعد الأمة عن روح الإسلام .

وقرأت كتباً أخرى عديدة للسيد جعفر مرتضى العاملي والسيد مرتضى العسكري والسيد الخوئي والسيد الطباطبائي والشيخ محمد أمين زين الدين وللفيروز آبادي ولابن أبي الحديد المعتزلي في شرحه لنهج البلاغة و (الفتنة الكبرى) لطه حسين ، ومن كتب التاريخ قرأت (تاريخ الطبري) و (تاريخ ابن الأثير) و (تاريخ المسعودي) و (تاريخ اليعقوبي) وقرأت الكثير حتى اقتنعت بأنّ الشيعة الإمامية على حقّ فتشيّعت وركبت على بركة الله سفينة أهل البيت وتمسّكت بحبل ولائهم لأيّ وجدت بحمد الله البديل عن بعض الصحابة الذين ثبت عندي أنّهم ارتدوا على أعقابهم القهقرى ولم ينج منهم إلّا القليل وأبدلتهم بأئمة أهل البيت النبوي الذين أذهب الله عنهم الرّجس وطهّرهم تطهيراً وافترض مودّتهم على الناس أجمعين .

فالشيعة ليسوا كما يدّعي بعض علمائنا ، هم الفرس والمجوس الذين حطّم سيدنا عمر كبرياءهم ومجدهم وعظمتهم في حرب القادسية ولذلك يبغضونه ويكرهونه ! .

وأجبت هؤلاء الجاهلين بأنّ التشيّع لأهل البيت النبوي لا يختص بالفرس بل الشيعة في العراق وفي الحجاز وفي سوريا ولبنان كل هؤلاء عرب كما يوجد الشيعة في الباكستان والهند وفي أفريقيا وأمريكا وكل هؤلاء ليسوا من العرب ولا من الفرس .

ولو اقتصرنا على شيعة إيران فإنّ الحجة تكون أبلغ إذ أني وجدت الفرس

يقولون بإمامة الأئمة الأثني عشر وكلّهم من العرب من قريش من بني هاشم عترة النبي ، .فلو كان الفرس متعصّبين ويكرهون العرب كما يدّعي البعض لأتّخذوا سلمان الفارسي إماماً لهم لأنّه منهم وهو صحابي جليل عرف قدره كلّ من الشيعة والسنّة على حدّ سواء .

بينما وجدت أهل السنّة والجماعة ينقطعون في الإمامة إلى الفرس فأغلب أئمتهم من الفرس كأبي حنيفة والإمام النسائي والترمذي والبخاري ومسلم وابن ماجة والرّازي والإمام الغزالي وابن سينا والفارابي وغيرهم كثيرون يضيق بهم المقام فإذا كان الشيعة من الفرس يرفضون عمر بن الخطّاب لأنّه حطّم كبرياءهم وعظمتهم فبهاذا نفسّر رفض الشيعة له من العرب وغير الفرس فهذه دعوى لا تقوم على دليل ، وإنّما رفض هؤلاء عمر للدّور الذي قام به في إبعاد أمير المؤمنين وسيّد الوصيين علي بن أبي طالب عن الخلافة بعد رسول الله (ص) وما سبّب ذلك من فتن ومحن وقلاقل وانحلال لهذه الأمّة ويكفي أن يزاح الحجاب عن أي باحث حرّ وتكشف له الحقيقة حتى يرفضه بدون عداوة سابقة .

والحق أنّ الشيعة سواء كانوا من الفرس أم من العرب أم من غير هؤلاء قد خضعوا للنصوص القرآنية والنصوص النبوية واتّبعوا إمام الهدى وأولاده مصابيح الدّجى ولم يرضوا بغيرهم رغم سياسة الترغيب والترهيب التي قادها الأمويون ومن بعدهم العبّاسيون طيلة سبعة قرون تتّبعوا خلالها الشيعة تحت كل حجر ومدر وقتلوهم وشرّدوهم ومنعوهم العطاء ومحوا آثارهم وأثاروا حولهم الإشاعات والدعايات التي تنفر الناس منهم وبقيت هذه الآثار حتى اليوم .

ولكن الشيعة ثبتوا وصمدوا وصبروا وتمسّكوا بالحق لا تأخذهم في الله لومة لائم وهم يدفعون حتى اليوم ثمن هذا الصمود ، وإنّي أتحدى أي عالم من علمائنا أن يجلس مع علمائهم ويجادلهم فلا يخرج إلّا مستبصراً بالهدى الذي هم عليه .

نعم وجدت البديل والحمد لله الذي هداني لهذا وما كنت لأهتدي لولا أن هداني الله .

الحمد لله والشكر له على أن دلّني على الفرقة الناجية التي كنت أبحث عنها بلهف ولم يبق عندي أي شك في أن المتمسك بعلي وأهل البيت ، قد تمسك

وأبدلت الصحابة المنقلبين على أعقابهم أمثال معاوية ، وعمرو بن العاص ، والمغيرة بن شعبة ، وأبي هريرة ، وعكرمة ، وكعب الأحبار ، وغيرهم بالصحابة الشاكرين الذين لم ينقضوا عهد النبي أمثال عمّار بن ياسر ، وسلمان الفارسي ، وأبي ذرّ الغفاري والمقداد بن الأسود ، وخزيمة بن ثابت ذي الشهادتين ، وأبي بن كعب ، وغيرهم والحمد لله على هذا الإستبصار .

وأبدلت علماء قومي ، الذين جمّدوا عقولنا واتّبع كثيرٌ منهم السلاطين والحكّام في كل زمان ، بعلماء الشيعة الأبرار الذين ما أغلقوا يوماً باب الإجتهاد ولا وهنوا ولا استكانوا للأمراء والسلاطين الظالمين .

نعم أبدلت أفكاراً متحجرة متعصّبة تؤمن بالتناقضات ، بأفكار نيّرة متحرّرة ومتفتّحة تؤمن بالدليل والحجّة والبرهان .

وكما يقال في عصرنا الحاضر : (غسلت دماغي) من أوساخ كثّفتها عليه ـ طوال ثلاثين عاماً ـ أضاليل بني أميّة وطهّرته بعقيدة المعصومين ، الذين أذهب الله عنهم الرجس وطهّرهم تطهيراً ، لما تبقى من حياتي .

اللّهم أحينا على ملّتهم وأمتنا على سنّتهم واحشرنا معهم ، فقد قال نبيّك (ص) : « يُحشر المرء مع من أحب »[1] .

وبذلك أكون قد رجعت إلى أصلي ، فقد كان أبي وأعمامي يحدثوننا حسب الشجرة التي يعرفونها ، أنّهم من السّادة الذين هربوا من العراق تحت الضغط العباسي ، ولجأوا إلى شمال أفريقيا حيث أقاموا في تونس وبقيت آثارهم حتى اليوم .

وهناك في شمال أفريقيا كثيرون مثلنا يسمّون الأشراف ، لأنّهم من السلالة الطاهرة ، ولكنّهم تاهوا في ضلالات الأمويين والعبّاسيين ، ولم يبق عندهم من الحقيقة شيء إلّا ذلك الإحترام والتقدير الذي يكنّه لهم الناس ، فالحمد لله على هدايته والحمد لله على استبصاري وفتح بصري وبصيرتي على الحقيقة .

❈   ❈   ❈

---

(١) سنن الترمذي ج 4 ص 596 .

أسباب الإستبصار

أمّـا الأسباب التي دعتني للإستبصـار فكثـيرة جداً ، ولا يمكن لي في هـذه العجالة إلّا ذكر بعض الأمثلة منها :

١ ـ النصّ على الخلافة

لقد آليت على نفسي عنـد الدخـول في هذا البحـث أنّ لا أعتمـد إلّا ما هـو موثوق عند الفريقين وأن أطرح مـا انفردت به فرقـة دون الأخرى ، وعـلى ذلك أبحـث في فكرة التفضيل بين أبي بكر وعلي بن أبي طالب وأنّ الخـلافة إنّمـا كانت بالنص على علي كما يدّعي الشيعة أو بالإنتخاب والشورى كما يـدّعي أهل السّنـة والجماعة .

والباحث في هذا الموضوع إذا تجرّد للحقيقة فإنّه سيجـد النص على عـلي بن أبي طالب واضحاً جلياً كقوله (ص) : « من كنت مولاه فهـذا علي مـولاه » قال ذلك بعدما انصرف من حجة الوداع فعُقد لعـلي موكب للتهنئة حتى أنّ أبا بكر نفسه وعمر كانا من جماعة المهنّئين للإمام يقولان : بخ بخ لـك يـاابن أبي طالب أصبحت وأمسيت مولى كل مؤمن ومؤمنة[1] .

---

(١) مسند الإمام أحمد بن حنبل ج ٤ ص ٢٨١ سرّ العالمين للإمام الغزالي ص ١٢ ، تذكرة الخواص، لابن الجوزي ص ٣٥ ، الرياض النضرة للطبري ج ٢ ص ١٦٩ ، كنز العمال ج١٠/٣٦٦٢ ، البداية والنهاية لابن كثير ج ٥ ص ٢١٢ ، تاريخ ابن عساكر ج ٢ ص ٥٠ ، تفسير الرّازي ج ١٢ ص ٤٩ ، الحاوي للفتاوي للسيوطي ج ١ ص ١١٢ .

وهـذا النص مجمع عليـه من الشيعـة والسنّـة ، ولم أُخـرّج أنـا في البحث ـ هذا ـ إلّا مصادر أهل السنّة والجـماعة ، ومع ذلك لم أذكر المصادر كلها ، فهي أكثر بكثير ممـا ذكرت ، وللـإطلاع عـلى مزيـد من التفصيل ، أدعـو القارىء إلى مطالعة كتاب الغدير للعلّامة الأميني ، وقد طبع منه ثلاثة عشر مجلداً يحصي فيهـا المصنف رواة هذا الحديث من طريق أهل السنّة والجماعة .

أمّا الإجماع المدّعى على انتخاب أبي بكر يوم السقيفة ثم مبايعته بعد ذلك في المسجد ، فإنّه دعوى بدون دليل ، إذ كيف يكون الإجماع وقد تخلّف عن البيعة علي والعبّاس وسائر بني هـاشم ، كما تخلّف أسامة بن زيـد ، والزبـير ، وسلمان الفارسي ، وأبو ذر الغفاري ، والمقداد بن الأسود ، وعمّار بن ياسر ، وحذيفة بن اليمان ، وخزيمة بن ثابت ، وأبـو بريـدة الأسلمي ، والـبراء بن عازب ، وأبي بن كعب ، وسهـل بن حنيف ، وسعـد بن عبـادة ، وقيس بن سعـد ، وأبـو ايوب الأنصاري ، وجابر بن عبد الله ، وخالد بن سعيد وغير هؤلاء كثيرون[1] .

فأين الإجماع المزعوم يا عباد الله ؟ على أنّه لو كان علي بن أبي طالب وحـده تخلّف عن البيعـة ، لكان ذلك كافياً للطعن في ذلك الإجمـاع ، إذ أنّه المـرشّح الوحيد للخلافة من قبل الرسول على فرض عدم وجود النصّ المباشر عليه .

وإنّما كانت بيعـة أبي بكر عن غـير مشورة ، بـل وقعت على حـين غفلة من الناس وخصوصاً أولي الحلّ والعقد منهم ـ كما يسمّيهم علماء المسلمين ـ إذ كانـوا مشغولين بتجهيز الرسول ودفنه ، وقد فوجىء سكّان المدينة المنكوبـة بموت نبيّهم وحُمِلَ الناس على البيعة بعد ذلك قهراً[2] . كما يشعرنا بـذلك تهديدهم بحـرق بيت فاطمة إن لم يخرج المتخلفون عن البيعـة فكيف يجوز لنا بعد هـذا أن نقول بأنّ البيعة كانت بالمشورة وبالإجماع .

وقـد شهد عمـر بن الخـطاب نفسـه بـأنّ تلك البيعـة كانت فلتـة وقّى الله المسلمين شرّها ، وقال فمن عاد إلى مثلها فاقتلوه ؛ أو قـال فمـن دعا إلى مثلها

---

(1) تاريخ الطبري ، تاريخ ابن الأثير ، تـاريخ الخلفـاه ، تاريخ الخميس ، الإستيعاب ، وكـل من ذكر بيعة أبي بكر .
(2) الإمامة والسياسة ج 1 ص 28 .

فلا بيعة له ولا لمن بايعه[1] .

ويقول الإمام علي في حقّها : (أمّا والله لقد تقمّصها ابن أبي قحافة ، وإنّه ليعلم أنّ محلّي منها محلّ القطب من الرّحى ، ينحدر عنّي السّيل ولا يرقى إليّ الطير)[2] .

ويقول سعد بن عبادة سيد الأنصار الذي هاجم أبا بكر وعمر يوم السقيفة ، وحاول بكلّ جهوده أن يمنعهم ويبعدهم عن الخلافة ، ولكنّه عجز عن مقاومتهم لأنّه كان مريضاً لا يقدر على الوقوف ، وبعدما بايع الأنصار أبا بكر قال سعد : والله لا أبايعكم أبداً حتى أرميكم بكل سهم في كنانتي من نبل ، وأخضب سناني ورمحي ، وأضربكم بسيفي ما ملكته يدي ، وأقاتلكم بمن معي من أهلي وعشيرتي ولا والله لو أنّ الجنّ اجتمعت لكم مع الإنس ، ما بايعتكم حتى أعرض على ربّي ، فكان لا يصلّي بصلاتهم ، ولا يجتمع بجمعتهم ، ولا يفيض بإفاضتهم ، ولو يجد عليهم أعواناً لطال بهم ، ولو بايعه أحد على قتالهم لقاتلهم ، ولم يزل كذلك حتى قتل بالشام في خلافة عمر[3] .

فإذا كانت هذه البيعة فلتة وقّى الله المسلمين شرّها على حدّ تعبير عمر الذي شيّد أركانها وعرفت ما آلت إليه أمور المسلمين بسببها .

وإذا كانت هذه الخلافة تقمصاً ـ من قبل أبي بكر ـ كما وصفها الإمام علي إذ قال بأنّه هو صاحبها الشرعي .

وإذا كانت هذه البيعة ظلماً كما اعتبرها سعد بن عبادة سيد الأنصار الذي فارق الجماعة بسببها .

وإذا كانت هذه البيعة غير شرعية لتخلّف أكابر الصحابة والعباس عمّ النبي عنها .

---

(1) صحيح البخاري ج 4 ص 179 .
(2) شرح نهج البلاغة لمحمد عبده ص 33 الخطبة الشقشقية .
(3) الإمامة والسياسة ج 1 ص 27 .

وعلى ذكر دفنها (سلام الله عليها) سرّاً في الليل فقد سافرتُ خلال سنوات البحث إلى المدينة المنوّرة لأطّلع بنفسي على بعض الحقائق ، واكتشفت .

أولاً : أنّ قبر الزهراء مجهول لا يعرفه أحد فمن قائل بأنّه في الحجرة النبوية ومن قائل بأنّه في بيتها مقابل الحجرة النبوية ، وثالث يقول : إنّه في البقيع وسط قبور أهل البيت بدون تحديد .

هذه الحقيقة الأولى التي استنتجت منها أنّها (سلام الله عليها) أرادت بهذا أن يتساءل المسلمون عبر الأجيال عن السبب الذي دعاها أن تطلب من زوجها أن يدفنها في الليل سرّاً ولا يُحضر جنازتها منهم أحد !!! وبذلك يمكن لأي مسلم أن يصل إلى بعض الحقائق المثيرة من خلال مراجعة التاريخ .

ثانياً : اكتشفت أنّ الزائر الذي يريد زيارة قبر عثمان بن عفان يمشي مسافة طويلة حتى يصل إلى آخر البقيع فيجده تحت الحائط بينما يجد أغلب الصحابة مدفونين في بداية البقيع قرب المدخل وحتى مالك بن أنس صاحب المذهب وهو من تابعي التابعين مدفون قرب زوجات الرسول ، وتحقّق لدي ما قاله المؤرخون من أنّه دفن بحش كوكب وهي أرض يهودية لأنّ المسلمين منعوا دفنه في بقيع رسول الله ، ولمّا استولى معاوية بن أبي سفيان على الخلافة اشترى تلك الأرض من اليهود وأدخلها في البقيع ليدخل بذلك قبر ابن عمّه عثمان فيها والذي يزور البقيع حتى اليوم سيرى هذه الحقيقة بأجلى ما تكون .

وإنّ عجبي لكبير حين أعلم أنّ فاطمة الزهراء (سلام الله عليها) أوّل من لحق بأبيها فبينها وبينه ، ستّة أشهر على أكثر الإحتمالات ثم لا تدفن إلى جانب أبيها .

وإذا كانت فاطمة الزهراء هي التي أوصت بدفنها سرّاً ، فلم تدفن بالقرب من قبر أبيها كما ذكرت ، فما بال ما حصل مع جثمان ولدها الحسن لم يدفن قرب قبر جده ؟! فقد منعت هذا (أم المؤمنين) عائشة وقد فعلت ذلك عندما جاء الحسين بأخيه الحسن ليدفنه إلى جانب جدّه رسول الله ، فركبت عائشة بغلة وخرجت تنادي وتقول : لا تدفنوا في بيتي من لا أحب .

169

واصطفّ بنو أميّة وبنو هاشم للحرب ولكنّ الإمام حسين قال لها : (إنّه سيطوف بأخيه على قبر جدّه ثم يدفنه في البقيع لأنّ الإمام الحسن أوصاه أن لا يهرقوا من أجله ولو محجمة من دم)[1] .

وقال لها ابن عباس أبياتاً مشهورة :

تجمَّـلتِ[2] تبغَّـلتِ[3]   ولـو عـشـت تـفيَّـلت

لـكِ التـسـع مـن الـثـمـن   وبـالـكـل تصرّفـتِ

وهذه حقيقة أخرى من الحقائق المخيفة ، فكيف ترث عائشة كل البيت من بين أزواج النبي المتعدّدات وهنّ تسع نساء حسب ما قاله ابن عباس :

وإذا كان النبي لا يورّث كما شهد بذلك أبو بكر نفسه ومنع ذلك ميراث الزهراء من أبيها فكيف ترث عائشة ؟ فهل هناك في كتاب الله آية تعطي الزوجة حق الميراث وتمنع البنت ؟ أم أنّ السياسة هي التي أبدلت كـل شيء فحرمت البنت من كل شيء وأعطت الزوجة كل شيء ؟ .

وبالمناسبة أذكر هنا قصّة طريفة ذكرها بعض المؤرخين ولها علاقة بموضوع الإرث .

قال ابن أبي الحديد المعتزلي في شرحه لنهج البلاغة : جاءت عائشة وحفصة ودخلتـا على عثمان أيام خـلافته ، وطلبتـا منـه أن يقسم لهـما إرثهما من رسول الله (ص) .

وكان عثمان متكئاً فاستوى جالساً وقال لعائشة :

أنت وهذه الجالسة جئتما بأعرابي يتطهّر ببوله وشهدتما أنّ رسول الله (ص) قال : نحن معشر الأنبياء لا نورّث ، فإذا كان الرسول حقيقةً لا يـورّث فماذا تطلبان بعد هذا ؟ وإذا كان الرسول يورّث لماذا منعتم فاطمة حقّها ؟ فخرجت

---

(1) تاريخ الخلفاء للسيوطي ص 212 .

(2) إشارة إلى ركوبها الجمل في حرب الجمل المشهورة .

(3) إشارة إلى ركوبها البغلة يوم منعت دفن الحسن بجانب جدّه .

عائشة من عنده غاضبة وقالت : أقتلوا نعثلاً فقد كفر[1] .

٣ ـ علي أولى بالإتّباع

ومن الأسباب التي دعتني للإستبصار وترك سنّة الآباء والأجداد ، الموازنة العقلية والنقلية بين علي بن أبي طالب وأبي بكر .

وكما ذكرت في الأبواب السابقة من هذا البحث إنّي أعتمد على الإجماع الذي يوافق عليه أهل السنّة والشيعة .

وقد فتّشت في كتب الفريقين فلم أجد إجماعاً إلّا على علي بن أبي طالب ، فقد أُجمع على إمامته الشيعة والسنّة في ما ورد من نصوص ثبتها مصادر الطرفين ، بينما لا يقول بإمامة أبي بكر إلّا فريق من المسلمين ، وقد كنّا ذكرنا ما قاله عمر عن بيعة أبي بكر ؛ كما أنّ الكثير من الفضائل والمناقب التي يذكرها الشيعة في علي بن أبي طالب ، لها سند ووجود حقيقي ثابت في كتب أهل السنّة المعتمدة عندهم ، ومن عدّة طرق لا يتطرّق إليها الشك ، فقد روى الحديث في فضائل الإمام علي جمع غفير من الصحابة ، حتى قال أحمد بن حنبل :

ما جاء لأحد من أصحاب رسول الله (ص) من الفضائل ، كما جاء لعلي بن أبي طالب[2] .

وقال القاضي إسماعيل والنسائي وأبو علي النيسابوري : لم يرد في حقّ أحد من الصحابة بالأسانيد الحسان ما جاء في علي[3] .

هذا مع ملاحظة أنّ الأمويين حملوا الناس في مشارق الأرض ومغاربها على سبّه ولعنه وعدم ذكر فضيلة له ، حتى منعوا أن يتسمّى أحد باسمه ، ومع كل ذلك خرجت فضائله ومناقبه (سلام الله عليه) رغم الجحود ؛ وفي ذلك يقول

---

(1) شرح نهج البلاغة لابن أبي الحديد ج 16 ص 220 .

(2) المستدرك على الصحيحين للحاكم ج 3 ص 107 ، المناقب للخوارزمي ص 3 و19 ، تاريخ الخلفاء للسيوطي ص 185 ، الصواعق المحرقة لابن حجر الهيثمي ص 72 ، تاريخ ابن عساكر ج 3 ص 63 ، شواهد التنزيل للحسكاني الحنفي ج 1 ص 19 .

(3) الرياض النضرة للطبري ج 2 ص 282 ، الصواعق المحرقة لابن حجر ص 72 وص 118 .

الإمام الشافعي : عجبت لرجل كتم أعداؤه فضائله حسداً ، وكتمها محبّوه خوفاً ، وخرج ما بين ذين ما طبق الخافقين .

أمّا بشان أبي بكر ، فقد فتّشت أيضاً في كتب الفريقين ، فلم أجد له في كتب أهل السنّة والجماعة القائلين بتفضيله ما يوازي أو يعادل فضائل الإمام علي ، على أنّ فضائل أبي بكر المذكورة في الكتب التاريخية ، مروية إمّا عن ابنته عائشة وقد عرفنا موقفها من الإمام علي ، فهي تحاول بكل جهدها دعم أبيها ولو بأحاديث موضوعة ، أو عن عبد الله بن عمر ، وهو أيضاً من البعيدين عن الإمام علي وقد رفض مبايعته بعدما أجمع الناس على ذلك ، وكان يحدث أن أفضل الناس بعد النبي أبو بكر ثم عمر ثم عثمان ثم لا تفاضل والناس بعد ذلك سواسية[1] . يعني هذا الحديث أن عبد الله بن عمر جعل الإمام علي من سوقة الناس كأي شخص عادي ليس له فضل ولا فضيلة .

فأين عبد الله بن عمر من الحقائق التي ذكرها أعلام الأمة وأئمتها ؛ بأنّه لم يرد في أحد من الصحابة بالأسانيد الحسان ما جاء في علي بن أبي طالب ، هل أنّ عبد الله بن عمر لم يسمع بفضيلة واحدة لعلي ؟ بل والله لقد سمع ووعى ، ولكنّ السياسة وما أدراك ما السياسة فهي تقلب الحقائق وتصنع الأعاجيب .

كذلك يروي فضائل أبي بكر ، كلّ من عمرو بن العاص وأبو هريرة وعروة وعكرمة وهؤلاء كلّهم يكشف التاريخ أنّهم كانوا متحاملين على الإمام علي وحاربوه إمّا بالسلاح وإمّا بالدسّ واختلاق الفضائل لأعدائه وخصومه .

قال الإمام أحمد بن حنبل : إنّ علياً كان كثير الأعداء ففتّش أعداؤه عن شيء يعيبونه به فلم يجدوا ، فجاؤوا إلى رجل قد حاربه وقاتله ، فأطروه كيداً منهم له[2] .

ولكن الله يقول : ﴿ إنهم يكيدون كيداً وأكيد كيداً فمهل الكافرين أمهلهم

------

(1) صحيح البخاري ج 2 ص 297 .

(2) فتح الباري في شرح صحيح البخاري ج 7 ص 83 ، تاريخ الخلفاء للسيوطي ص 185 ، الصواعق المحرقة لابن حجر ص 125 .

رويداً ﴾[1] .

وإنّه لمن معجزات الله سبحانه أن تخرج فضائل الإمام علي بعد ستة قرون من الحكم الجائر الظالم له ولأهل بيته ، إذ لم يكن العبّاسيون أقلّ بغضاً وحسداً ونكاية وتنكيلاً لأهل البيت النبوي من أسلافهم الأمويين حتى قال أبو فراس الحمداني في ذلك :

<table>
<tr><td>تــلك الجرائــر إلّا دون نيــلكم</td><td>ما نال منهم بنو حرب وإن عظمت</td></tr>
<tr><td>وكــم دم لــرســول الله عنــدكم</td><td>كم غــدرة لكم في الــدين واضحــة</td></tr>
<tr><td>أظفـاركم من بنيه الـطاهـرين دمُ</td><td>أنتم لــه شيعــة في مــا تــرون وفي</td></tr>
</table>

فــإذا خلصت بعد كـل ذلك تلكم الأحاديث وخرجت من تلكم الظلمات فلتكن لله الحجة البالغة ، ولئلا يكون للناس على الله حجة بعد ذلك .

ورغم أنّ أبا بكر كان هو الخليفة الأول وله من النفوذ ما قد عرفنا ورغم أنّ الدولة الأموية كانت تجعل عطاءً خاصّاً ورشوة لكل من يروي في حق أبي بكر وعمر وعثمان ورغم أنّها اختلقت لأبي بكر من الفضائل والمناقب الكثير مما سُوّدت بها صفحات الكتب ، مع ذلك فلم يبلغ معشار عشر حقائق الإمام علي وفضائله ، أضف إلى ذلك أنّك إذا حلّلت الأحاديث المروية في فضائل أبي بكر وجدتها لا تتماشى مع مَا سجّله له التاريخ من أعمال تناقض ما قيل فيه ولا يقبلها عقل ولا شرع وقد تقـدم شرح ذلك في حـديث : لو وزن إيمـان أبي بكر بـإيمـان أمتي لرجح إيمان أبي بكر ، ولو كان يعلم رسول الله أنّ أبا بكر على هذه الدرجة من الإيمان ما كان ليؤمّر عليه أسامة بن زيد ولا ليمتنع من الشهادة لـه كما شهد عـلى شهداء أحد وقـال لـه إنّي لا أدري مـاذا تحـدث من بعـدي حتى بكى أبو بكر[2] ، وما كان لِيُرسل خلفه علي بن أبي طالب ليأخذ منه سورة براءة فيمنعه من تبليغها[3] ، وما كان قال يـوم إعطاء الـراية في خيبـر : «لأعطين رايتي غداً

____

(1) سورة الطارق : الآيات 15 ـ 17 .

(2) موطأ الإمام مالك ج 1 ص 307 ، مغازي الواقدي ص 310 .

(3) صحيح الترمذي ج 5 ص 336 ، مسند أحمد بن حنبل ج 1 ص 151 ، مستدرك الحاكم ج 3 ص 51 .

فهو كسابقه ، إذ أين كان أبو بكر يوم المؤاخاة الصغرى في مكة قبل الهجرة ويوم المؤاخاة الكبرى في المدينة بعد الهجرة وفي كلتيهما اتخذ رسول الله (ص) عليّاً أخاً له وقال له : « أنت أخي في الدنيا والآخرة »[1] ولم يلتفت إلى أبي بكر فحرمه من مؤاخاة الآخرة كما حرمه من الخلّة ، وأنا لا أريد الإطالة في هذا الموضوع وأكتفي بهـذين المثلين اللذين أوردتهما من كتب أهـل السنة والجماعة ، أما عند الشيعة فلا يعترفون بتلك الأحاديث مطلقاً ولديهم الأدلّة الواضحة على أنها وضعت في زمن متأخر عن زمن أبي بكر .

هـذا وإذا تركنا الفضائـل وبحثنا في المساوىء فإنّـنا لا نحصي لعلي بن أبي طالب سيئة واحدة من كتب الفريقين ، بينما نجـد لغيره مساوىء كثيرة في كتب أهل السنّة كالصحاح وكتب السِّيَر والتاريخ .

وبهذا يكون الإجماع من الفريقين يختصّ بعلي وحده كما يؤكد التاريـخ أنّ البيعة الصحيحة لم تكن إلّا لعلي وحده .

فقد امتنع هـو وأصرّ عليها المهـاجرون والأنصار وقعد عن بيعته نفر فلم يجبرهم عليها ، بينما كانت بيعة أبي بكر فلتة وقى الله المسلمين شرّها ـ كما يقول عمر بن الخطاب ـ وكانت خلافـة عمر بعهـدٍ عهده إليـه أبو بكر وكانت خلافة عثمان مهزلة تاريخية ، ذلك أنّ عمر رشّح ستة للخلافة وألزمهم أن يختـاروا من بينهم واحداً وقال إذا اتّفق أربعـة وخالف إثنـان فاقتلوهمـا وإذا انقسم الستة إلى فريقين ثلاثة في كل جهة فخذوا برأي الثلاثة الـذين يقف معهم عبد الـرحمن بن عوف ، وإذا مضى وقت ولم يتّفق الستّة فاقتلوهم[2] ، والقصة طـويلة وعجيبة ، والمهم أنّ عبد الرحمن بن عـوف اختار عليًّا واشترط عليـه أن يحكم فيهم بكتاب الله وسنّة رسوله وسنّة الشيخين أبي بكر وعمـر فرفض عـلي هذا الشرط ، وقبله عثمان فكان هـو الخليفة ، وخرج علي من البيعـة وهو يعلم مسبقاً النتيجة وقد

---

(1) تـذكرة الخواص للسبط ابن الجوزي ص 31 ، تـاريخ دمشق لابن عسـاكر ج 1 ص 107 ، المناقب للخوارزمي ص 7 ، الفصول المهمة لابن الصباغ المالكي ص 21 ، العمـدة لابن بطريق ص 107 .

(2) شرح نهج البلاغة لابن أبي الحديد ج 1 ص 185 وما بعدها .

تحدّث عن ذلك في خطبته المعروفة بالشقشقية .

وبعد علي استولى معاوية على الخلافة فأبدلها قيصرية ملكية يتداولها بنو أمية ومن بعدهم بنو العباس إبناً عن أب ، ولم يكن هناك خليفة إلّا بنص السابق على اللّاحق ، أو بقوّة السيف والسلاح والإستيلاء ، فلم تكن هناك بيعة صحيحة[1] في التاريخ الإسلامي من عهد الخلفاء وحتى عهد كمال أتاتورك الذي قضى على الخلافة الإسلامية إلّا لأمير المؤمنين علي بن أبي طالب .

٤ ـ الأحاديث الواردة في علي توجب اتّباعه

من الأحاديث التي أُخذت بها ودفعتني للإقتداء بالإمام علي ، تلك التي أخرجتها صحاح أهل السنّة والجماعة وأكّدت صحتها والشيعة عندهم أضعافها ولكن ـ وكالعادة ـ سوف لا أستدلّ ولا أعتمد إلّا الأحاديث المتّفق عليها من الفريقين . ومن هذه الأحاديث :

أ ـ حديث « أنا مدينة العلم وعلي بابها »[2] .

وهذا الحديث وحده كاف لتشخيص القدوة الذي ينبغي اتباعه بعد الرسول (ص) ، لأنّ العالم أولى بالإتّباع ، أي أولى أن يُقتدى به من الجاهل .

قال تعالى : ﴿ قل هل يستوي الذين يعلمون والذين لا يعلمون ﴾[3] .

وقال أيضاً : ﴿ أفمن يهدي إلى الحق أحق أن يتبع أمن لا يهدي إلا أن يهدى فما لكم كيف تحكمون ﴾[4] ومن المعلوم أنّ العالم هو الذي يهدي والجاهل يستحق الهداية وهو أحوج إليها من أيًّ أحد .

وفي هذا الصدد سجّل لنا التاريخ أنّ الإمام عليّاً هو أعلم الصحابة على الإطلاق وكانوا يرجعون إليه في أمهات المسائل ولم نعلم أنّه (ع) رجع إلى واحد منهم قط فهذا أبو بكر يقول : لا أبقاني الله لمعضلة ليس لها أبو الحسن ، وهذا

---

(1) أي بإجماع المسلمين لم يفرضها عليهم أحد ولم تكن فتنة صحيح مسلم ج 2 ص 637 .

(2) مستدرك الحاكم ج 3 ص 127 ، تاريخ ابن كثير ج 7 ص 358 .

(3) سورة الزمر : الآية 9 .

(4) سورة يونس : الآية 35 .

عمر يقول : لولا علي لهلك عمر[1] .

وهذا ابن عباس يقول : ما علمي وعلم أصحاب محمد في علم علي ، إلّا كقطرة في سبعة أبحر[2] .

وهذا الإمام علي نفسه يقول : (سلوني قبل أن تفقدوني ، والله لا تسألونني عن شيء يكون إلى يوم القيامة إلّا أخبرتكم به ، وسلوني عن كتاب الله ، فوالله ما من آية إلّا وأنا أعلم أبليل نزلت أم بنهار في سهل أم في جبل)[3] .

بينما يقول أبو بكر عندما سئل عن معنى الأب في قوله تعالى : ﴿ وفاكهة وأباً متاعاً لكم ولأنعامكم ﴾[4] قال أبو بكر : أي سماء تظلّني وأي أرض تقلّني أن أقول في كتاب الله بما لا أعلم .

وهذا عمر بن الخطاب يقول : كل الناس أفقه من عمر حتى ربّات الحجال ، ويُسأل عن آية من كتاب الله فينتهر السائل ويضربه بالدرة حتى يدميه ويقول : لا تسألوا عن أشياء إن تبد لكم تسؤكم[5] ، وقد سئل عن الكلالة فلم يعلمها .

أخرج الطبري في تفسيره عن عمر أنه قال : لئن أكون أعلم الكلالة أحبّ إليّ من أن يكون لي مثل قصور الشام .

كما أخرج ابن ماجة في سننه عن عمر بن الخطاب قال : ثلاث لئن يكون رسول الله بيّنهنّ أحبّ إليّ من الدنيا وما فيها : الكلالة والرّبا والخلافة[6] .

---

(1) الإستيعاب ج 3 ص 39 ، مناقب الخوارزمي ص 48 ، الرياض النضرة ج 2 ص 194 .

(2) لقد أجمعت صحاح أهل السنّة وكتبهم على أفضلية علي (ع) وتقدّمه في العلم على كل الصحابة . راجع ـ على سبيل المثال ما جاء في الإستيعاب ج 3 ، ص 38 ـ 45 من أقوال الصحابة أنفسهم فيه وتقديمهم له عليهم .

(3) المحب الطبري في الرياض النضرة ج 2 ص 198 ، تاريخ الخلفاء للسيوطي ص 203 ، الإتقان ج 2 ص 319 ، فتح الباري ج 8 ص 485 ، تهذيب التهذيب ج 7 ص 338 .

(4) سورة عبس : الآيات 31 و32 .

(5) سنن الدارمي ج 1 ص 54 ، تفسير ابن كثير ج 2 ص 105 ، الدرّ المنثور ج 6 ص 111 .

(6) هذا الحديث من أشهر الأحاديث الواردة في كتب الفريقين في قصة الغدير .

سبحان الله ! حاشى لرسول الله أن يكون سكت عن هذه الأشياء ولم يبيّنها .

ب ـ حديث « يا علي أنت منّي بمنزلة هارون من موسى إلّا أنّه لا نبي بعدي » :

وهذا الحديث كما لا يخفى على أهل العقول فيه ما فيه من اختصاص أمير المؤمنين علي بالوزارة والوصاية والخلافة .

فكما كان هارون وزيراً ووصيّاً ، وخليفة موسى في غيابه عندما ذهب لميقات ربّه ، كذلك أيضاً منزلة الإمام علي (ع) فهو كهارون عليه وعلى نبيّنا السلام وصورة طبق الأصل عنه ما عدا النبوّة التي استثناها نفس الحديث ، وفيه أيضاً أنّ الإمام عليّاً هو أفضل الصحابة والحديث كما هو معلوم مجمعٌ عليه عند عامة المسلمين .

ت ـ حديث « من كنت مولاه فهذا علي مولاه ، اللهم وال من والاه وعاد من عاداه وانصر من نصره واخذل من خذله وأدر الحقّ معه حيث دار » :

وهذا الحديث وحده كاف لردّ مزاعم تقديم أبي بكر وعمر وعثمان على من نصّبه رسول الله (ص) وليّاً للمؤمنين من بعده ، ولا عبرة بمن أوّل الحديث إلى معنى المحبّ والنَّصير لصرفه عن معناه الأصلي الذي قصده الرسول وذلك حفاظاً على كرامة الصحابة ، لأنّ رسول الله (ص) عندما قام خطيباً في ذلك الحرّ الشديد وقال : «ألستم تشهدون بأنّ أولى بالمؤمنين من أنفسهم»؟ قالوا: بلى يا رسول الله فقال عندئذٍ : « فمن كنت مولاه فهذا علي مولاه . . . » وهذا نصّ صريح في استخلافه على أمّته ، ولا يمكن للعاقل المنصف العادل إلّا قبول هذا المعنى ، ورفض تأويل البعض المتكلّف ، والحفاظ على كرامة الرسول قبل الحفاظ على كرامة الصحابة ، لأنّ في تأويلهم هذا استخفافاً واستهزاء بحكمة الرسول الذي يجمع حشود الناس في الحرّ والهجير الذي لا يطاق ليقول لهم بأنّ علي هو محبّ المؤمنين وناصرهم .

وبماذا يُفسّر هؤلاء الذين يؤولون النصوص حفاظاً على كرامة كبرائهم وساداتهم ؛ موكب التهنئة الذي عقده له رسول الله (ص) .

وبدأ بزوجاته أمهات المؤمنين وجاء أبو بكر وعمر يقولان : بخ بخ لك ياابن أبي طالب أصبحت وأمسيت مولى كل مؤمن ومؤمنة ، والواقع والتاريخ يشهدان أنّ المتأوّلين لكاذبون فويل لهم مّما كتبت أيديهم وويل لهم مّما يكتبون قال تعالى : ﴿ وإن فريقاً منهم ليكتمون الحق وهم يعلمون ﴾[1] .

ث ـ حـديث : « عـلي مني وأنـا من عـلي ، ولا يؤدّي عني إلاّ أنـا أو علي »[2] .

وهـذا الحديث الشريف هـو الآخر صريـح في أنّ الإمام عليّاً هو الشخص الوحيد الذي أهّله صاحب الرسالة ليؤدّي عنه وقد قاله عندما بعثه بسورة براءة يوم الحج الأكبر عوضاً عن أبي بكر ، ورجع أبو بكر يبكي ويقول : يا رسول الله أنـزل فيّ شيء ؟ فقـال (ص) : « إنّ الله أمـرني أن لا يؤدّي عنّي إلاّ أنـا أو علي » .

وهذا نظير ما قاله رسول الله (ص) لعلي في مناسبة أخرى عندما قال له : « أنت يا علي تبيّن لأمتي ما اختلفوا فيه بعدي »[3] .

فإذا كان لا يؤدّي عن رسول الله إلاّ علي ، وهو الذي يبيّن للأمة ما اختلفوا فيه بعده ، فكيف يتقـدم عليه من لا يعرف معنى الأب ، ومن لا يعرف معنى الكلالة . وهذا لعمري من المصائب التي أصابت هـذه الأمة وأعـاقتها عن أداء المهمّة التي رشحها الله لها ، وليست الحجّة عـلى الله ولا على رسـول الله ولا على أمير المؤمنين علي بن أبي طالب ، وإنّما الحجّة البالغة على الذين عصـوا وبدّلـوا ، قال تعالى : ﴿ وإذا قيل لهم تعالوا إلى ما أنزل الله وإلى الرسول قالوا حسبنا ما وجدنا عليه آباءنا أولوْ كان آباؤهم لا يعلمون شيئاً ولا يهتدون ﴾[4] .

---

(1) سورة البقرة : الآية 146 .

(2) سنن ابن ماجة ج 1 ص 44 ، خصائص النسائي ص 43 ، صحيح الترمذي ج 5 ص 336 ، جامع الأصول لابن كثير ج 8 ص 652 ، الجامع الصغير للسيوطي ج 2 ص 56 ، الرياض النضرة ج 2 ص 229 .

(3) تاريخ دمشق لابن عساكر ج 2 ص 488 ، كنوز الحقائق للمناوي ص 203 ، كنز العمال ج 32983/11 .

(4) سورة المائدة : الآية 104 .

ج ـ حديث الدار يوم الإنذار :

قال رسول الله (ص) مشيراً إلى علي :

« إنّ هذا أخي ، ووصيي ، وخليفتي من بعدي فاسمعوا له وأطيعوا »[1] .

وهذا الحديث هو أيضاً من الأحاديث الصحيحة التي نقلها المؤرخون لبداية البعثة النّبوية وعدّوها من معجزات النبي ، ولكنّ السياسة هي التي أبدلت وزيّفت الحقائق والوقائع ، ولا عجب من ذلك لأنّ ما وقع في ذلك الزمان المظلم يتكرّر اليوم في عصر النور فهذا محمد حسين هيكل أخرج الحديث بكامله في كتابه (حياة محمد) في صفحة 104 من الطبعة الأولى سنة 1354 هجرية وفي الطبعة الثانية وما بعدها حذف من الحديث قوله (ص) : (وصيي وخليفتي من بعدي) ؛ كذلك حذفوا من (تفسير الطبري) الجزء 19 صفحة 121 قوله : (وصيي وخليفتي) وأبدلوها بقوله إنّ هذا أخي وكذا وكذا . . . !! وغفلوا عن أن الطبري ذكر الحديث بكامله في تاريخه الجزء 2 صفحة 319 .

أنظر كيف يحرّفون الكلم عن مواضعه ويقلّبون الأمور ﴿ يريدون أن يطفئوا نور الله بأفواههم والله متمّ نوره ﴾[2] . . .

وخلال البحث الذي قمت به أردت الوقوف على جلية الحال فبحثت عن الطبعة الأولى لكتاب ﴿ حياة محمد ﴾ وتحصّلت عليها بحمد الله بعد عناء ومشقّة وقد كلفني ذلك كثيراً ، والمهم أنّني اطّلعت على ذلك التحريف وزادني ذلك يقيناً بأن أهل السوء يحاولون جهدهم أن يمحوا الحقائق الثابتة لأنّها حجة قوية لدى (خصومهم) ! .

ولكنّ الباحث المنصف عندما يقف على شيء من هذا التحريف والتزييف يزداد عنهم بعداً ويعرف بلا شك أنّهم لا حجّة لديهم غير التضليل والدسّ

---

(1) تاريخ الطبري ج 2 ص 321 ، تاريخ ابن الأثير ج 2 ص 62 ، السيرة الحلبية ج 1 ص 334 ، شواهد التنزيل للحسكاني ج 1 ص 371 ، كنز العمال ج 15 ص 15 ، تاريخ ابن عساكر ج 1 ص 85 ، تفسير الخازن لعلاء الدين الشافعي ج 3 ص 372 ، حياة محمد لحسين هيكل الطبعة الأولى باب وأنذر عشيرتك الأقربين .

(2) تضمين من سورة التوبة : الآية 32 .

وقلب الحقائق بأي ثمن ، ولقد استأجروا كتّاباً كثيرين وأغـدقوا عليهم الأمـوال كما أغدقوا عليهم الألقاب والشهادات الجامعية المزيّفة ليكتبوا لهم ما يريدون من الكتب والمقالات التي تشتم الشيعة وتكفّرهم وتدافع بكل جهـد وإن كان بـاطلاً عن كرامة بعض الصحـابة المنقلبـين على أعقـابهم والذين بـدّلوا بعـد رسول الله الحقّ بالباطل ﴿ كذلك قال الذين من قبلهم مثل قـولهم تشابهت قلوبهم قـد بينا الآيات لقوم يوقنون ﴾[1] صدق الله العظيم .

* * *

---

(1) سورة البقرة : الآية 118 .

الأحاديث الصحيحة
التي توجب أتباع أهل البيت

١ ـ حديث الثقلين

قال رسول الله (ص) :

« يـا أيها النـاس إنّ تركت فيكم مـا إن أخذتم بـه لن تضلّوا ؛ كتـاب الله وعترتي أهل بيتي » ، وقال أيضاً :

« يوشك أن يأتي رسول ربّي فأجيب وإنّي تارك فيكم الثقلين أوّلهما كتاب الله فيه الهدى والنـور وأهل بيتي ، أذكّركم الله في أهل بيتي ، أذكركم الله في أهل بيتي »[1] .

وإذا أمعنا النظر في هذا الحديث الشريف الذي أخرجه صحاح أهل السنّة والجماعة وجدنا أنّ الشيعة وحدهم هم الذين اتّبعوا الثقلين (كتاب الله ، والعترة النبـوية الـطاهرة) بينما اتّبع أهـل السنّة والجماعة قـول عمر : (حسبنا كتاب الله) .

وليتهم اتّبعوا كتاب الله بغير تأويـل حسب أهوائهم فـإذا كان عمـر نفسه لم يفهم منه معنى الكلالة ولا عرف منه آية التيمم وعنده أحكام أخرى فكيف بمن

---

(1) صحيح مسلم باب فضائل علي ج 15 ص 180 ، صحيح الترمذي ج 5 ص 662 . مستدرك الحاكم ج 3 ص 148 مسند الامام أحمد بن حنبل ج ص 17 .

جاء بعده وقلّده بدون اجتهاد أو اجتهـد برأيـه في النصوص القرآنية ، وبـطبيعة الحال سوف يردّون عليّ بالحديث المروي عندهم وهـو « تركت فيكم كتـاب الله وسنّتي »[1] .

وهـــذا الحـديث إن صـحّ وهـو صحيـح في معنـاه ، لأنّ معنى العـتـرة بقـوله (ص) في حـديث الثقلين المتقدّم هـو الرجوع إلى أهل بيتي ليعلّمـوكم ـ أولاً ـ سنّتي ، أو لينقلوا إليكم الأحاديث الصحيحة لأنّهم منزّهون عن الكـذب وإنّ الله سبحانه عصمهم بآية التطهير .

وثانياً : لكي يفسّروا لكم معـانيها ومقـاصدهـا ، لأنّ كتاب الله وحـده لا يكفي للهداية فكم من فرقة تحتج بكتاب الله وهي في الضّلالة كـما ورد ذلك عن رسول الله (ص) عندما قال : « كم من قارىء للقرآن والقرآن يلعنه » .

فكتاب الله صامت ، وحمّال أوجه ، وفيه المحكم والمتشابه ، ولا بدّ لفهمـه من الـرجوع إلى الـرّاسخين في العلم حسب التعبير القرآني ، وإلى أهـل البيت حسب التفسير النّبوي .

فالشيعة يرجعون كل شيء إلى الأئمة المعصومين من أهـل البيت النبوي ولا يجتهدون إلّا في ما لا نصّ فيه .

ونحن نرجع في كل شيء إلى الصّحابـة سواء في تفسـير القرآن أو في إثبـات السنّة وتفسيرها ، وقد علمنا أحوال الصحابة ومـا فعلوه وما استنبطوه واجتهدوا فيه بآرائهم مقابل النصوص الصريحة وهي تعدّ بالمئات فلا يمكن الركون إلى مثلهم بعدما حصل منهم ما حصل .

وإذا سـألنا علماءنـا ، أي سنّـة تتبعـون ؟ لأجـابـوا قـطعـاً : سنّـة رسول الله (ص) .

والواقع التاريخي لا ينسجم مع ذلك ، فقد رووا أنّ الرسـول نفسـه قال : « عليكم بسنتي وسنة الخلفاء الـراشدين من بعـدي عضّواً عليها بالنـواجذ » إذاً

---

(1) أخرج مسلم في صحيحه والنسائي والترمذي وابن ماجه وأبي داوود في سننهم الحديث المذكور .

فـالسنّة التي يتبعـونها هي في أغلب الأحيان سنّـة الخلفاء الـراشـدين وحتى سنّـة الرسول التي يقولون بها فهي المروية عن طريق هؤلاء .

على أنّنا نـروي في صحاحنا أنّ الرسـول منعهم من كتابـة سننه لئلا تختلط بالقرآن ، وكذلك فعل أبو بكر وعمر إبّان خلافتيهما ، فلا يبقى بعـد هذا حجّة في قولنا : « تركت فيكم سنّتي »[1] .

والذي ذكرته في هذا البحث من الأمثلة ـ وما لم أذكره هـو أضعاف ذلك . كاف لردّ هذا الحديث لأنّ من سنّة أبي بكر وعمـر وعثمان مـا يناقض سنّـة النبي ويبطلها ، كما لا يخفى .

وإذا كـانت أول حادثـة وقعت بعد وفـاة رسول الله مبـاشرة وسجّلهـا أهـل السنّة والجماعة والمؤرخون : هي مخاصمة فاطمة الـزهـراء لأبي بكـر الذي احتجّ بحديث : نحن معشر الأنبياء لا نورث ما تركناه صدقة .

هذا الحديث الذي كذّبته فاطمـة الزهـراء وأبطلتـه بكتاب الله ، واحتجّت عـلى أبي بكر بـأنّ أبـاهـا رسول الله (ص) لا يمكنه أن يناقض كتـاب الله الذي أنزل عليه إذ يقول سبحانه وتعالى : ﴿ يوصيكم الله في أولادكم للذكر مثل حظا الانثيين ﴾[2] .

وهي عـامّة تشمـل الأنبياء وغـير الأنبياء ، واحتجّت عليه بقوله تعـالى : ﴿ وورث سليمان داوود ﴾[3] وكلاهما نبي .

وقوله عزّ من قائل : ﴿ فهب لي من لدنك ولياً يرثني ويرث من آل يعقوب واجعله رب رضياً ﴾[4] .

---

(1) ورد بلفظ (كتاب الله وعترتي) مسنداً إلى رسول الله (ص) . أمّا لفظ سنتي فلم يرد في أيّ من الصحاح الست ؛ وقد أخرج الحديث بهـذا اللفظ مالك بن أنس في موطئه ونقله مرسلاً غير مسند ، وأخذ عنه بعد ذلك البعض كالطبري وابن هشام ونقلوه مرسلاً كما ورد عن مالك .

(2) سورة النساء : الآية 11 .

(3) سورة النمل : الآية 16 .

(4) سورة مريم : الآيات 5 و 6 .

والحـادثة الثـانية التي وقعت لأبي بكـر في أول أيام خـلافتـه وسجّلهـا المؤرخـون من أهل السنّة والجماعة اختلف فيها مع أقرب الناس إليه وهو عمر بن الخطّاب تلك الحادثة التي تتلخّص في قراره بمحاربة مانعي الـزكاة وقتلهم فكـان عمر يعـارضه ويقـول له لا تقـاتلهم لأنّي سمعت رسول الله (ص) يقـول : « أمرت أن أقـاتل الناس حتى يقولوا : لا إله إلّا الله محمد رسول الله ، فمن قـالها عصم مني مـاله ودمه وحسابه على الله » .

وهـذا نصّ أخرجـه مسلم في صحيحه جاء فيه : « أنّ رسول الله (ص) أعطى الرايـة إلى علي يـوم خيبر فقـال علي : يـا رسول الله عـلى ماذا أقـاتلهم ؟ فقال (ص) : « قاتلهم حتى يشهـدوا أن لا إله إلّا الله وأنّ محمـداً رسول الله ، فـإن فعلوا ذلك فقـد منعوا منك دمـاءهم وأمـوالهم إلّا بحقّها وحسـابهم عـلى الله »[1] ولكن أبا بكر لم يقتنع بهذا الحديث وقال : والله لأقـاتلنّ من فرّق بـين الصـلاة والزكاة فإنّ الـزكاة حقّ المال ؛ أو قال : والله لـو منعوني عقالاً كانـوا يؤدّونه إلى رسول الله لقـاتلتهم على منعـه ، واقتنع عمـر بن الخطاب بعـد ذلك وقال : ما إن رأيت أبـا بكر مصمّـماً على ذلك حتى شرح الله صدري ؛ ولست أدري كيف يشرح الله صدور قوم بمخالفتهم سنّة نبيّهم !

وهذا التأويل منهم ، لتبرير قتال المسلمـين الذين حـرّم الله قتلهم إذ قال في كتابه العزيز .

﴿ يـا أيها الـذين آمنوا إذا ضربتم في سبيـل الله فتبينوا ولا تقـولوا لمن ألقى إليكم السـلام لست مؤمناً تبتغون عرض الحياة الدنيا فعند الله مغانم كثيرة كذلك كنتم من قبل فمن الله عليكم فتبينوا إن الله كان بما تعملون خبيراً ﴾[2] . صدق الله العظيم .

عـلى أنّ هؤلاء الذين منعـوا إعطاء أبي بكر زكـاتهم لم ينكروا وجـوبها ؛ ولكنّهم تأخّروا ليتبيّنوا الأمر ويقول الشيعة : إنّ هؤلاء فـوجئوا بخلافة أبي بكر

---

(1) صحيح مسلم ج 8 ص 51 كتاب الايمان .

(2) سورة النساء : الآية 94 .

وفيهم من حضر مع رسول الله حجـة الوداع وسمـع منه النصّ على علي بن أبي طالب ، فتَريّشوا حتى يفهموا الحقيقة ، ولكن أبا بكـر أراد إسكـاتهم عن تلك الحقيقة ، وبما أنّي لا أستدلّ ولا أحتجّ بما يقوله الشيعة ، فسأترك هـذه القضية لمن يهمّه الأمر ليبحث فيها .

على أنّني لا يفوتني أن أسجّل هنا أن صاحب الرسالة (ص) وقعت له في حياته قصة ثعلبة الـذي طلب منه أن يـدعوا لـه بالغنى وألـحّ في ذلك وعـاهد الله أنّـه يتصدق ، ودعا له رسول الله (ص) وأغناه الله من فضله ، وضاقت عليه المدينة وأرجـاؤها من كـثرة إبله وغنمه حتى ابتعـد ولم يعد يحضر صلاة الجمعة ، ولمّا أرسل إليه رسول الله (ص) العاملين على الزكاة ، رفض أن يعطيهم شيئاً منها ، قائلًا : إنّما هذه جزية أو أخت الجزية ، ولم يقاتله رسول الله (ص) ، ولا أمر بقتـاله وأنـزل فيه قـوله : ﴿ ومنهم من عـاهد الله لئن آتـانا من فضله لنصدّقن ولنكــونّ من الصــالحـين فلمّا أتـاهم من فضله بـخلوا بـه وتـولـوا وهم معرضون ﴾[1] .

وجاء ثعلبة بعد نزول الآية وهو يبكي ، وطلب من رسول الله (ص) قبول زكاته وامتنع الرسول حسب ما تقول الرّواية .

فإذا كان أبو بكر وعمر يتّبعان سنّة الرسـول ، فلماذا هذه المخالفة وإبـاحة دماء المسلمين الأبـرياء لمجـرّد منع الـزكاة ؟ على أنّ المعتذرين لأبي بكر والذين يريدون تصحيح خطئه بتأويله بشأن الزكاة هي حقّ المال ، لا يبقى لهم ولا لـه عذر بعد قصة ثعلبة الذي أنكر الزكاة واعتبرها جزية ، ومن يدري لعلّ أبا بكر أقنع صاحبه عمر بوجوب قتل من منعوه الزكاة خوفاً أن تسري دعـوتهم في البلاد الاسلامية لاحياء نصوص الغدير التي نصّبت عليّاً للخلافـة ، ولذلك شرح الله صدر عمر بن الخطاب لقتالهم ، وهو الذي هدّد بقتل المتخلّفـين في بيت فاطمـة وحرقهم بالنار من أجل أخذ البيعة لصاحبه .

أمّا الحادثة الثالثة التي وقعت لأبي بكر في أول خلافته وخـالفه فيهـا عمر بن

---

(١) سورة التوبة : الآيات ٧٥ ـ ٧٦ .

حرّمها الله ، ففي الاسلام لا تنكح المرأة المتوفى زوجها إلّا بعد العـدّة التي حدّدها الله في كتابه العـزيز ، ولكنّ خـالداً اتّخـذ إلهه هـواه فترّدى ، وأي قيمـة للعـدّة عنده بعـد أن قتل زوجهـا صبراً وظلماً ، وقتـل قومـه أيضاً وهم مسلمـون بشهـادة عبد الله بن عمـر وأبي قتادة الـذي غضب غضباً شـديداً ممّا فعله خالـد وانصرف راجعـاً إلى المدينة وأقسم أن لا يكـون أبـداً في لـواءٍ عليه خـالـد بن الوليد(1) .

وحسبنا في هذه القضية المشهورة أن ننقـل اعتراف الاستـاذ هيكل في كتـابه (الصدّيق أبو بكر) إذ قال تحت عنوان (رأي عمر وحجّته في الأمر) :

(أمّا عمر ، وكـان مثال العـدل الصارم ، فكـان يرى أنّ خـالداً عـدا على امـرىء مسلم ونزا عـلى امرأتـه قبل انقضـاء عدّتـهـا ، فلا يصحّ بقاؤه في قيـادة الجيش حتى لا يعود لمثلها فيفسد أمر المسلمين ، ويسيء إلى مكانتهم بـين العرب قال : ولا يصحّ أن يتـرك بغير عقاب على ما أتمّ مع ليلى .

ولو صحّ أنّه تأوّل فاخطأ في أمر مالك ، وهذا ما لا يجيزه عمر ، وحسبه مـا صنع مع زوجته ليقام عليه الحدّ ، فليس ينهض عـذراً له إنّه سيف الله ، وإنّه القائد الذي يسير النصر في ركابه ، فلو أنّ مثل هذا العـذر يقبل لأبيحت لخالد وأمثـاله المحـارم ، ولكان أسوأ مثل يضرب للمسلمـين في احترام كتـاب الله ، لـذلك لم يفنـأ عمر يعيـد عـلى أبي بكـر ، ويلحّ عليه ، حتى استـدعى خـالـداً وعنّفه . . . . .)(2) .

وهل لنا أن نسـأل الاستاذ هيكل وأمثاله من علمائنا الـذين يراوغـون حفاظـاً على كرامة الصحابة ، هل لنا أن نسألهم ، لماذا لم يقم أبو بكر الحدّ على خالد ؟ وإذا كان عمر كما يقول هيكل مثال العدل الصارم فلماذا اكتفى بعزله عن قيـادة الجيش ولم يقم عليـه الحدّ الشرعي حتى لا يكـون ذلك أسـوأ مثـل يضرب

---

(1) تاريخ الطبري ج 3 ص 280 تاريخ اليعقوبي ج 2 ص 110 ، تاريخ أبي الفـداء ج 2 ص 60 ، الاصابة ج 6 ص 37 .

(2) كتاب « الصديق أبو بكر» للاستاذ هيكل ص 151 .

للمسلمين في احترام كتاب الله كما ذكر ؟ وهل احترموا كتاب الله وأقامـوا حدود الله ؟ كـلّا إنّها السيـاسـة وما أدراك مـا السيـاسـة ؟ تصنـع الأعـاجيب وتقلب الحقائق ، وتضرب بالنصوص القرآنية عرض الجدار .

وهـل لنـا أن نسـأل بـعض علمائنـا الـذين يـروون في كتبهم ؛ أنّ رسول الله (ص) غضب غضباً شديداً عندما جاء أسامة ليشفع لامرأةٍ شريفة سرقت .

فقال (ص) : « ويحك أتشفع في حدّ من حدود الله ، والله لو كانت فاطمة بنت محمد سرقت لقطعت يـدها ، إنّما أهلك من كان قبلكم إذا سرق الشريـف تركوه ، وإذا سرق الضعيف أقاموا عليه الحدّ »[1] .

فكيف يسكتون عن قتل المسلمين الأبرياء والدخول بنسائهم في نفس الليلة وهنّ منكويات بموت أزواجهنّ ويا ليتهم يسكتـون ! ولكنهم يحاولـون تبريـر فعل خـالد بـاختلاق الأكـاذيب وبخلق الفضائـل والمحاسن لـه حتى لقّبوه بسيف الله المسلول .

ولقد أدهشني بعض أصدقـائي وكان مشهـوراً بالمزح وقلب المعاني ، فكنت أذكـر لـه مـزايا خـالد بن الـوليد في أيـام جهـالتي وقلت لـه أنّه سيف الله المسلول ، فأجابني : إنّه سيف الشيطان المشلول ، واستغربت يومها ، ولكن بعد البحث فتح الله بصيرتي وعرّفني قيمة هؤلاء الذين استولوا على الخلافة وبدّلوا أحكام الله وعطّلوها وتعدّوا حدود الله واخترقوها .

وخـالد بن الـوليد لـه في حيـاة النبي قصـة مشهـورة ، إذ بعثـه النبي إلى بني جذيمة ليدعوهم إلى الاسلام ولم يأمره بقتالهم .

فلم يحسنوا أن يقولوا أسلمنا ، فقالوا : صبأنا ، صبأنا ، فجعل خـالد يقتل ويأسر بهـم ودفع الأسرى إلى أصحابه وأمرهم بتقلهم ، وامتنع البعض من قتلهم لما تبين لهم أنّهم أسلموا ولما رجعوا وذكروا ذلك للنبي (ص) .

---

(1) صحيح الترمـذي ج 4 ص 37 ، صحيح البخـاري ج 4 ص 173 باب إذا قضىٰ الحـاكم بجور فهو ردّ .

قال : « اللهمّ إنّي أبرأ إليك مما صنع خالد بن الوليد » قالها مرتين وبعث علي بن أبي طالب إلى بني جذيمة ومعه مال فودّى لهم الدّماء وما أصيبت لهم من أموال ، حتى ودّى لهم مليغة الكلب . وقام رسول الله (ص) فاستقبل القبلة قائماً رافعاً يديه إلى السماء حتى أنّه ليرى ما تحت منكبيه ، وهو يقول : « اللهم إنّي أبرأ إليك ممّا صنع خالد بن الوليد » ثلاث مرات[1] .

فهل لنا أن نسأل أين هي عدالة الصحابة المزعومة التي يدّعونها ، وإذا كان خالد بن الوليد وهو عندنا من عظمائنا حتى لقبناه بسيف الله ، أفكان ربّنا يسلّ سيفه ويسلّطه على المسلمين والأبرياء وعلى المحارم فيهتكها ، ففي ذلك تناقض لأنّ الله ينهى عن قتل النفس وينهى عن الفحشاء والمنكر والبغي ، ولكنه ـ أي خالد ـ في نفس الوقت يسلّ سيف البغي ليفتك بالمسلمين ويهدر دماءهم وأموالهم ويسبي نساءهم وذراريهم ، إنّ هذا زور من القول وبهتان مبين ، سبحانك ربّنا وبحمدك تباركت وتعاليت عن ذلك علواً كبيراً ﴿ سبحانك ما خلقت السموات والأرض وما بينهما باطلاً ، ذلك ظنّ الذين كفروا فويل للذين كفروا من النار ﴾[2] .

كيف جاز لأبي بكر وهو خليفة المسلمين أن يسمع بتلكم الجرائم الموبقة ويسكت عنها ، بل ويدعو عمر بن الخطاب بأن يكفّ لسانه عن خالد ، ويغضب على أبي قتادة لإنكاره فعل خالد ، أكان مقتنعاً حقاً بأنّ خالداً تأوّل فأخطأ ، فأي حجة بعد هذا على المجرمين والفاسقين في هتكهم الحرمات وادّعائهم التأويل .

أمّا أنا فلا أعتقد بأنّ أبا بكر كان متأوّلاً في أمر خالد الذي سمّاه عمر بن الخطاب بـ (عدوّ الله) وكان من رأيه أن يقتل خالد ، لأنه قتل أمرءاً مسلماً وأن يرجمه بالحجارة لأنه زنى بزوجة مالك (ليلى) ، ولم يقع شيء من ذلك للقاتل الجاني بل خرج منها منتصراً على عمر بن الخطاب ، لأنّ أبا بكر وقف إلى جانبه

---

(1) سيرة ابن هشام ج 4 ص 71 ـ 72 طبقات ابن سعد ، أسد الغابة ج 2 ص 94 ، تاريخ الطبري ج 3 ص 67 .

(2) تضمين من سورة ص : الآية 27 .

وهو يعلم حقيقة خالد أكثر من أيّ أحد ، فقد سجّل المؤرخون أنه بعثه بعد تلك الواقعة المشينة إلى اليمامة التي خرج منها منتصراً ، وتزوّج في أعقابها بنتاً كما فعل مع ليل ولمّا تجف دماء المسلمين بعدُ ولا دماء أتباع مسيلمة ، وقد عنّفه أبو بكر على فعلته هذه بأشدّ ممّا عنّفه على فعلته مـع ليل[1] ، ولا شك أنّ هذه البنت هي الأخرى ذات بعل فقتله خالد ونزا عليها ، كما فعل بليل زوجة مالك .

وإلّا لما استحقّ أن يعنّفه أبو بكر بأشدّ ممّا عنّفه على فعلته الأولى ، عـلى أن المؤرخين يذكرون نصّ الرسالة التي بعث بها أبو بكر إلى خالـد بن الوليد وفيها يقول : لعمري يـا بن أم خالـد إنّك لفارغ تنكح النسـاء وبفناء بيتـك دم ألف ومائتي رجل من المسلمين لم يجف بعد[2] :

ولما قرأ خالد هذا الكتاب قـال : هذا عمـل الأعسر يقصد بـذلك عمـر بن الخطاب .

فهـذه من الأسبـاب القـويـة التي جعلتني أنفـر من أمثـال هؤلاء الصحـابـة ، ومن تابعيهم الذين يتأوّلون النصوص ويختلقون الروايات الخيالية لتبرير أعمال أبي بكر وعمر وعثمان وخالد بن الوليد ومعاوية وعمرو بن العاص وإخوانهم ، اللهم إنّي أستغفرك وأتوب إليـك ، اللهم إنّي أبرأ إليـك من أفعـال هؤلاء وأقـوالهم التي خالفت أحكامك واستباحت حرماتـك وتعدّت حـدودك ، واغفر لي مـا سبق من موالاتهم إذ كنتُ من الجاهلين ، وقد قال رسولك : «لا يعـذر الجاهـل بجهله » ، اللهم إنّ ساداتنا وكبراءنا قـد أضلونا السبيـل وحجبوا عنّـا الحقيقة وصوّروا لنا الصحابة المنقلبين بأنّهم أفضل الخلق بعد رسولك ، ولا شك إنّ آباءنا وأجدادنا كانوا ضحيّة الدسّ والغش الذي توخّاه الأمويـون ومن بعدهم العباسيون اللهم فاغفر لهم ولنا فأنت تعلم السرائر وما تخفي الصـدور وما كان حبّهم وتقديرهم واحترامهم لأولئك الصحابة إلّا عن حسن نيّة على أنّهم أنصار رسولك محمد صلواتـك وسلامـك عليه وأحبـاؤه . . . وأنت تعلم ـ يـا سيدي ـ حبّهم وحبّنا

---

(1) الاستاذ هيكل في كتابه « الصديق أبو بكر » ص 151 وما بعدها .

(2) تاريخ الطبري ج 3 ص 254 ، تاريخ الخميس ج 343 .

للعترة الطاهـرة ، الأئمة الـذين أذهبت عنهم الرجس وطهـرتهم تطهـيراً ، وعلى رأسهم سيد المسلمين وأمـير المؤمنين وسـائد الغـرّ المحجّلين وإمام المتقـين سيدنـا علي بن أبي طالب .

واجعلني اللهم من شيعتهم ومن المتمسّكين بحبل ولائهم والسـائرين عـلى منهاجهم ، والرّاكبـين في سفينتهم والمستمسكين بعروتهم الوثقى والـداخلين من أبـوابهم والذّائبين في محبتهم ومودّتهم العـاملين بـأقـوالهم وأفعـالهم والشـاكرين لفضلهم ونوالهم .

اللهم واحشرني في زمرتهم فقد قال نبيّك صلواتك عليه وعلى آله : « يحشر المرء مع من أحبّ » .

٢ ـ حديث السّفينة

قال رسول الله (ص) :

« إنّما مثل أهـل بيتي فيكم مثل سفينـة نوح في قـومه ، من ركبهـا نجا ومن تخلّف عنها غرق »(1) .

« وإنّما مثل أهل بيتي فيكم مثل باب حطّة في بني إسرائيـل ، من دخله غُفر له »(2) .

وقد أورد ابن حجر في كتابه (الصـواعق المحرقـة) هذا الحـديث ثم قال : ووجـه تشبيههم بالسفينة أنّ من أحبّهم وعظّمهم شكراً لنعمة مشرّفهم ، وأخـذاً بهدي علمائهم نجا من ظلمة المخالفات ، ومن تخلّف عن ذلك غرق في بحر كفر النعم وهلك في مفاوز الطغيـان ، ووجـه تشبيههم ببـاب حطّة ، إنّ الله تعـالى جعل دخول ذلك الباب الذي هو بـاب أريحا ، أو بيت المقدس مع التواضع ، والاستغفـار سبباً للمغفـرة ، وجعل لهـذه الأُمة مـودّة أهل البيت سبباً للمغفرة والنجاة .

---

(1) المستـدرك للحاكـم ج 3 ص 151 تلخيص الـذهبي ، ينابيع المـودة ج 1 ص 26 ، الصـواعق المحرقة لابن حجر ص 184 و 234 مجمع الزوائد ج 9 ص 168 .

(2) مجمع الزوائد للهيثمي ج 9 ص 168 .

ويا ليتني أسأل ابن حجر هل كان من الذين ركبوا السفينة ودخلوا الباب وأخذوا بهدي العلماء ، أم أنّه من الذين يقولون ما لا يفعلون ويخالفون ما يعتقدون ، وكثيرون هم أولئك الجهلة الذين عندما أسألهم واحتجّ عليهم يقولون لي : نحن أولى بأهل البيت وبالامام علي من غيرنا ، نحن نحترم أهل البيت ونقدّرهم وليس هناك من ينكر فضلهم وفضائلهم ! .

نعم يقولون بألسنتهم ما ليس في قلوبهم ، أو أنّهم يحترمونهم ويقدرونهم ولكن يقتدون بأعدائهم ، ويقلّدونهم ومن قاتلهم وخالفهم .

أو أنّهم في أغلب الأحيان لا يعرفون من هم أهل البيت وإذا سألتهم من هم أهل البيت ؟ يجيبون على الفور : هم نساء النبي اللّاتي أذهب الله عنهن الرجس وطهّرهم تطهيراً ، وقد كشف لي أحدهم عن هذا اللّغز عندما سألته وأجابني قائلًا : أهل السنّة والجماعة كلّهم يقتدون بأهل البيت ، وتعجّبت وقلت كيف ذلك ؟ فقال : قال رسول الله خذوا نصف دينكم عن هذه الحميراء يعني عائشة ، فنحن أخذنا نصف الدّين عن أهل البيت ، وعلى هذا الأساس يفهم كلامهم حول احترام وتقدير أهل البيت ، أمّا إذا سألتهم عن الأئمة الاثني عشر فلا يعرفون منهم غير علي والحسن والحسين مع أنّهم لا يقولون بإمامة الحسنين ، وهم يحترمون معاوية بن أبي سفيان الذي دسّ السم للحسن فقتله ، ويسمونه (كتاب الوحي) وعمرو بن العاص كاحترامهم الامام علي .

إنّه التناقض والخلط والتّلبيس تلبيس الحق بالباطل وتغليف الضياء بالظلام وإلّا كيف يجتمع في قلب المؤمن حبّ الله والشيطان معاً ، قال الله في كتابه المجيد .

﴿ لا تجد قوماً يؤمنون بالله واليوم الآخر يوادّون من حادّ الله ورسوله ولو كانوا آباءهم ، أو أبناءهم ، أو إخوانهم ، أو عشيرتهم ، أولئك كتب في قلوبهم الايمان وأيدهم بروح منه ويدخلهم جنات تجري من تحتها الأنهار خالدين فيها رضي الله عنهم ورضوا عنه أولئك حزب الله ألا إن حزب الله هم المفلحون ﴾[1] .

---

(1) سورة المجادلة : الآية 22 .

وقال أيضاً عزّ من قائل :

﴿ يا أيها الذين آمنوا لا تتخذوا عدوي وعدوكم أولياء تلقون إليهم بالمودة وقد كفروا بما جاءكم من الحق ﴾[1] .

٢ ـ حديث من سرّه أن يحيا حياتي

قال رسول الله (ص) :

« من سرّه أن يحيا حياتي ، ويموت مماتي ، ويسكن جنّة عدن غرسها ربّي ، فليوال عليًّا من بعدي وليوال وليّه ، وليقتد بأهل بيتي من بعدي ، فإنّهم عـترتي خلقوا من طينتي ، ورزقوا فهمي وعلمي ، فويل للمكـذّبين بفضلهم من أمتي ، القاطعين فيهم صلتي ، لا أنالهم الله شفاعتي »[2] .

وهذا الحديث هو كما نرى ، من الأحاديـث الصريحـة التي لا تقبل التـأويل ولا تـترك للمسلم أي اختيار ؛ بـل تقطع عليه كل حجّـة ، وإذا لم يُـوال عليًّا ويقتـد بـأهـل البيت عـترة الـرسـول ، فهـو محـروم من شفـاعـة جـدّهم رسول الله (ص) .

وتجدر الاشارة هنا بأنّـه خلال البحث الـذي قمتُ به شككت في البـدء في صحّة هذا الحديث واستعظمته ، لما فيه من تهديد ووعيد لمن كان على خلاف مع علي وأهل البيت ، وخصوصاً أنّ هذا الحديث لا يقبل التأويـل ، وخفّت الوطـأة عندما قرأت في كتاب (الاصابة) لابن حجر العسقلاني بعدما أخرج الحديث قـوله : قلت في أسناده يحيى بن يعلى المحاربي وهو واهٍ ، وأزال ابن حجر بهذا القول بعض الإشكال الـذي علق بذهني إذ تصـوّرت أنّ يحيى بن يعلى المحاربي هو واضعُ الحديث وهو ليس بثقة ، ولكنّ الله سبحانه وتعالى أراد أن يوقفني على

---

(1) سورة الممتحنة : الآية ١ .

(2) مستدرك الحاكم ج ٣ ص ١٢٨ الطبراني في الجامع الكبير والاصابة لابن حجر العسقلاني ، كنـز العمّـال ج ١٢ / ٣٤١٩٨ . المنـاقب للخوارزمي ص ٣٤ ينابيـع المـودة ج ١ ص ١٢٦ ، حلية الأولياء ج ١ ص ٨٦ تاريخ ابن عساكر ج ٢ ص ٩٥ .

البخاري ومسلم في الصحاح ، ولكنّ ابن حجر العسقلاني طعن به ووصفه بـأنّه واهٍ ، لا لشيء إلّا أنّه روى حـديث المـوالاة الـذي أمـر فيـه رسـول الله (ص) أصحابه بأن يوالـوا من بعده عليّـاً وأهل البيت ، وهـذا الحديث لا يـروق لابن حجر وأمثالـه الذين يحـاولون جهدهم طمس الحقائق التي أنفق معـاوية بن أبي سفيـان كل مـا يملك من الذهب والفضّة في سبيل طمسها فلم يفلح ، فكيف يمكن لابن حجر أن يطمسها بطعنه في الرّواة الثقاة ، وقـد كان لمعاوية زيادة على المال ، الحول والطول والسلطة والجاه ومع ذلك فشل فشلاً ذريعاً وطواه الـزمان في خبر كان بينـما بقي نور الامـام علي يشـع على مـرّ الأيام ، فكيف يتسنّى لابن حجر وأضرابه أن يشكّكوا في حقيقة أهـل البيت بمجرد الـطعن في الرّواة الأمنـاء الثقاة ؟؟ فهيهات هيهات أن ينطفىء نور الله بالأفواه ! . . . .

ومرة يخرجون الحديث في الطبعة الأولى ويحذفونه في الطبعات الأخرى بدون أي إشارة إلى مبرر الحذف رغم أنّ المطلعين يدركون سبب ذلك !! مثال ذلك ما فعله محمـد حسين هيكـل في كتابه (حيـاة محمـد) في الـطبعة الأُولى ص 104 قال : عندما نزل قوله سبحانه ﴿ وأنذر عشيرتك الأقربين ﴾[1] ثم أورد القصّة كما ذكرها المؤرخون وفي أخرها قـال رسـول الله (ص) « إنّ هـذا أخي ووصيّي وخليفتي فيكم . . !! » ولكنّه حذفها في الطبعة الثانية وما بعـدها من الـطبعات بدون إشارة ولا تعليق يشيران من قريب أو من بعيـد لـسبب حذفه هذه الفقـرة من حديث الرسول (ص) وإن كان الشيخ محمد جـواد مغنية ـ والعُهدة عليه ـ نقل في كتابه (الشيعة في الميـزان) هذه الحـادثة وقال : أنّ محمد حسـين هيكل حـذف هذه الفقـرة مقابـل آلاف الجنيهات ، وبمـا أنّ هيكل لم يُكـذِّب الخبر ولم يعلّل حـذفه للفقـرة المذكـورة ، فقد تبيّن صدق الشيـخ محمـد جواد مغنيـة ، واطّلاعه الواسع على مُجريات الأُمور !

على أننا نقول لهؤلاء وأمثالهم الذين يشترون بـآيات الله ثمناً قليلاً : اتّقـوا الله وقولوا قولاً سديداً وتذكروا قوله سبحانه وتعالى : ﴿ إن الـذين يكتمون مـا أنزلنا من البينات والهدى من بعـد ما بينـاه للناس في الكتـاب أولئك يلعنهم الله

---

(1) سورة الشعراء : الآية 214 .

ويلعنهم اللاعنون ﴾[1] وقوله سبحانه وتعالى : ﴿ إن الذين يكتمون ما أنزل الله من الكتاب ويشترون به ثمناً قليلاً ، أولئك ما يأكلون في بطونهم إلا النار ولا يكلمهم الله يوم القيامة ولا يزكيهم ولهم عذاب أليم ﴾[2] .

فهل لهؤلاء أن يتوبوا إلى الله ويعترفوا بالحقّ عسى أن يتوب الله عليهم ، قبل فوات الأوان ؟؟؟

وقد تحقق لديّ كل هذا بعد البحث والتمحيص وعندي أدلة قاطعة على ما أقول ، فليتهم إذ يحاولون عبثاً كل هذه المحاولات لتبرير أعمال الصحابة الذين انقلبوا على الأعقاب ، فجاءت أقوالهم متناقضة بعضها مع بعض ومتناقضة مع التاريخ .

ليتهم اتّبعوا الحق ولو كان مرّاً إذاً لأراحوا واستراحوا ، ولكانوا سبباً في جمع شمل هذه الأمة المتمزقة والمتناحرة لا لشيء إلّا لتأييد أقوالهم أو تفنيدها .

وإذا كان بعض الصحابة الأولين غير ثقاة في نقل الأحاديث النبوية الشريفة فيطلون منها ما لا يتماشى وأهواءهم وخصوصاً إذا كانت هذه الأحاديث من الوصايا التي أوصى بها رسول الله (ص) عند وفاته ، فقد أخرج البخاري ومسلم أن رسول الله أوصى عند موته بثلاث :

ـ أخرجوا المشركين من جزيرة العرب .
ـ أجيزوا الوفد بنحو ما كنت أجيزهم . . . ثم يقول الراوي : ونسيت الثالثة [3] .

فهل يعقل أنّ الصحابة الحاضرين الذين سمعوا وصايا الرسول الثلاث عند موته ينسون الوصية الثالثة وهم الذين كانوا يحفظون القصائد الشعرية الطويلة

---

(1) سورة البقرة : الآية 159 .

(2) سورة البقرة : الآية 174 .

(3) صحيح البخاري ج 2 ص 178 باب جوائز الوفد من كتاب الجهاد والسير، صحيح مسلم ج 11 ص 93 كتاب الوصية .

مصيبتنا في الإجتهاد مقابل النصوص

استنتجت من خلال البحث أنّ مصيبة الأمـة الإسلاميـة انجرّت عليهـا من الإجتهاد الذي دأب عليه الصحابة مقابـل النصوص الصريحـة فاخـترقت بذلك حدود الله ومحقت السنة النبوية وأصبح العلماء والأئمة بعد الصحابة يقيسون على اجتهادات الصحابة ويرفضـون بعض الأحيان النص النبـوي إذا تعارض مـع ما فعله أحد الصحابة ، أو حتى النص القرآني ولست مبالغاً وقد قدّمت كيف أنّهم رغم وجود النصّ على التيمم في كتاب الله وسنّة الـرسول الثابتة رغم كـل ذلك اجتهدوا ، فقالوا بترك الصلاة مع فقد الماء وقـد علّل عبد الله بن عمـر اجتهاده بالنحو الذي أشرنا إليه في مكان آخر من بحثنا .

ومن أول الصحابة الذين فتحوا هذا الباب على مصراعيه هـو الخليفة الثـاني الذي استعمل رأيه مقابـل النصوص القـرآنية بعـد وفاة الـرسول (ص) فعـطّل سهم المؤلّفة قلوبهم الذين فـرض الله لهم سهماً من الـزكاة وقـال : لا حاجـة لنا فيكم .

أما اجتهاده في النصوص النبوية فلا يحصى وقد اجتهد في حياة الرسول نفسه وعارضه عدّة مرات .

وقد أشرنا في ما سبق إلى معارضته في صلح الحديبية وفي منع كتابة الكتـاب وقوله (حسبنا كتاب الله) وقد وقعت له حادثة أخرى مع رسول الله (ص) ، لعلّها تعطينا صورة أوضـح لنفسية عمر الذي أبـاح لنفسه أن يناقش ويجـادل

ومن فكـرة الإجتهاد واستعـمال الرأي مقابل النصوص نشـأت أو تكـونت مجموعة من الصحابة وعلى رأسهم عمر بن الخطاب وقد رأيناهم يوم الرزية كيف ساندوا وعضدوا رأي عمر مقابل النصّ الصريح .

ومن ذلك أيضاً نستنتج أنّ هؤلاء لم يقبلوا يوماً نصوص الغـدير التي نصب بها النبي (ص) عليّاً خليفة له على المسلمين ، وتحيّنوا الفرصة السانحة لرفضها عند وفاة النبي فكان اجتماع السقيفة وانتخاب أبي بكر من نتيجة هذا الإجتهاد ، ولـما استتب لهم الأمـر وتنـاسى النـاس نصـوص النبي بشـأن الخـلافـة ، بـدأوا يجتهـدون في كل شيء حتى استطالوا عـلى كتـاب الله فعـطّلوا الحـدود وأبـدلوا الأحكـام فكـانت مأساة فـاطمة الـزهراء بعـد مأسـاة زوجها وإبعاده عن منصة الخلافة ، ثم كانت مأساة قتل مـانعي الزكـاة ، وكل ذلك من الإجتهاد مقابل النصوص ، ثم كانت خلافة عمر بن الخطاب نتيجة حتمية لذلك الإجتهاد إذ أنّ أبا بكر اجتهد برأيه وأسقط الشورى التي كـان يستدلّ بهـا هو نفسـه على صحّـة خـلافته وزاد عمـر في الطين بلّة عندما ولي أمـور المسلمين فأحلّ مـا حـرّم الله ورسوله[1] وحرّم ما أحلّ الله ورسوله[2] .

ولـما جاء عثـمان بعده ذهب شـوطاً بعيـداً في الإجتهاد فبـالغ أكـثر ممن سبقوه حتى أثر اجتهاده في الحياة السياسية والدينية بوجه عام فقامت الثورة ودفع حياتـه ثمن اجتهاده .

ولـّا ولي الإمام علي أمور المسلمين وجد صعـوبة كبيرة في إرجاع النـاس إلى السـنّة النبوية الشريفة وحظيرة القرآن وحاول جهده أن يـزيل البـدع التي أدخلت في الدين ولكن بعضهم صاح واسنة عمراه ! وأكـاد أعتقد وأجـزم بـأنّ الـذين حاربوا الإمام عليّاً وخالفوه ، إنّما فعلوا ذلك لأنه (سلام الله عليـه) حملهم على الجادة وأرجعهم إلى النصوص الصحيحة مميتاً بذلك كل البدع والإجتهادات التي

---

(1) كقضيـة إمضائـه الـطلاق الثـلاث صحيح مسلم بـاب الـطلاق الثـلاث سنن أبي داوود ج 1 ص 344 .

(2) كتحريمه منعة الحج ومتعة النساء صحيح مسلم كتاب الحج صحيح البخاري كتاب الحج باب التمتع .

ألصقت بالدين طوال ربع قرن وقد ألفها الناس وخاصة منهم أصحاب الأهواء والأطماع الدنيوية الذين اتخذوا مال الله دولاً وعباد الله خولاً وكدّسوا الذهب والفضة وحرموا المستضعفين من أبسط الحقوق التي شرعها الإسلام .

وقد نجد أن المتكبرين في كل عصر يميلون إلى الإجتهاد ويطبّلون له لأنّه يفسح لهم المجال للوصول إلى مآربهم من كل طريق . أمّا النصوص فتقطع عليهم وجهتهم وتحول بينهم وبين ما يرومون .

ثم أنّ الإجتهاد وجد له أنصاراً في كل عصر ومصر حتى من المستضعفين أنفسهم لما فيه من سهولة التطبيق وعدم الإلتزام .

ولأنّ النّص فيه التزام وعدم حرية وقد يسمّى عند رجال السياسة الحكم الثيوقراطي يعني حكم الله ولأنّ الإجتهاد فيه حرية وعدم إلتزام بالقيود وربما يسمونه الحكم الديمقراطي يعني حكم الشعب فالذين اجتمعوا في السقيفة بعد وفاة النبي (ص) ألغوا الحكومة الثيوقراطية التي أسسها رسول الله على مبدأ النصوص القرآنية ، وأبدلوها بحكومة ديمقراطية يختار الشعب فيها من يراه صالحاً لقيادته ، على أنّ أولئك الصحابة لم يكونوا ليعرفوا كلمة (الديمقراطية) لأنّها ليست عربية ولكنهم يعرفون نظام الشورى[1] .

فالذين لا يقبلون النص على الخلافة ـ اليوم ـ هم أنصار (الديمقراطية) ويفتخرون بذلك مدّعين أنّ الإسلام هو أول من ارتأى هذا النظام ، وهم أنصار الإجتهاد والتجديد وهم اليوم أقرب ما يكونون من النظم الغربية ولذلك نسمع اليوم من الحكومات الغربية تمجيداً لهؤلاء وتسميتهم بالمسلمين المتطورين والمتسامحين .

---

(1) رغم أنّه في الواقع لم يحصل حتى هذا النوع من الإنتخاب ، إذ أنّ الذين انتخبوا لا يملكون حق تمثيل الأمة بأي وجه من الوجوه ، علاوة على غياب الكثيرين من وجوه المسلمين الذين لهم حق الإنتخاب فكانت كما جاء في الشعر المنسوب إلى أمير المؤمنين يخاطب أبا بكر :

فـإن كنـت بـالشـورى ملكت أمـورهم   فـكيـف بهـذا والمـشـيرون غُـيَّـبُ

وإن كنت بـالقربى حججت خصيمهم   فـغـيرك أولى بـالنـبي وأقـرب

أمّا الشيعة أنصـار (الثيوقـراطية) أو حكومة الله والـذين يرفضـون الإجتهاد مقابل النصّ ويفرّقون بين حكم الله والشورى ، فالشورى عنـدهم لا علاقـة لها بالنصوص وإنّما الإجتهاد والشورى في ما لا نصّ فيه ، أفلا ترى أنّ الله سبحانـه هو الذي اختار رسوله محمداً ومع ذلك قال له : ﴿ وشاورهم في الأمر ﴾[1] .

أمّا في ما يتعلق باختيار القادة الذين يقودون البشرية فقال : ﴿ وربك يخلق ما يشاء ويختار ما كان لهم الخيرة ﴾[2] .

فالشيعة إذ يقولون بخلافة الإمام على بعد رسول الله إنّما يتمسّكون بـالنّص وهم إذ يطعنون في بعض الصحابة إنّما يطعنون في الذين أبدلوا النّص بـالإجتهاد فضيعوا بذلك حكم الله ورسوله ، وفتحوا في الإسلام رتقاً لم يلتئم حتى اليوم .

ومن أجـل هذا أيضاً نجد الحكـومات الغربية ومفكريهم ينبـذون الشيعـة ويسمونهم بالتعصب الديني ويُسمّونهم رجعيين لأنّهم يريدون الرجوع إلى القرآن الـذي يقطع يـد السارق ويـرجم الزاني ويـأمر بـالجهاد في سبيـل الله وكل ذلك عندهم عنجهية بربرية .

وفهمت خلال هذا البحث لماذا أغلق بعض علماء أهل السنّة والجماعـة باب الإجتهاد منذ فقهاء القرن الثالث للهجرة فربما كـان ذلك لما جرّه هـذا الإجتهاد على الأمّة من ويلات ومصائب وخطوب وحروب دامية أكلت الأخضر واليابس وقد أبدل الإجتهاد خير أمّة أخرجت للناس أمّةً متناحرة متقـاتلة تسودها الفوضى وتحكم فيها القبلية وتنقلب من الإسلام إلى الجاهلية .

بعكس الشيعة الذين بقي عندهم باب الإجتهاد مفتوحاً ما دامت النصوص قـائمة ولا يمكن لأي أحـد تبديلهـا وأعانهم عـلى ذلك وجـود الأئمة الإثني عشر الذين ورثوا علم جدّهم فكانوا يقولون ليس هناك مسألة إلّا ولله حكم فيها وقد بيّنه رسول الله (ص) .

ونفهم أيضاً أنّ أهل السنّة والجماعـة لما اقتـدوا بالصحـابة المجتهـدين الذين

<hr>

(1) سورة آل عمران : الآية 159 .

(2) سورة القصص : الآية 68 .

وقـد أوضـح رسـول الله (ص) كل شيء غـير أنّ بعض مدّعي أتـباع السنّة يبغونها عوجاً وقد اتّضح لي من خلال البحث ومن خـلال الوقـوف على الـدفاع عن معاوية إنّ المدافعين عنه هم أتباعه وأتباع بني أمية وليسوا كما يدّعـون أتباع السنّة النبوية ؛ وخصوصاً إذا تتبعت مواقفهم فهم يكرهون شيعـة علي ويحتفلون بيوم عاشوراء عيداً ويدافعون عن الصحابة الذين آذوا رسول الله في حياته وبعـد وفاته ويصحّحون أخطاءهم ويبررون أعمالهم .

تُرى ؛ كيف تحبّون علياً وأهل البيت وتترضون في نفس الوقت على أعدائهم وقـاتليهم ؟ كيف تحبّون الله ورسـوله وتـدافعون عمّن بـدّل أحكام الله ورسوله واجتهد وتأوّل برأيه في أحكام الله ؟ .

كيف تحـترمـون من لم يحـترم رسـول الله بـل يرميـه بـالهجـر ويطعن في إمارته ؟ ! .

كيف تقلدون أئمة نصّبتهم الدولة الأموية أو الدولة العباسية لأمور سيـاسية وتتركون الأئمـة الذين نصّ عليهم رسول الله بعددهم[1] وبـأسمائهم[2] . كيف تقلدون من لم يعرف النبي حق معرفته وتتركون باب مـدينة العلم ومن كـان منه بمنزلة هارونِ من موسى ؟!

✴ من الذي أطلق مصطلح أهل السنّة والجماعة ؟!

لقـد بحثت في التاريخ فلم أجد إلّا أنّهم اتّفقـوا على تسمية العـام الـذي استولى فيه معاوية عـلى الحكم (عام الجماعة) ، وذلك أنّ الأمّة انقسمت بعد مقتل عثمان إلى قسمين : (شيعة علي) و (أتباع معاوية) ولما استشهد الإمـام علي واستولى معـاوية عـلى الحكم بعد الصلح الـذي أبرمـه مع الإمـام الحسن ، وأصبـح معاوية هو أمـير المؤمنين ، سُمِّيَ ذلك العام بـ (عام الجماعة) ، إذاً فتسمية (أهل السنّة والجماعـة) دالّة عـلى اتّباع سنّـة معاوية والإجتماع عليـه ، وليست تعني اتّباع سنّة رسول الله ، فالأئمة من ذرّيته وأهـل بيته ، أدرى وأعلم

(1) صحيح البخاري ج 4 ص 164 .

(2) بنابيع المودة للقندوزي الحنفي .

بسنّة جدّهم من الطلقاء ، وأهل البيت أدرى بما فيه ، وأهل مكة أدرى بشعابها ، ولكننا خالفنا الأئمة الإثني عشر الذين نصّ عليهم رسول الله (ص) واتّبعنا أعداءهم .

ورغم اعترافنا بالحديث الذي ذكر فيه رسول الله اثني عشر خليفة كلّهم من قريش إلّا أنّنا نتوقف دائماً عند الخلفاء الأربعة ولعلّ معاوية الـذي سمّانا (أهل السنّة والجماعة) كان يقصد الإجتماع على السنّة التي سنّها بسبّ علي وأهل البيت والتي استمرّت ستين عاماً ولم يقدر على إزالتها إلّا عمر بن عبد العزيـز رضي الله عنه وقد يحدّثنا بعض المؤرخين أنّ الأمويين تآمروا على قتل عمر بن عبد العزيز وهو منهم لأنّه أمات السنّة وهي لعن علي بن أبي طالب .

يا أهلي وعشيرتي لنتجه ـ على هدى الله تعالى ـ إلى البحث عن الحق وننبذ التعصّب جانباً فنحن ضحايا بني أمية وبني العباس وضحايا التاريخ المظلم وضحايا الجمود الفكري الذي ضربه علينا الأوائل ، إنّنا لا شك ضحايا الدهاء والمكر الذي اشتهر به معاوية وعمرو بن العاص والمغيرة بن شعبة وأضرابهم ؛ ابحثوا في واقع تاريخنا الإسلامي لتبلغوا الحقائق الناصعة وسيؤتيكم الله أجركم مـرّتين فعسى أن يجمـع الله بكم شمل هـذه الأمـة التي نكبت بعـد مـوت نبيّها وتمزّقت إلى ثلاث وسبعين فرقة ، هلّموا لتوحيدها تحت راية لا إله إلّا الله محمد رسول الله والإقتداء بأهل البيت النبوي الذين أمرنا رسول الله (ص) باتّباعهم فقـال : « لا تتقدّمـوهم فتهلكوا ، ولا تتخلّفـوا عنهم فتهلكـوا ، ولا تعلّمـوهم فإنّهم أعلم منكم »[1] .

لو فعلنا ذلك ، لرفع الله مقته وغضبه عنّا ، ولأبدلنا من بعـد خوفنا أمناً ، ولكننا في الأرض واستخلفنا فيها ، ولأظهر لنا وليه الإمـام المهدي (ع) الـذي وعدنا به رسول الله ليملأ أرضنا قسطاً وعدلاً ، كما ملئت ظلماً وجوراً وليتم به الله نوره في كل المعمورة .

---

(1) الدر المنثور للسيوطي ج 2 ص 60 ، أسد الغابة ج 3 ص 137 ، الصواعق المحرقة لابن حجر ص 148 و226 ، ينابيع المودة ج 1 ص 35 ، كنز العمال ج 12/33845 ، مجمع الزوائد ج 9 ص 163 .

دعوة أصدقاء للبحث

كان التحوّل بداية السّعادة الرّوحية ، إذ أحسست براحة الضّمير وانشرح صدري للمذهب الحقّ الذي اكتشفته ، أو قل للاسلام الحقيقي الذي لا شكّ فيه ؛ وغمرتني فرحة كبيرة واعتزاز بما أنعم الله عليّ من هداية ورشاد .

ولم يسعني السّكوت والتكتم على ما يختلج في صدري وقلت في نفسي : لا بدّ لي من إفشاء هذه الحقيقة على الناس ﴿ وأمّا بنعمة ربّك فحدث ﴾[1] وهي من أكبر النعم أو هي النّعمة الكبرى في الدنيا وفي الآخرة ، و (الساكت عن الحق شيطان أخرس) (وليس بعد الحق إلّا الضلال) .

والذي زاد شعوري يقيناً بوجوب نشر هذه الحقيقة هو براءة أهل السّنة والجماعة الذين يحبّون رسول الله (ص) وأهل بيته ويكفي أن يزول الغشاء الذي نسجه التاريخ حتى يتبعوا الحقّ وهذا ما وقع لي شخصياً .

قال تعالى : ﴿ كذلك كنتم من قبل فمن الله عليكم ﴾[2] .

ودعوت أربعة أصدقاء من الأساتذة العاملين معي في المعهد ، كان اثنان منهم يُدَرّسان التربية الدينيّة ، والثالث يدرّس مادّة العربية ، والرابع كان أستاذ الفلسفة الإسلامية . لم يكن أربعتهم من قفصة بل كانوا من تونس ومن جمّال

---

(1) سورة الضحى : الآية 11 .

(2) سورة النساء : الآية 94 .

جهدي من أجل إقناعهما بالدخول في البحث العلمي الموضوعي فرفضا ذلك .

ازدادت على أثره حملة الاشاعات ضـدّنا من قبـل البعض ، وبثـوا في أوسـاطهم إشاعـات غريبـة بغية إبعـاد الناس عني وإحـاطتي بطوق من العـزلة ـ سامحهم الله تعالى ـ .

وبـدأت العزلـة من بعض الشبّـان ومـن الشيوخ الـذين يتّبعـون الـطرق الصوفية وعشنا فترات قاسية غرباء في ديارنا وبين إخواننا وعشيرتنا ، ولكنّ الله سبحانه أبدلنا خيراً منهم ، فكان بعض الشبّـان يأتـون من مدن أخرى يسـألون عن الحقيقـة فكنـت أبـذل قصـارى مـا في وسعي لاقناعهم بحقيقة منهـج أهـل البيت (ع) وبـالواقـع التاريخي فـاستبصر عدد من الشبّـان في العـاصمـة ، وفي القيروان وفي سوسة وسيدي بـوزيد ، وكنت خـلال رحلتي الصيفية إلى العراق مررت بأوروبا حيث التقيت بعض الأصدقاء في فرنسا وفي هولندا وتحدّثت معهم في الموضوع فاستبصروا والحمد لله .

وكم كانت فرحتي عظيمة عندما قابلت السيد محمد باقر الصدر في النجف الأشرف ، وكان في بيته نخبة من العلماء ، وأخذ السيد يقدّمني إليهم بـأنّي بذرة التشيّـع لآل بيت النبي (ص) في تونس ، كـما أعلمهم بأنـه بكى تأثراً عندمـا وصلـته رسالتي مهنّئة تحمل إليه بشرى احتفالنا أول مرة بعيد الغدير السعيد وشكـوت إليه مـا نلاقيـه من مقاومـة ومن بثّ الاشاعـات ضـدّنا والعـزلـة التي نواجهها .

وقـال السيد في معرض كلامـه : لا بدّ من تحمّـل المشاق لأن طريق أهـل البيت صعب ووعـر ، وقـد جـاء رجـل إلى النبي (ص) فقـال لـه : إنّي أحبّـك يا رسـول الله (ص) ! فقال لـه : أبشر بكثرة الابتـلاء ، فقال : وأحبّ ابن عمّك علياً ! فقال : أبشر بكثرة الأعداء . فقال : وأحب الحسن والحسين ! فقال له : فاستعدّ للفقر وكثرة البلاء . ومـاذا قدّمنا نحن في سبيـل دعوة الحقّ التي دفع ثمنها أبـو عبد الله الحسـين (ع) بنفسه وأهله وذرّيته وأصحابه ، كـما دفع ثمنها الشيعة عـلى مـرّ التـاريخ ومـا زالوا حتّى اليـوم يدفعـون ثمن ولائهم لأهل البيت ، فـلا بدّ يـا أخي من تحمّـل بعض الأتعاب والتضحية في سبيل الحقّ ،

فلئن يهدي الله بك رجلاً واحداً خيرٌ لك من الدنيا وما فيها .

كما نصحني السيد الصدر بعدم الانزواء ، وأمرني بأن أتقرّب أكثر من إخواني أهل السنّة كلّما حاولوا الابتعاد عنّي ، وأمرني أن أصلّي خلفهم حتى لا تكون القطيعة ، وأن أعتبرهم أبرياء فهم ضحايا الاعلام والتاريخ المزيّف ، والناس أعداء ما جهلوا .

وقد نصحني السيد الخوئي بالشيء نفسه تقريباً ، كما كان السيد محمد علي الطباطبائي الحكيم يبعث لنا دائماً بنصائحه في رسائل متعدّدة كان لها أثر كبير في سيرة الأخوة المستبصرين على الهدى .

هذا وقد تعدّدت زياراتي للنجف الأشرف ولعلماء النجف في مناسبات كثيرة ، ثم آليت على نفسي أن أقضي العطلة الصيفية من كل عام في رحاب الامام علي أحضر دروس السيد محمد باقر الصدر التي استفدت منها كثيراً ، ونفعتني أيّما نفع ، كما آليت على نفسي أن أزور مقامات الأئمة الاثني عشر وقد حقّق الله أمنيتي بأن وفّقني حتى لزيارة الامام الرضا الذي يوجد مرقده في مشهد وهي مدينة قرب الحدود الروسية في إيران وهناك تعرّفت على أبرز العلماء واستفدت منهم كثيراً .

كما أعطاني السيد الخوئي الذي كنّا نقلّده وكالة للتصرّف في الخمس والزكاة وإفادة المجموعة المستبصرة عندنا بما تحتاجه من كتب وإعانات وغير ذلك ، وقد كوّنت مكتبة مفيدة بها أهمّ المصادر التي تخصّ البحث وتجمع كتب الفريقين وتحمل اسم مكتبة أهل البيت (عليهم السلام) وقد أفادت الكثيرين والحمد لله .

وزاد الله فرحتنا فرحتين وسعادتنا سعادتين فقبل حوالي خمسة عشر عاماً سخّر لنا الله الكاتبَ العام لبلدية قفصة فوافق على تسمية الشارع الذي أسكن فيه باسم شارع الامام علي بن أبي طالب (ع) ، فلا يفوتني هنا أن أشكر له هذه اللفتة المشرّفة ، فهو من المسلمين العاملين وله ميل كبير ومحبّة فائقة لشخص الامام علي وقد أهديته كتاب (المراجعات) ، وهو يبادل مجموعتنا حبّاً وتقديراً واحتراماً فجزاه الله خيراً وأعطاه ما يتمنّى .

هدى الحق

في أحدى قرى الجنوب التونسي وخلال حفل زفاف كانت النساء يتحدّثن عن فلانة زوجة فلان ، واستغربت العجوز الكبيرة التي كانت تجلس وسطهن وتسمع حديثهنّ أن تكون فلانة قد تزوجت فلاناً ولمّا سألنها عن سبب استغرابها أخبرتهن أنّها أرضعت الاثنين فهما أخَوان من الرضاعة ، ونقل النسّوة هذا النبأ العظيم إلى أزواجهن وتثبّت الرجال فشهد والد المرأة بأنّ ابنته أرضعتها تلك العجوز المعروفة لدى الجميع بأنّها مرضعة كما شهد والد الزوج بأنّ ابنه أرضعته نفس المرضعة ، وقامت قيامة العشيرتين وتقاتلوا بالعصي كلّ منهما تتّهم الأخرى بأنّها سبب الكارثة التي سوف تجرّهم إلى سخط الله وعقابه ؛ وخصوصاً لأنّ هذا الزواج مرّ عليه عشرة أعوام أنجبت المرأة خلالها ثلاثة أطفال ، وقد هربت الزوجة عند سماعها الخبر إلى بيت أبيها وامتنعت عن الأكل والشرب وأرادت الانتحار لأنّها لم تتحمّل الصدمة ، وكيف أنها تزوجت من أخيها وولدت منه وهي لا تعلم ، وسقط عدد من الجرحى من العشيرتين وتدخّل أحد الشيوخ الكبار وأوقف المعارك ونصحهم بأن يطوفوا على العلماء ليستفتوهم في هذه القضيّة عسى أن يجدوا حلًّا .

فصاروا يتجوّلون في المدن الكبرى المجاورة يسألون علماءها عن حلّ لقضيّتهم ، وكلّما اتصلوا بعالم وأطلعوه على الأمر أخبرهم بحرمة الزواج وضرورة تفريق الزوجين إلى الأبد وتحرير رقبة أو صيام شهرين إلى غير ذلك من الفتاوى .

وصلوا إلى قفصة وسألوا علماءها فكان الجواب نفسه ، لأنّ المالكيـة كلهم يحرّمون الرضاعة ولو من قطرة واحدة اقتـداء بالامـام مالـك الذي قـاس الحليب على الخمر إذ أنّ (ما أسكر كثيره فقليله حرام) ، فتحرم الرضاعة ولـو من قطرة واحدة من الحليب ، والذي وقـع أن أحد الحاضرين اختـل بهم ودلّهم عـلى بيتي قائلاً لهم : اسألوا التيجاني في مثل هذه القضايا فإنّه يعرف كـل المذاهب ، وقـد رأيته يجادل هؤلاء العلماء عدّة مرّات فيبزّهم بالحجّة البالغة .

هذا ما نقله إليّ زوج المرأة حرفيّاً عندمـا أدخلته إلى المكتبـة وحكى لي كل القضيّة بالتفصيل من أوّلها إلى آخرها وقال : يا سيدي إنّ زوجتي تريد الانتحار وأولادي مهملون ، ونحن لا نعـرف حلاً لهـذه المشكلة ، وقد دلّـونا عليـك وقد استبشرت خيراً لمّا رأيت عندك هذه الكتب التي لم أشهـد في حياتي مثلها فعسى أن يكون الحلّ عندك .

أحضرت لـه قهوة وفكرت قليلاً ثم سـألتـه عن عدد الرضعات التي رضعها هـو من المرأة فقال : لا أدري غير أنّ زوجتي رضعت منها مرّتين أو ثلاثاً وقـد شهد أبوها بأنّه حملها مرّتين أو ثلاث مرّات إلى تلك العجوز المرضعة ، فقلت إذا كان هـذا صحيحاً فليس عليكما شيء والزواج صحيح وحلال محلّل ، وارتمى المسكين عليّ يقبّل رأسي ويديّ ويقول : بشّرك الله بالخير لقد فتحت أبواب السكينة أمـامي ، ونهض مسرعاً ولم يكمل قهوته ولا استفسر منّي ولا طلب الدّليل غير أنّه استـأذن للخروج حتى يسرع فيبشّر زوجته وأولاده وأهله وعشيرته .

ولكنه رجع في اليـوم التالي ومعـه سبعة رجـال ، وقدّمهم إليّ قـائلاً : هـذا والـدي وهذا والـد زوجتي ، والثالـث هـو عمدة القـرية ، والـرابع إمام الجمعة والجماعة ، والخامس هو المرشد الدّيني ، والسادس شيخ العشيرة ، والسـابع هـو مدير المدرسة ، وقد جاؤوا يستفسرون عن قضية الرضاعة وبماذا حلّلتها ؟

وأدخلت الجميـع إلى المكتبـة وكنت أتـوقّـع جدالهم وأحضرت لهم القهـوة ورحّبت بهم : قالوا إنّما جئناك نناقشك في تحليلك الرّضاعـة وقد حرّمها الله في القرآن ، وحرّمها رسوله بقوله : يحرم بـالرضاعة مـا يحرم بـالنّسب ، وكذلك حرّمها الامام مالك .

قلت : يا سادتي أنتم ما شاء الله ثمانية وأنـا واحد فـإذا تكلَّمت مع الجميـع فسـوف لن أقنعكم وتضيع المنـاقشة في الهـامشيات ، وإنَّما اقترح عليكم اختيـار أحدكم حتى أتناقش معه وأنتم تكونون حكماً بيني وبينه ! .

وأعجبتهم الفكرة واستحسنوها ، وسلَّموا أمـرهم إلى المرشـد الديني قـائلين إنـه أعلمهم وأقدرهم ، وبـدأ السيد يسـألني كيف أحلَّل ما حـرّم الله ورسـولـه والأئمة ؟ ! .

قلت · أعوذ بالله أن أفعل ذلك ! ولكنَّ الله حـرّم الرضـاعة بـآية مجملة ولم يبيِّن تفصيل ذلك ، وإنَّما أوكل ذلك إلى رسوله فـأوضح مقصـود الآية بـالكيف والكم .

قال : فإنَّ الامام مالك يحرّم الرَّضاعة من قطرة واحدة .

قلت : أعرف ذلك ، ولكنَّ الامام مالـك ليس حجّة عـلى المسلمين ، وإلاّ فما هو قولك بالأئمة الآخرين ؟

أجاب : رضي الله عنهم وأرضاهم فكلّهم من رسول الله ملتمس .

قلت : فما هي إذن حجّتك عند الله في تقليدك الامـام مالـك الذي يخـالف رأيه نصّ الرسول (ص) ؟

قال محتاراً : سبحان الله أنا لا أعلم أنَّ الامام مالكـاً إمام دار الهجـرة يخالف النصوص النبويّة ، وتحيَّر الحاضرون من هذا القول ، واستغبروا منّي هـذه الجرأة على الامام مالك والتي لم يعهدوها من قبـل في غيري ، واستـدركت قائلاً : هل كان الامام مـالك من الصحابة ؟ قـال : لا ، قلت : هل كـان من التابعـين ؟ قال : لا ، وإنَّما هو من تابعي التابعين .

قلت : فأيّهما أقرب هو أم الامام علي بن أبي طالب ؟

قال : الامام علي أقرب فهو من الخلفاء الرَّاشدين ، وتكلَّم أحـد الحاضرين قائلاً : سيدنا علي كرّم الله وجهه هو باب مدينة العلم .

فقلت : فلماذا تركتم باب مدينة العلم واتَّبعتم رجلاً ليس من الصحابة ولا

من التابعين وإنّما ولد بعد الفتنة ، وبعدما أبيحت مدينة رسول الله لجيش يزيد وفعلوا فيها ما فعلوا وقتلوا خيار الصحابة وانتهكوا فيها المحارم ، وغيّروا سنّة الرّسول ببدع ابتدعوها ؟ فكيف يطمئنّ الانسان بعد ذلك إلى هؤلاء الأئمة الذين رضيت عنهم السلطة الحاكمة لأنّهم أفتوها بما يلائم أهواءهم .

وتكلّم أحدهم وقال : سمعنا أنّك شيعي تعبد الامام عليّاً ، فلكزه صاحبه الذي كان بجانبه لكزة أوجعته وقال له : أسكت أمّا تستحي أن تقول مثل هذا القول لرجل فاضل مثل هذا ، وقد عرفت العلماء وحتّى الآن لم تر عيني مكتبة مثل هذه المكتبة ، وهذا الرجل يتكلّم عن معرفة ووثوق بما يقول ! .

أجبته قائلًا : أنا شيعي هذا صحيح ، ولكنّ الشيعة لا يعبدون عليّاً ، وإنّما عوض أن يقلّدوا الامام مالكاً فهم يقلّدون الامام عليّاً ؛ لأنّه باب مدينة العلم حسب شهادتكم ، قال المرشد الديني : وهل حلّل الامام علي زواج الرضيعين ؟

قلت : لا ، ولكّنه يحرّم ذلك إذا بلغت الرضاعة خمس عشرة رضعة مشبعات ومتواليات ، أو ما أنبت لحماً وعظماً .

وتهلّل وجه والد الزوجة وقال : الحمد لله فابنتي لم ترضع إلّا مرتين أو ثلاث مرّات فقط ، وإنّ في قول الامام علي هذا مخرجاً لنا من هذه الورطة ورحمة لنا من الله بعد أن يئسنا .

فقال المرشد : أعطنا الدّليل على هذا القول حتّى نقتنع ، فأعطيتهم كتاب (منهاج الصالحين) للسيد الخوئي ، وقرأ هو بنفسه عليهم باب الرضاعة ، وفرحوا بذلك فرحاً عظيماً وخصوصاً الزوج الذي كان خائفاً أن لا يكون لديّ الدليل المقنع . وطلبوا منّي إعارتهم الكتاب حتّى يحتجّوا به في قريتهم فسلمّته إليهم وخرجوا مودّعين داعين معتذرين .

وبمجرّد خروجهم من بيتي التقى بهم أحد المناوئين وحملهم إلى بعض علماء السّوء فخوّفوهم وحذّروهم بأنّي عميل لإسرائيل وأنّ كتاب (منهاج الصالحين) الذي أعطيتهم إيّاه كلّه ضلالة وأنّ أهل العراق هم أهل الكفر والنّفاق وأنّ الشيعة مجوس يبيحون نكاح الأخوات ، فلا غرابة إذن في إباحتي لهم نكاح

الأخت من الرضاعة إلى غير ذلك من التّهم والأراجيف وما زال بهم يحـذّرهم حتّى ارتدّوا على أعقابهم وانقلبوا بعـد اقتناعهم ، وأجـبروا الزوج عـلى أن يتقدم بـدعوى عـدلية للطلاق لـدى المحكمة الإبتـدائيـة في قفصـة وطلب منهم رئيس المحكمة أن يذهبوا إلى العاصمة ويتّصلوا بمفتي الجمهورية ليحلّ هذا الإشكال . وسافر الزوج وبقي هناك شهراً كامـلاً حتّى تمكن من مقابلته وقصّ عليه قصّته من أولها إلى آخرها وسأله مفتي الجمهورية عن العلماء الذين قـالوا بحلّية الزواج وصحّته ، فأجاب الزوج : بأنّه ليس هناك من قال بحلّيته غير شخص واحد هو التيجاني السماوي . وسجّل المفتي إسمي وقال للزوج : إرجع أنت وسوف أبعث أنـا برسـالة إلى رئيس المحكمـة في قفصة ، وبـالفعل جـاءت الرسـالة من مفتي الجمهورية واطّلع عليها وكيل الـزوج وأعلمه بـأنّ مفتي الجمهورية حرّم ذلك الزواج .

هـذا ما قصّه عليّ زوج المرأة الذي بـدا عليه الضعف والإرهـاق من كثرة التعب وهـو يعتذر إليّ مما سبّبه لي من إزعـاج وحرج ، فشكرته عـلى عـواطفه متعجّباً كيف يُبطل مفتي الجمهورية الزواج القائم في مثل هذه القضيـة ، وطلبت منه أن يأتيني برسالته التي بعثها إلى المحكمة حتى أنشرها في الصحف التـونسية وأبيّن أنّ مفتي الجمهورية يجهل المذاهب الإسلامية ولا يعرف اختـلافهم الفقهي في مسألة الرضاعة .

فقال الزوج : أنّه لا يمكنه أن يـطّلع على ملفّ قضيته فضلاً عن أن يـأتيني برسالة منه ، وافترقنا .

وبعـد بضعة أيـام جـاءتني دعـوة من رئيس المحكمة يـأمرني فيهـا بـإحضـار الكتاب والأدلّة على عدم بـطلان ذلك الـزواج بين (الرضعين) ! وذهبت محمّلاً بعدّة مصادر انتقيتها مسبّقاً ووضعت في كلّ منها بطاقة في باب الرضاعة ليسهـل تخريجه في لحظة واحدة ، وذهبت في اليوم والساعة المذكـورين ، واستقبلني كاتب المحكمـة وأدخلني إلى مكتب الرئيس ، وفـوجئت برئيس المحكمة الإبتـدائيـة ، ورئيس محكمة الناحية ، ووكيل الجمهورية ومعهم ثلاثة أعضاء وكلهم يرتـدون لباسهم الخاص للقضاء وكأنّهم في جلسة رسمية ، ولاحظت أيضاً أنّ زوج المرأة

يجلس في آخر القاعة قبالهم ، وسلّمت على الجميع ، فكانوا كلهم ينظرون إليّ باشمئزاز واحتقار ، ولمّا جلست خاطبني الرئيس بلهجة خشنة قائلاً :

ـ أنت هو التيجاني السماوي ؟ قلت : نعم .

ـ قال : أنت الذي أفتيت بصحّة الزواج في هذه القضية ؟ .

ـ قلت : لا لست أنا بمفتٍ ، ولكنّ الأئمة وعلماء المسلمين هم الذين أفتوا بحلّيته وصحّته ! .

ـ قـال : ومن أجل ذلك دعوناك ، وأنت الآن في قفص الإتّهام ، فإذا لم تثبت دعواك بالدّليل فسوف نحكم بسجنك ، وسـوف لن تخرج من هنـا إلّا إلى السّجن .

وعـرفت وقتهـا أنّني بـالفعـل في قفص الإتّهـام ، لا لأنّني أفتيت في هـذه القضية ، ولكن لأنّ بعض علماء السّوء حدّث هؤلاء الحكّام بـأنّي صاحب فتنة وأنّني أسبّ الصحابـة وأبثّ التشيّع لآل البيت النبـوي ، وقـد قـال لـه رئيس المحكمة : إذا أتيتني بشاهدين ضدّه فسألقيه في السجن .

أضف إلى ذلـك أنّ جماعـة من الإخوان المسلمين استغلّوا هـذه الفتـوى وروّجوا لدى الخاص والعام ؛ أنّني أبيح نكاح الأخوات ، وهو قول الشيعة عـلى زعمهم ! .

كل ذلك عرفته من قبل وتيقنته عندما هدّدني رئيس المحكمة بالسجن ، فلم يبق أمامي إلّا التحدّي والدفاع عن نفسي بكل شجاعة فقلت للرئيس :

ـ هل لي أن أتكلّم بصراحة وبدون خوف ، قال :

ـ نعم تكلّم فأنت ليس لك محام . . . قلت :

ـ قبل كل شيء أنا لم أنصّب نفسي للإفتاء . ولكـن هاهو زوج المرأة أمـامكم فاسألوه ، فهو الذي جاءني إلى بيتي يـطرق بابي ويسـألني ، فكان واجباً عليّ أن أجيبه بما أعلم ، وقد سألته بدوري عن عدد الرضعات ، ولمّا أعلمني بأنّ زوجته لم ترضع غير مرّتين أعطيته وقتها حكم الإسلام فيها ، فلست أنـا من المجتهدين ولا من المشرّعين .

قال الرئيس : عجباً ، أنت الآن تَدّعي أنّك تعرف الإسلام ونحن نجهله !

قلت : أستغفر الله أنا لم أقصد هذا ، ولكن كل الناس هنا يعرفون مذهب الإمام مالك ويتوقّفون عنده ، وأنا فتّشت في كلّ المذاهب ووجدت حلاًّ لهذه القضية .

قال الرئيس : أين وجدت الحلّ ؟ قلت :

ـ قبل كل شيء هل لي أن أسألكم سؤالاً يا سيدي الرئيس ؟ .

ـ قال : إسأل ما تريد .

ـ قلت : ما قولكم في المذاهب الإسلامية ؟ .

ـ قال : كلّها صحيحة ، فكلّهم من رسول الله ملتمس ، وفي اختلافهم رحمة .

ـ قلت : فارحموا إذن هذا المسكين « مشيراً إلى زوج المرأة » الذي قضى الآن أكثر من شهرين وهو مفارق لزوجه وولده بينما هناك من المذاهب الإسلامية من حلّ مشكلته .

فقال الرئيس مغضباً :

ـ هات الدليل وكفاك تهريجاً ، نحن سمحنا لك بالدفاع عن نفسك فأصبحت محامياً لغيرك .

فأخرجت له من حقيبتي كتاب (منهاج الصالحين) للسيد الخوئي وقلت : هذا مذهب أهل البيت وفيه الدليل ، فقاطعني قائلاً : دعنا من مذهب أهل البيت فنحن لا نعرفه ولا نؤمن به .

كنت متوقعاً هذا ولذلك أحضرت معي بعد البحث والتنقيب عدّة مصادر لأهل السنّة والجماعة كنت رتّبتها حسب علمي فوضعت (البخاري) في المرتبة الأولى ثم (صحيح مسلم) وبعده كتاب (الفتاوى) لمحمود شلتوت وكتاب (بداية المجتهد ونهاية المقتصد) لابن رشد ، وكتاب (زاد المسير في علم التفسير) لابن الجوزي وعدّة مصادر أخرى من كتب (أهل السنّة) ، ولَمّا رفض الرئيس أن ينظر في كتاب السيد الخوئي سألته عن الكتب التي يثق بها ، قال : البخاري ومسلم .

وأخرجت صحيح البخاري وفتحته على الصفحة المعينة وقلت : تفضّل يا سيدي إقرأ .

ـ قال : إقرأ أنت ؟ وقرأت : حدّثنا فلان عن فـلان عن عائشـة أم المؤمنين قالت : توفيّ رسول الله (ص) ولم يحرّم من الرضعات إلّا خمساً فما فوق .

وأخذ الرئيس منّي الكتاب وقرأ بنفسه وأعطاه إلى وكيـل الجمهورية بجانبه فقرأ هو الآخر وناوله لمن بعده في حين أخرجت صحيح مسلم وأطلعته على نفس الأحاديث ثم فتحت كتاب الفتاوى لشيخ الأزهـر شلتوت وقـد ذكر هـو الآخر اختلافات الأئمة في مسألة الرضاعة ، فمنهم من ذهب إلى القـول بأنّ المحرّم ما بلغ خمس عشرة رضعة ومنهم من قال بسبعـة ومنهم من حرّم فـوق الخمسة عـدا مالك الذي خالف النصّ وحرّم من قطرة واحدة ثم قال شلتوت : وأنا اميل إلى أوسط الآراء فأقول سبعاً فما فوق ، وبعد ما اطّلع رئيس المحكمة على كل ذلك قـال : يكفي . ثم التفت إلى زوج المرأة وقـال لـه : إذهب الآن وأتني بـوالـد زوجتك ليشهد أمامي بأنّها رضعت مرتين أو ثـلاثاً وسوف تأخـذ زوجتك معـك هذا اليوم ... .

وطار المسكين فرحاً ، واعتـذر وكيل الجمهـوريـة وبقيـة الأعضاء الحـاضرين لـلإلتحاق بـأعمالهم وأذن لهم الـرئيس ، ولمّا خلّا بنا المجلس التفت إليّ معتـذراً وقال : سامحني يا أستاذ ، لقد غلّطوني فيـك وقالوا فيـك أشياءً غـريبة وأنـا الآن عرفت أنّهم حاسدون ومغرضون يريدون بك شرّاً .

وطار قلبي فرحاً بهذا التحوّل السّريع وقلت : الحمد لله الذي جعل نصري على يديك يا سيـدي الرّئيس ، فقـال : سمعت بأنّ عنـدك مكتبة عظيمة فهل يوجد فيها كتاب حياة الحيوان الكبرى للدميري ؟ .

قلت : نعم ، فقال : هل تعيرني إيّاه ، فقد مضى عامان وأنا أبحث عنه : قلت : هو لك يا سيدي متى أردت ، قال : هل عندك وقت يسمح لك بالمجيء إلى مكتبتي لنتحدث وأستفيد منك .

قلت : أستغفر الله فأنا الذي أستفيـد منك ، فـأنت أكبر مني سنّاً وقدراً ،

وعندي أربعة أيام راحة في الأسبوع وأنا رهن إشارتك .

واتّفقنا على يوم السبت من كل أسبوع لأنّه ليس له جلسات للمحكمة في ذلك اليوم .

وبعدما طلب منّي أن أترك له كتابي (البخاري) و (مسلم) وكتاب (الفتاوى) لمحمود شلتوت لكي يحرّر منها النّص ، قام بنفسه وأخرجني من مكتبه مودّعاً .

وخرجت فرحاً أحمد الله سبحانه على هذا النّصر وقد دخلت خائفاً مهدّداً بالسجن وخرجت وقد انقلب رئيس المحكمة إلى صديق حميم يحترمني ويطلب منّي مجالسته ليستفيد منّي . إنّها بركات طريق أهل البيت الذين لا يخيب من تمسّك بهم ويأمن من لجأ إليهم .

وتحدّث زوج المرأة في قريته وشاع الخبر في كلّ القرى المجاورة بعدما رجعت المرأة إلى بيت زوجها وانتهت القضية بحلّية الزواج ، فأصبح الناس يقولون : بأنّي أعلم من الجميع وأعلم حتى من مفتي الجمهورية .

وقد جاء زوج المرأة إلى البيت ومعه سيارة كبيرة ودعاني إلى القرية أنا وكل عائلتي وأعلمني أنّ كل الأهالي ينتظرون قدومي وسيذبحون ثلاثة عجول لإقامة الفرح ، واعتذرت إليه بسبب انشغالي في قفصة وقلت له : سوف أزوركم مرّة أخرى إن شاء الله .

وتحدّث رئيس المحكمة إلى أصدقائه واشتهرت القضية ، ورد الله كيد الكائدين ، وجاء بعضهم معتذرين وقد فتح الله بصيرة البعض منهم فاستبصروا وأصبحوا من المخلصين ، ذلك فضل الله يؤتيه من يشاء والله ذو الفضل العظيم .

وآخر دعوانا أن الحمد لله ربّ العالمين وصلّى الله على سيدنا محمد وعلى آله الطيبين الطاهرين .

« مصادر التحقيق »

ـ أ ـ

القرآن الكريم

١ ـ الإستيعاب في معرفة الصحابة لابن عبد ربه .
٢ ـ أسد الغابة لابن الأثير ، من منشورات دار إحياء التراث العربي ، بيروت .
٣ ـ الإصابة في تمييز الصحابة لابن حجر العسقلاني ، من منشورات دار الكتب العلمية ، بيروت .
٤ ـ أعلام النساء .
٥ ـ الإمامة والسياسة لابن قتيبة ، من منشورات دار الأضواء ، بيروت ، ١٤١٠ هـ .

ـ ب ـ

1 ـ البداية والنهاية لابن الأثير ، من منشورات مكتبة المعارف ، بيروت ، الطبعة الرابعة ، 1402 هـ .

ـ ت ـ

1 ـ تاريخ ابن الشحنة .
2 ـ تاريخ أبي الفداء (كتاب المختصر في أخبار البشر) لأبي الفداء ، من منشورات دار الفكر ودار النجار ، بيروت .

3 ـ تاريخ بغداد للخطيب البغدادي ، من منشورات دار الكتاب العربي ، بيروت .

4 ـ تاريخ دمشق لابن عساكر ، من منشورات دار إحياء التراث العربي ، بيروت .

5 ـ تاريخ الخلفاء للسيوطي ، من منشورات دار الثقافة ، بيروت .

6 ـ تاريخ الطبري ، من منشورات دار سويدان ، بيروت .

7 ـ تاريخ اليعقوبي لأحمد بن أبي يعقوب الكاتب العباسي .

8 ـ تذكرة الخواص للسبط ابن الجوزي ، من منشورات مؤسسة أهل البيت (ع) ، بيروت ، 1401 هـ .

9 ـ تفسير ابن كثير ، من منشورات دار إحياء الكتب العربية ، العيني البابي الحلبي وشركاؤه .

10 ـ تفسير التبيان للشيخ أبي جعفر الطوسي ، من منشورات مكتبة الأمين ، النجف .

11 ـ تفسير الدر المنثور لجلال الدين السيوطي ، من منشورات مكتبة المرعشي النجفي ، قم .

12 ـ تفسير الخازن لعلاء الدين الشافعي ، من منشورات دار المعرفة ، بيروت .

13 ـ تفسير الفخر الرازي ، من منشورات دار إحياء التراث العربي ، بيروت .

14 ـ تهذيب التهذيب لابن حجر العسقلاني .

- ج -

1 ـ جامع الأصول لابن كثير ، من منشورات مكتبة الحلواني ، مطبعة الملاح ، مكتبة دار البيان .

2 ـ الجامع الصغير للسيوطي ، من منشورات دار الفكر ، بيروت .

3 ـ الجامع الكبير للطبراني .

- ح -

1 ـ الحاوي للفتاوي للسيوطي .

2 ـ حلية الأولياء لأبي نعيم الأصفهاني .

3 ـ حياة الحيوان الكبرى للدميري ، من منشـورات دار إحياء الـتراث العربي ، بيروت ، 1048 هـ .

- خ -

1 ـ الخصائص للنسائي ، تحقيق محمّد باقر المحمودي ، 1403 هـ .

2 ـ الخلافة والملك لأبي الأعلى المودودي .

- ر -

1 ـ رسائل الجاحظ .

2 ـ الرياض النضرة للطبري .

- س -

1 ـ سر العالمين للغزالي .

2 ـ سنن ابن ماجة ، من منشورات دار إحياء الكتب العربية ، بيروت .

3 ـ سنن أبي داود ، مطبعة مصر ، الطبعة الأولى ، 1371 هـ .

4 ـ سنن الترمذي ، من منشورات دار إحياء التراث العربي ، بيروت .

5 ـ سنن الدارمي .

6 ـ سنن النسائي ، من منشورات دار الحديث القاهرة ، أوفست دار الجيل .

7 ـ السقيفة للشيخ المظفر ، من منشورات دار الهادي ، بيروت .

8 ـ السقيفة والخلافة لعبد الفتاح عبد المقصود .

9 ـ السيرة الحلبية ، من منشورات مطبعة محمد أفندي مصطفى ، مصر .

10 ـ سـيرة المصطفى لهـاشم معروف الحسيني ، من منشـورات دار القلم ، بيروت .

11 ـ السـيرة النبويـة لابن هشام ، من منشـورات دار إحياء الـتراث العربي ، بيروت .

- ش -

1 ـ شرح نهج البلاغة لابن أبي الحديد ، من منشورات دار إحياء التراث العربي ، بيروت .

2 ـ شواهد التنزيل للحسكاني .

- ص -

1 ـ الصحاح للجوهري ، من منشورات دار العلم للملايين ، بيروت .

2 ـ صحيح البخاري من منشورات دار المعرفة للطباعة والنشر ، بيروت ، 1978 .

3 ـ صحيح مسلم من منشورات دار الفكر ، بيروت .

4 ـ الصديق أبو بكر لمحمد حسين هيكل .

5 ـ الصواعق المحرقة لابن حجر الهيثمي .

- ط -

1 ـ الطبقات الكبرىٰ لابن سعد .

- ع -

1 ـ العمدة لابن بطريق ، من منشورات مؤسسة النشر الإسلامي التابعة لجماعة المدرسين ، قم .

- غ -

1 ـ الغدير للأميني ، من منشورات دار الكتب الإسلامية ، إيران .

- ف -

1 ـ فتح الباري في شرح صحيح البخاري ، من منشورات دار إحياء التراث العربي ، بيروت .

2 ـ فتوح البلدان للبلاذري ، من منشورات دار مكتبة الهلال ، بيروت .

3 ـ فدك في التاريخ للشهيد محمد باقر الصدر ، من منشورات دار التعارف ، بيروت .

4 ـ فرائد السمطين ، من منشورات مؤسسة الحموي .

5 ـ الفصول المهمة لابن الصباغ .

ـ ك ـ

1 ـ الكامل في التاريخ لابن الأثير ، من منشورات دار صادر ، بيروت .

2 ـ كنز العمال ، من منشورات مؤسسة الرسالة ، بيروت .

3 ـ كنوز الحقائق للمناوي .

ـ م ـ

1 ـ مجمع الزوائد للهيثمي ، من منشورات دار الفكر ، بيروت .

2 ـ المراجعات لعبد الحسين شرف الدين ، من منشورات دار العالم الإسلامي ، بيروت ، 1400 هـ .

3 ـ مروج الذهب للمسعودي ، من منشورات الجامعة اللبنانية .

4 ـ المستدرك للحاكم ، من منشورات مكتبة النصر الحديثة ، الرياض .

5 ـ مسند أحمد بن حنبل ، من منشورات دار صادر ، بيروت .

6 ـ معجم البلدان لياقوت الحموي .

7 ـ المغازي للواقدي .

8 ـ مقتل الحسين للخوارزمي ، من منشورات مطبعة الزهراء ، النجف ، 1367 هـ .

9 ـ المناقب للخوارزمي ، من منشورات مكتبة نينوى الحديثة ، طهران .

10 ـ مناقشات عقائدية في مقالات الجبهان .

11 ـ منتخب الأثر للطف الله الصافي ، طبع إيران .

12 ـ منهاج السنة لابن تيمية .

13 ـ الموطأ لمالك ، طبع في مطبعة مصطفى البابي الحلبي وأولاده بمصر .

- ن -

1 ـ النص والإجتهاد لعبد الحسين شرف الدين .

2 ـ نهج البلاغة للشيخ محمد عبده ، من منشورات دار ومطابع الشعب .

- و -

1 ـ وفيات الأعيان لابن خلكان .

- ي -

1 ـ ينابيع المودة للقندوزي ، من منشورات مؤسسة الأعلمي ، بيروت .

2 ـ يوم الإسلام لأحمد أمين .

المحتويات

الموضوع	الصفحة